한국문학의 향토성

최 정 숙

지문당

이 저서는 2011년 정부(교육부)의 재원으로 한국연구재단의 지원을 받아 수행된 연구임(NRF-2011-35C-A00513)

목 차

머리말 / 5

제1부 문학이란 무엇인가

제1장 한국문학의 개념과 범위 ······ 9
제2장 문학과 언어 ······ 11
제3장 시의 이해 ······ 23
제4장 소설의 이해 ······ 45
제5장 수필의 이해 ······ 61

제2부 한국문학의 흐름

제1장 개화기 문학과 신시가 문학 ······ 71
제2장 1910년대 문학 ······ 81
제3장 1920년대 문학 ······ 91
제4장 1930년대 문학 ······ 103
제5장 1940년대 문학 ······ 121
제6장 1950년대 문학 ······ 131
제7장 1960년대 문학 ······ 153
제8장 1970년대 문학 ······ 163
제9장 1980년대 문학 ······ 175

제3부 백석 시의 민속적 상상력

제1장 서론 ······ 187
제2장 연구목적 및 배경 ······ 189
제3장 연구내용 및 방법 ······ 199
제4장 연구결과 ······ 279
제5장 연구결과의 기대효과와 활용 방안 ······ 283

머 리 말

이 저서는 2011년도 정부(교육부)의 재원으로 한국연구재단의 지원을 받아 연구한 것이다.

그동안 문학 평론을 월간 문학에 발표하면서 시보다는 평론으로 활동하게 되었으며 외부 강의와 학교에서 강의한 자료들을 정리하여 출간하게 되었다.

제1부에서는 문학이란 무엇인지 장르별 이론을 정리하였다. 대표적인 시와 소설, 수필 등을 개론적으로 이해시키고자 집필된 것이며 문학을 알고자 하는 학생들과 일반인들을 위한 것이다.

제2부에서는 근・현대 한국문학사의 흐름을 알기 쉽게 정리했다. 개화기 문학에서부터 1980년대까지 한국문학의 특징과 작품을 분석하였다.

제3부는 백석 시의 민속적 상상력을 분석한 것으로 한국연구재단의 지원으로 집필한 연구 논문이다. 한국문학의 향토성이란 무엇인지 한국문학에서 정체성을 찾고자 노력했으며 문학작품을 통해서 형상화되고 있는 한국문학의 원형성을 찾아내고자 하였다.

문학 속에 우리들 삶의 모습들과 자취들이 그대로 녹아 있다는 것을 비로소 알게 되었다. 이러한 작품들을 책으로 묶어서 출간하게 된 것이다. 그동안 대학에서 국문학을 강의하면서 시간에 쫓겨 깊이 있는 글이 되지 못한 것에 부족함을 느낀다. 책 제목과 같이 한국문학의 향토성은 무엇인지 앞으로도 민속과 관련해 연구는 계속될 것이다.

이 책은 올바른 길로 언제나 든든하게 지켜주시는 존경하는 부모님, 평생을 교육계에서 근무하시다 학생들을 사랑하고 제자를 아끼시는 아버지, 건강하게 정년퇴직을 하시고 그 이후에도 교육으로 봉사를 하시다가 지금 하늘에서 딸을 지켜주실 아버지에게 바친다. 고령의 나이에도 혼자서 주어진 삶을 사랑하시는 어머니께 바치고 싶고 딸 노릇을 제대로 해 드리지 못해 늘 죄송한 마음이다. 두 분이 평생 행복하게 사시는 모습이 자식으로서 존경스럽고 지금 어머님이 살아계심에 늘 감사하고 눈물이 난다. 사랑하는 딸 정선이와 아들 창섭이에게도 고맙고 가족으로서 든든한 마음이다. 멋진 그림을 그려준 여고 동창 친구인 안상운 화가와 이 책을 출판해 주신 지문당 사장님 및 편집위원들께도 진심으로 감사드린다.

2014년 5월

月下堂에서 峨林 崔貞淑

제1부 문학이란 무엇인가

제1장 한국문학의 개념과 범위

한국문학은 한국인의 사상과 정서를 한국어로 표현한 문학이다.

한국문학의 범위는 말로 구전되는 구비문학과 한자로 기록된 한문문학, 그리고 한글로 표기된 국문문학 등이다.

구비문학은 문자로 정착되지 않고 입에서 입으로 전승되는 문학이며 단순하고 보편적인 문학을 말한다. 따라서 민중적이고 민족적인 문학이다.

한문문학은 B.C. 2세기경 한자가 전해진 이래 조선 후기까지 한자로 정착한 문학이다.

한문은 동아시아권의 공동 문자로서의 성격을 지녔으며, 한글이 창제된 이후에도 공식적인 문자로서의 위치를 차지하면서 현대 이전까지는 국어에 상응하는 문자이다. 즉 개화기 이전에는 국어의 한 부문을 한자가 담당하였다.

한국문학의 시대별 존재 양상을 살펴보면 한자 전래 이후에는 구비문학의 정착과, 차자 문학이 등장한 한문문학이 형성 시작된 시대이다. 즉 신라시대라고 할 수 있다.

고려시대는 한자 사용의 보편화로 상류층의 한문문학과 서민의 구비문학이 병존한 시대이다.

한글이 창제된 조선시대는 한문문학, 국문문학, 구비문학이 병존한 시대이다.

개화기 이후로는 구비문학, 한문문학이 악화되면서 국문문학이 크게 확대되었다.

제2장 문학과 언어

『논어』의 선진편(先進篇)에는 "시서 예악(詩書禮樂)에 대한 학식이 갖추어져 있을 뿐 아니라 그것을 언어로써 표현할 수 있는 것을 문학"이라고 정의하고 있다. 서양에서 'Literature'는 라틴어에서 문자 'Letter'를 뜻하는 'Litera'에서 유래한다고 말하고 있다. 창작문학 이외에도 문자로 기록된 모든 글을 포함하며, 넓은 의미의 문학까지 포함하고 있다.

허드슨(Hudson)은 문학이란 근본적으로 언어를 매개로 한 인생의 표현이라고 정의하였고 모울튼(Moulton)도 역사, 철학, 웅변까지 문학으로 포함시키고 있다. 아놀드(Arnold)는 문학이란 거대한 말이며 그것은 문자로 기록되거나 책으로 인쇄된 모든 것이라고 정의 내렸다.

문학은 언어 예술이다. 문학의 표현매체는 언어이어야 하며 이것은 다른 예술과 구별시켜 주는 형식적 조건이다. 이처럼 문학이란 언어를 매체로 한 예술이며 작가의 상상과 감정을 통해 독자를 감동시키는 것이라고 할 수 있다. 문학은 모든 인간의 공통적 정서를 다루기 때문에 시공을 초월하여 모든 인류에게 보편적 감동을 준다.

따라서 문학은 시대를 초월한 인간의 정서를 다루기 때문에 영원한 생명력을 가진다.

1) 문학의 기원

문학의 기원으로는 심리적 기원설과 사회학적 기원설이 있다.

심리적 기원설에는 모방본능, 유희본능, 흡인본능, 자기표현본능이 있고 사회학적 기원설에는 발생학적 기원과 원시 종교, 발라드 댄스설이 있다.

모방본능은 아리스토텔레스의 『시학』에서 주장한 이론이다. 인간에게는 본래 모방본능이 있어 문학과 예술이 이로 말미암아 발생하였으며 모방된 것에 희열을 느끼는 것도 인간의 본능이라고 주장한 데서 시작된 이론이다.

유희본능은 독일의 철학자 칸트, 실러 그리고 영국의 철학자 스펜서 등이 주장한 학설이다.

칸트는 노동에 비하여 예술은 유희로 생각되어진다고 하면서 "시는 상상력의 자유로운 유희"라고 주장하였다.

실러는 인간의 근원적인 성격을 유희를 통해서 파악하고 있으며 스펜서는 인간의 본능적인 유희 감정이 점차 사회적 감정으로 이행하면서 인간의 사회관계로 발전된다고 보고 있다.

흡인본능은 다윈(C. Darwin)과 같은 진화론자에 의해서 주장된 학설이다. 인간도 짐승과 같이 남을 끌어들이려는 흡인본능이 있어서 문학예술을 창조해낸다는 것이다. 새들의 울음소리나 몸의 장식 등이 다른 동물을 자기 쪽으로 유혹하기 위한 것인 것처럼 인간도 남에게 관심을 끌려는 본능이 있는데 이러한 본능적인 심리가 예술 창작의 근원이라는 것이다.

자기표현본능은 허드슨이 주장한 것으로 문학은 자기를 표현하고자 하는 본능에서 창작되는 것이라고 설명한다.

사회학적 기원설에는 발생학적 기원, 원시 종교와 발라드 댄스설이 있다. 발생학적 기원은 고고학이나 인류학의 입장에서 문학예술의 기원을 발생학적으로 연구한 것이다.

원시종교설은 원시생활에서 종교는 문학과 불가분의 관계이며 욕망이나 꿈이 신앙이라는 의식을 통하여 나타난다고 보고 있다. 즉 문학이 신과 통하여 그것을 감화시키거나 물리치는 주술력을 가졌다고 믿기 때문이다.

『삼국유사』를 보면 시가와 예술이 그런 의미에서 쓰인 예가 많이 있다. 가령 역신을 물리치기 위하여 〈처용가〉를 써 붙였다는 것과 융천사가 〈혜성가〉를 지어 불렀을 때 이상한 별이 사라졌다는 이야기가 있는데 자연발생적으로 된 것이 아니라 삶의 필요에 의해서 의식적으로 시가를 지어 부른 예가 된다.

발라드 댄스설은 동맹·무천·영고 등의 제천의식이나, 고대희랍 디오니소스 축제가 문학 형태로 이루어진 원시 종합예술인 민요무용(Ballad dance)이다. 이것은 운문과 음악의 반주와 무용의 결합인 것이다.

2) 문학의 기능

문학의 기능은 문학이란 무엇이고 무엇을 하는 것인지 등의 문학에 대한 본질적인 것을 말한다. 문학에 대한 인간의 인식이 전제되기 때문에 가치관이나 시대에 따라 해석을 달리하는 속성을 지니고 있는데 쾌락적 기능과 교훈적 기능, 참다운 문학의 기능이 있다.

쾌락적 기능은 모든 예술의 직접적 목적은 쾌락이며, 문학은 독자에게 고차원적인 정신적·미적 쾌감을 준다는 입장이다. 이는 아리스토텔레스가 『시학』에서 심리적 정화를 의미하는 용어로 '카타르시스'를 사용하면서 비롯되었다. 그러나 아리스토텔레스는 문학의 쾌락은 관능적이고 저속한 쾌감이 아니라 정신적인 즐거움과 미적 쾌락이 되어야 한다고 주장한다.

교훈적 기능은 문학이 독자들에게 교훈을 주고 인생의 진실을 보여 주어 삶의 가치와 세계의 본질에 대해 올바른 인식을 하게 해준다는 입장이다. 독자에게 윤리적 교훈을 주고 인간에게 유익한 지식을 가르치는 기능을 갖는다는 것이다.

고대소설인 『춘향전』, 『심청전』, 『장화홍련전』, 『흥부전』 등은 대부분 권선징악이라는 교훈적 의미가 있으며 현대소설인 『무정』, 『흙』, 『상록수』는 교훈적이고 계몽적인 특징이 있다. 참다운 문학의 기능은 교훈설과 쾌락설 어느 한쪽에 치우치지 않는 종합적인 것으로 이해해야 한다는 것이다.

쾌락과 교훈을 극단적으로 분리하는 것이 아니라 정신적인 즐거움과 인생의 진실을 동시에 표현함으로써 인생을 가치 있고 풍부하게 하는 것이 문학의 기능이라는 것이다.

3) 문학의 본질적 조건

문학의 본질적인 조건에는 정서와 상상력이 있다.

문학은 언어를 가지고 표현하며 개인의 특수한 체험을 바탕으로 인류의 보편적 삶과 합일하는 예술의 한 형태이며 작가의 상상에 의해 허구화된 세계의 표현이다. 문학은 언어라는 매체를 사용하지만 사상을 단순하게 전달하는 철학과도 구별되는 문학성이 있다고 볼 수 있다.

문학은 정서적 감동을 주는데 학문이나 과학은 이성적 사고를 바탕으로 하고 예술이나 문학은 감성적 사고를 바탕으로 한다.

정서의 의미를 살펴보면 정서는 인간이 사물에 부딪쳐서 일어나는 온갖 감정을 말한다. 정서의 종류로 동양에서는 사단(四端)칠정(七情)이라 하여 인(仁), 의(義), 예(禮), 지(智)라는 기본적인 것과 희(喜), 노(怒), 애(哀), 락(樂), 애(愛), 오(惡), 욕(慾)이라는 정서의 종류를 제시하고 있다. 정서는 개인적이고 순간적이며 구체적인 것이고 센티멘털리즘은 불건강한 정서의 상태를 말하는 감상벽(sentimental)이다.

1920년대 시에 나타난 죽음이나, 도피, 절망 등의 정서만을 드러내던 시대나 1930년대 작품들이 보여준 정서는 병적인 정서라고 할 수 있다.

상상력도 문학의 본질적 요소에서 중요한 역할을 하는데 문학의 창조성을 더해주는 요소가 상상력이다. 과거에 느꼈던 이미지를 재생하는 능력이며, 감각이 일단 체험되면 기억 속에 잠복되었다가 어떤 계기로 다시 일어나게 된다.

4) 문학의 외재적 조건

(1) 문학과 자연

자연은 가장 오래된 역사를 가지고 있는 외적 조건이다. 문학은 자연을 대상으로 하고 있으며 시는 자연의 모방이라고 해도 과언이 아니다.

프라이(N. Frye)는 고대 신화의 구조를 사계를 모방한 것으로 보고 있는데 자연의 질서는 바로 예술 표현 양식의 원형이라는 것이다.

고대 문학으로 갈수록 현실 도피적인 자연 친근사상이 문학의 주 내용을 이루고 있으며 신고전주의 시대의 시들은 모두 목가적인 시이다.

낭만주의 문학이나 전원파 시인들 그리고 워즈워드 등은 대표적인 자연시인이다. 휘트먼, 프로스트, 예이츠 같은 시인들은 자연을 시로 표현하였다. 시조나 가사의 작품에서 보여주듯이 현실을 도외시하고 자연에 묻혀 살아가려는 자세가 여기에 해당된다.

향가에서 주술적이고 신비적인 음풍농월의 풍류를 즐겼는데, 정극인의 '상춘곡', 농암의 '어부사', 정철의 '관동별곡', 윤선도의 '어부사시사' 등은 자연미를 노래하고 있다. 김소월의 '진달래꽃'과 '산유화', 김동명, 신석정 등은 전원시인에 해당된다.

그 밖에 박목월, 박두진, 조지훈 등 청록파 시인과, 이효석의 『메밀꽃 필 무렵』, 『산』, 『들』 등도 자연과 밀접한 관련을 가지고 있다.

(2) 문학과 사회

문학의 외재적 조건으로 사회가 있다.

문학이 인간의 행동을 모방하여 그 사회로 나아가야 하기 때문에 문학은 작품의 제재와 내용에 사회를 반영하고 있다.

드 보날드(De Bonald)는 "문학은 사회의 표현이다"라고 주장하였다. 문학이나 예술이 운명적으로 사회와의 관계 속에 생성된다는 것이다.

문학작품에는 당시 시대와 사회의 모습이 반영된다. 자연과학의 발달과 실증철학의 영향으로 리얼리즘과 자연주의 문학이 발달되고 이에 따라서 시대와 사회의 모습이 문학에 반영되고 있는 것이다.

플로베르(Flaubert)의 『보바리 부인』에서는 19세기 중엽 프랑스 서민사회의 모습이 생생하게 그려져 있으며 모파상(Maupassant)의 『비곗덩어리』 등 여러 작품에서도 당대의 모습이 부각되어 나타난다.

발자크(Balzac)는 『인간희극』이라는 대하소설을 통해 19세기 초 프랑스 상류사회의 모습을 연대기적으로 표현하고 있으며, 졸라(Zola)는 『루공 마카르 총서』에서 제정시대의 사회를 배경으로 한 가족사를 엮어 나가고 있다. 자연주의라는 실험소설론에 입각하여 시대와 사회 현실을 파헤치고 있다.

투르게네프(Turgenev)는 『부자』라는 작품에서 니힐리즘에 젖어 있는 제정 말엽의 러시아 사회상을 그렸으며, 체호프(Chekhov)도 무너져 가는 러시아 사회상을 잘 묘사하고 있다.

신소설과 이광수의 계몽소설에서도 당대의 사회성이 반영되고 있으며, 김동인, 염상섭, 현진건 등이 쓴 리얼리즘 문학에서도 현실의 모습이 부각되고 있다.

(3) 문학과 체험

문학의 외재적 조건으로 체험이 있다.

윈터즈(Winters)는 평론집 『비평의 기능』에서 문학과 경험의 관계를 기술하면서 문학에서는 체험이 중요하다고 강조하고 있다.

괴테(Goethe)도 『시와 진실』, 『빌헬름 마이스터의 수업시대』, 『괴테와의 대화』라는 저서에서, 한 지방의 풍토나 계절을 묘사하기 위하여 그 지방에 가서 직접 경험하고 난 후에 착수한다고 말하고 있다.

최재서는 "문학이란 가치 있는 체험의 기록"이라고 강조하고 있다.

플로베르의 작품 『보바리 부인』의 주인공 엠마는 평범한 여성이며 거기에 나오는 장면과 사건도 모두 현실적이고 일상적인 것으로 표현되고 있다.

근대소설에 있어서 작가의 체험이 우러난 일기체나 서간체가 많이 사용된 것도 작가가 실제로 체험하고 느낀 것을 쓰는 데 손쉬운 방법이다.

(4) 문학과 심리

오스틴의 『오만과 편견』이나 브론테의 『제인 에어』에는 애정의 갈등 속에 여주인공의 심리묘사가 작품의 큰 부분을 차지하고 있다. 조이스의 『젊은 예술가의 초상』, 『율리시스』와 울프의 『등대로』, 『델러웨이 부인』, 프로스트의 『잃어버린 시간을 찾아서』, 포크너 『음향과 분노』 등은 심리주의 소설에 해당된다.

도스토예프스키와 스탕달도 인물을 통하여 심리적 묘사를 잘 표현하고 있다. 블레이크, 콜리지, 포, 보들레르, 베를레느, 랭보 등의 시인들도 환상적이고 신비적인 의식세계를 보여주고 있다.

시에서 이미지즘과 다다이즘, 쉬르리얼리즘 등은 모두 심리적 의식을 추구한 시의 경향이다.

문학적 테크닉으로 의식의 흐름(stream of consciousness), 내적 고백(Internal monologue), 자동기술법(Automatism), 자유연상(Free assoiation), 의식의 몽타쥬(montage) 등이 있다.

비평에 있어서도 심리학적 비평과 정신분석학적 비평이 있는데 정신분석학은 프로이드(S.Freud), 아들러(Adler), 융(Jung)에 의해서 정립되었다.

5) 과학어와 문학어

언어는 문학을 구성하는 유일한 재료이자 매개물이며 과학어는 자신의 논리나 생각을 객관적으로 상대에게 전달하는 언어이다.

문학에 사용되는 언어는 어떤 사실을 가장 구체적으로 실감 나게 쓰는 구체적인 언어인 것이다.

문학적 언어에는 구체적 언어와 내포적 언어가 있다. 내포적 언어에는 외연적 의미(denotative meaning)와 내포적 의미(connotative meaning)가 있는데, 외연적 의미는 객관적으로 결정할 수 있다.

내포적 의미는 감성을 갖고 있는 사람이라면 누구나 느끼는 특수하며 주관적인 것이라고 할 수 있다.

'진달래 꽃'이라고 할 때 외연적 의미는 '철쭉과에 속하는 낙엽 활엽 관목으로 4월에 엷은 홍색을 띄고 피는 꽃'이라고 설명할 수 있다.

그러나 김소월이 지은 시 '진달래 꽃'은 슬픈 사연을 지닌 한 맺힌 내포적 의미의 꽃이다.

문학적 언어는 은유와 상징 등 다양한 방법을 통하여 함축적으로 표현하는 것이고, 수학이나 과학에서 사용하는 언어는 개념을 표시하는 기호에 불과한 것이다. 문학적 언어는 문학에 나타난 의미뿐만 아니라 그 속에 내포된 작가의 의도와, 그 언어의 이면에 있는 상징이나 다양한 의미가 숨어 있는 것이다.

6) 문학의 장르

장르(genre)란 라틴어의 genus에서 유래한 것이다. 원래는 생물학에서 동식물의 분류와 체계를 세울 때 사용하던 용어이며, '종류'라는 말로 설명할 수 있다. 문학에 있어서 장르란 문학의 표현방법, 즉 문학 체계론이라고 할 수 있다. 웰렉은 『문학의 이론』에서 장르를 제도(institution)라고 설명하고 있다. 프라이(N. Frye)의 『비평의 해부』에서는 신화(myth)와 원형(archetype)에 관한 포괄적인 유형학(類型學, typology)을 제시하고 있다.

인류의 근본적 신화라고 보이는 봄, 여름, 가을, 겨울의 네 계절에 관련된 신화가 문학의 4대 장르, 즉 희곡(봄), 로맨스(여름), 비극(가을), 아이러니와 풍자(겨울)의 원형이라고 하였다.

시대와 지역을 초월하여 보편적으로 나타나는 장르를 기본 장르라고 할 수 있다.

한국문학에서 서정양식이라 해도 고대 시가, 신라시대의 향가, 고려시대의 고려가요, 조선시대의 시조 등 시대에 따라 다른 명칭의 문학양식이 나타나고 있다. 서양의 경우에도 소네트, 오드, 엘레지 등이 시대와 나라에 따라 달리 나타나고 있다.

단치히는 다음과 같은 기준에 의하여 장르를 구분한다.

① 작품의 매체(媒體), 또는 형태: 운문과 산문, 구비문학과 기록문학, 자연시(민족시)와 예술시
② 작품이 택하는 제재의 성격: 연애소설, 농촌소설, 세태소설, 해양소설, 역사소설
③ 창작 목적과 작가의 태도: 참여문학, 목적문학, 경향문학, 교훈문학
④ 독자와의 관계에서 고려된 상황: 통속문학, 대중문학, 본격문학

한국문학의 장르를 살펴보면 장덕순은 『국문학통론』에서 다음과 같이 구분하고 있다.

서정문학: 고전가요, 향가, 고려가요, 시조, 가사(주관적 · 서정적), 잡가
서사양식: 설화, 소설, 수필
극 양식: 가면극, 인형극, 창극

대체로 서정양식, 서사양식, 극 양식으로 나누는 것이 일반적이다.

7) 문학의 네 가지 관점

문학이 존재하기 위해서는 작품이 있어야 하고, 작품을 창작한 작가가 있어야 하며, 작가는 작품을 만들기 위한 재료가 있어야 한다. 그리고 작품을 읽어줄 독자가 있어야 한다.

문학은 궁극적으로 작가와 독자와 작품, 그리고 문학의 재료가 되는 대상이 논의의 초점이다.

에이브럼즈(M. H. Abrams) 비평서 『거울과 램프』에서는 문학이 삼고 있

는 사물, 즉 우주, 자연, 역사 등의 관계에서 논의될 때 모방론적 문학론이 성립한다고 하였고, 문학을 독자와의 연관 속에서 바라볼 때 효용론이고, 언어 구조의 면에서 바라볼 때 존재론이고, 작가와의 연관 속에서 바라볼 때 표현론이라고 설명하였다.

(1) 모방론적 문학론

모방론의 의미는 우주와의 관계에서 진실을 발견하고 구현하려는 것으로, 근대 이후 모방론의 핵심은 반영론으로 귀착하고 있다.

문학은 현실의 반영이요, 역사의 반영이며, 삶의 반영이라는 것으로 반영의 논리는 문학의 사실성에 치중하려는 리얼리즘과 접맥되고 있다.

플라톤은 모방이란 진리나 본질과는 무관하고 무가치한 현상을 흉내 내는 거짓의 모조품이라고 하였다. 아리스토텔레스는 모방이란 모든 예술의 본질이며, 인간의 본능이며 본능의 만족은 즐거움에 있다고 하였다.

신고전주의 시대 이후 모방이라는 낱말은 재현(representation)을 의미하며, 근대 사실주의 소설문학의 발전과 밀접한 관계가 있다.

(2) 효용론의 문학관

문학을 독자와의 연관성 위에서 바라볼 때 효용론이 제기된다.

효용론은 문학이 독자에게 어떤 영향을 주며 문학이 왜 존재하며 문학은 무엇을 할 수 있는가라는 물음에서 출발하는 문학관이다. 작품과 독자와의 관계에서 생각할 때 문학이 독자에게 어떤 효과를 주느냐 하는 것이 효용성이다. 따라서 문학은 작가와 작품에 의한 이해라기보다는 독자들에 의해서 판단되어야 한다는 것이다. 작품은 독자에 의해서 평가되고 독자가 읽어 줌으로써 그 가치와 존재가 인정된다는 것이다.

(3) 표현론적 문학관

문학작품을 쓴 작가가 표현예술에 치중하며 또 그것을 연구하게 될 때 표현론적 관점이 대두된다.

표현론에 의하면 문학은 작가의 내면세계를 비슷하게 묘사해주는 상징물들을 통해 형상화된다는 것이다. 작가의 주관적인 체험 내용이 표현된 것이 문학이라고 보는 것으로, 표현론은 시인의 내면적 세계를 창조적으로 표현한다는 입장이다.

(4) 존재론적 문학관

존재론의 의미는 문학작품을 하나의 실체로 보고 그것의 존재를 규명하고자 할 때 존재론이 대두된다.

모방론이 모방 대상과의 관계에서 문학작품을 규명한다면, 효용론은 독자와의 관계이고, 표현론은 표현의 주체인 작가와의 연관 속에서 문학작품을 규명하는 것이다.

존재론은 작품 자체만을 대상으로 해서 그것의 실체를 규명하는 것이다. 따라서 작품 전체를 중시하고 정밀하게 읽어야 하며, 작품을 이루고 있는 언어 구조를 세밀히 분석해야 한다.

한 사물이 그 자체로서의 독립된 구조와 법칙을 가지고 객관적으로 드러날 때 이것이 존재이며, 문학에 있어서 존재는 작품 그 자체를 의미한다.

제3장 시의 이해

1) 시에 대한 정의

시에 대한 사전적 정의는 정조(情操)와 감동을 주는 언어로 사람의 마음을 표현한 문학의 형식이라는 것이다. 또한 서정시, 서사시, 극시 등으로 분류하는 것으로 되어 있다.

엘리어트는 "시에 대한 정의의 역사는 오류의 역사다"라고 주장했으며 시에 대해 정확하고 일관된 정의를 내리는 것은 불가능한 일이라고 말했다.

시문학사에 있어서 시에 대한 정의는 주로 서구의 시문학 내지 그들의 시론에 의지해 온 것이 사실이다. 서구에서는 시의 출발을 그리스어의 '포에시스'로 보고 있다. 그 말에는 행동과 창작의 뜻이 담겨 있다. 또 시인을 '포에타'라고 했는데, 이 말에도 창작하는 사람의 뜻이 담겨 있다고 한다. 그러므로 시나 시인은 어원적으로 같은 뜻을 가지고 있음을 알 수 있다.

문덕수(文德守)의 『세계문예대사전』에서는 시와 시인에 대해 다음과 같이 설명한다. "고대 그리스에서는 시란 집을 짓고 불을 붙이고 농사를 짓는 일과 동등한 일로 보았으며, 시인이란 논밭을 갈아서 일하는 대신에 주문을 외어 비를 내리게 하고 수확의 감사를 노래하는 데 전력을 다한 사람이었다.

이런 뜻에서 시인은 구체적인 시작품, 즉 포에마(Poema-Poem)를 만들어 내는 제작자이며 기술자이나, 또 한편 내용 면에서는 포에마의 본질인 포에시스(Poesis)는 인간의 최고선(最古善)인 행복의 문제, 즉 윤리적 내용을 포함하므로 모방자(模倣者, mimeta=Imitator)이기도 하다. 아리스토텔레스는 시인의 이원성(二元性)에 입각하여 포에타(Poeta)와 미메타(mimeta)를 병용했다. 플라톤은 시인을 진리에서 먼 모방자라 했다. 즉 책상, 집 등의 사물의 이념을 만든 신(神)인 창조자(Creator)가 있고, 그 이념에 따라 실제의 책상, 집 등을 만드는 제작자(maker)가 있고, 그 제작자의 제작물을 모방해서 그림을 그리고 언어로 모방해서 노래하는 시인이 있다"는 것이다.

다음으로 시에 대한 여러 정의들을 보면 『논어』의 '위정편(爲政篇)'에는 "시 3백 수에는, 한마디로 말한다면 사악함이 없다"라고 되어 있다.

『목민심서』에는 "임금을 사랑하지 않고 나라를 걱정하지 않는 것은 시가 아니며, 어지러운 시국을 아파하지 않고 퇴폐적 습속을 통분하지 않는 것은 시가 아니다. 단 진실을 찬미하고 거짓을 풍자하거나 선을 전하고 악을 징계하는 사상이 없으면 시가 아니다"라고 기록하고 있다.

이인로의 『파한집(破閑集)』에 "시는 마음에서 우러난다고 한 것이 믿을 만하다"라고 되어 있으며 서거정의 『동인시화(東人詩話)』에 "시는 함축되어 드러나지 않는 것을 귀하게 여긴다. 그러나 희미한 글, 숨은 말로서 명백하고 통쾌하지 않은 것은 또한 시의 큰 병통이다"라고 말하였다. 호라티우스는 "시인의 소원은 가르치는 일, 또는 쾌락을 주는 일, 또는 둘을 겸하는 일"이라고 했으며 워즈워드는 "시는 평정한 상태에서 환기된 강력한 감정의 자발적 범람이다"라고 하였다.

E.A.포는 "시는 미의 운율적 창조", R.M.릴케는 "시는 체험이다"라고 주창하였다. M.하이데거는 "시는 언어의 건축물이다"라고 했으며 브룩스는

"시는 역설과 아이러니의 구성체다"라고 말하였다.

이는 시에 대한 정의가 정의를 내리는 사람의 시각과 관점에 따라 다양해질 수 있다는 것을 보여준다.

2) 시의 일반적인 특징

시의 일반적인 특징으로는 운율미와 우아미, 비장미, 긴축미, 관조미, 관능미, 파격미 등이 있다.

운율에서 언어는 의미와 소리의 결합체이다. 운율미는 언어의 소리가 빚어내는 효과를 최대한 살려서 사용하며 리듬과 운율적 요소가 있다.

리듬은 크게 외형률과 내재율로 나눌 수 있다. 외형률은 음수율, 음성률, 음위율, 음보율이며 내재율은 겉으로 드러나지 않고 내적 감동의 율동이 안으로 스며들어 나타난다. 음성률은 언어의 장단, 강약, 고저 등을 기조로 한 것인데 한시의 평측법이 여기에 속한다.

음위율은 시의 각 행에서 음절의 위치에 따라서 성립되는 음율인데 한시의 압운법으로 요운, 두운, 각운이 여기에 속한다. 음수율은 음수로서 음율을 만드는 것인데 3.4조, 4.4조, 7.5조 등 민요나 가사, 시조 등에 사용된다.

우아미는 시의 주제와 소재의 연관성인데 시의 어조, 시의 서정성 등이 조화롭게 결합되어 부드럽고 소박한 아름다움과 조화 등이 잘 일치된 경우를 말한다. 서정주 시 〈푸르른 날〉이나 노천명 시 〈사슴〉 등이 여기에 속한다.

비장미는 내적으로 슬프면서 그 감정을 다스려 슬픔이 어우러진 아름다움이다. 슬픈 감정 그 자체가 아니라 슬픔에서 우러난 서정이다. 변영로의 〈논개〉라는 시가 이에 해당된다.

긴축미는 서정을 짧은 언어로 표현하여 이미지의 제시를 위주로 생략의 멋스러움과 압축성을 보여준다. 오일도 시 〈내소녀〉와 박목월 시 〈불국사〉, 〈나그네〉 등이 여기에 속한다.

관조미는 예술가의 주관적 요소를 가능한 배제라는 예술적 대상을 냉정한 마음으로 관찰하여 지적 성찰에 의하여 주지적·상징적 아름다움을 표현하는 것을 말한다. 조지훈 시 〈고사〉가 여기에 해당된다.

관능미는 감각작용을 시 창작에 활용하여 미적 정서를 환기시키는 것을 말하며 때로는 인간의 성을 문학에 표현하기도 한다. 이성선 시의 '해당화'가 여기에 속한다.

파격미는 일반적인 것을 부정하고 새로운 방법으로 표현하는 것을 말한다. 초현실주의 영향을 받았으며 실험시, 해체시, 파격시 등이 여기에 속한다. 단어의 배열에 변화를 주기도 한다. 박남수 시 〈종달새〉와 장순화 시 〈고무신〉 등이 여기에 속한다.

3) 시에 대한 관점

시는 다른 문학 장르보다 주관성이 많이 개입된다.

워즈워드는 『서정시집』 서문에서 "모든 좋은 시는 강한 감정의 자연발생적 표현이다"라고 하여 시에 있어서 주관성을 강조하고 있다.

주관성은 시인이 대상을 바라보는 시점과 심리적 태도의 문제로 설명하고 있는데 심리적 거리가 짧을 때 시인의 주관이나 정서가 시의 전면에 노출되고 있으며 대상과 시인이 일치된 상태를 말한다.

그러므로 서정시는 주관성이 내포된 시이며 시인 자신의 관념이나 정서를 토로하는 것이다.

시에 대한 관점과 가치기준을 살펴보면 모방론적, 표현론적, 효용론적, 구조론적 관점으로 나눌 수 있다.

시를 자연과 인생에 대한 모방이라는 관점에서 보는 견해는 서양에 있어 아리스토텔레스의 언급 이후 가장 오래된 시에 대한 정의이다.

모방은 단순히 대상의 재현이나 외형만을 모방하는 것이거나 실제로 일어난 일을 이야기하는 것이 아니라 일어날 수 있는 일, 개연성 또는 필연성의 법칙에 따라 있을 수 있는 보편성에 비중을 둔 개념이다. 시가 우주, 자연, 인생, 이념, 진리를 모방한다는 것이다.

표현론적 관점은 사물을 있는 그대로 묘사하는 데 그치지 않고 자연이나 현실을 주관적 상상에 의해 구현한다는 견해인데 시를 개인의 주관적인 감정의 표현으로 보고 형식적인 면에서 음악성을 강조하고 있는 것이다. 내용면에서는 상상과 감정의 발로로 보는 것인데 개성적이고 독창적인 상상력을 통해 시인의 내면세계를 밖으로 표출하는 자기 표현이 시가 된다.

시가 시 자체로 의미 있는 것이 아니라 남에게 가르침을 주거나 즐거움을 준다는 효용론적 관점에서 보는 견해가 있다. 시가 지닌 효용에 더 많은 관심을 갖는 것으로 동・서양을 막론하고 가장 오랜 전통이라고 할 수 있다. 그리고 시 자체가 어떻게 구성되느냐는 구조론적 관점에서 보는 견해가 있는데 구조론적 관점은 시를 하나의 독립된 구조물로 보고 시인이나 독자, 역사, 상황, 현실 등 외부적인 것과 따로 떼어서 그 작품 자체의 독자성에 근거하여 시를 보는 태도이다.

이상화는 시 〈말세의 희탄〉에서 “저녁의 피 묻은 동굴 속으로/ 아, 밑 없는 그 동굴 속으로/ 끝도 모르고/ 나는 거꾸러지련다/ 나는 파묻히련다/ 가을의 병든 미풍의 품에다/ 아, 꿈꾸는 미풍의 품에다/ 낮도 모르고/ 밤도 모르고/ 나는 술취한 몸을 세우련다/ 나는 속 아픈 웃음을 빚으련다”라고 표현하고 있는데 감정을 토로하며, 시인의 좌절과 절망감, 정서가 여과되지 않은 상태로 표현되고 있다. 정서적 환기나 감동의 울림이 아니라 자기 고백으로 예술적 정서를 환기 시키지 못하며 시인이 감정의 노예가 된 시로 감상적인 시라고 할 수 있다. 과거 낭만파 시인들의 주정적인 면에 반기를 든 시인들에 의해 쓰인 시이며 주정적인 시들이 자연발생적인 시이기 때문에 실제의 감정이 시의 전면에 그대로 노출되고 있는 것이다.

4) 시적 언어와 일상적 언어

언어는 서로의 의사소통을 위하여 객관성과 보편성을 가지며 의미전달 수단으로서 일차적인 의의를 갖는다. 일상에서 오고 가는 그 모든 언어들이 일상적 언어가 될 수 있지만 시적인 언어는 아니다. 시의 언어는 일상어처럼 사물을 지시하고 서로의 의사를 전달하는 것으로는 쓰이지 않는다.

따라서 시는 정서적 언어이다. 시에서 쓰이는 언어는 일상어와 다르다.

일반적으로 쓰이는 언어가 하나의 대상을 지시하고 그 뜻을 명확히 드러내기 위해 쓰인다면 시에 쓰이는 언어는 정확한 의사전달 수단으로서의 사용이 아니라 감동을 전달하기 위해 쓰인다.

시어는 독자의 반응을 환기시키고 감동의 폭을 넓히기 위해 쓰인다.

리처즈는 언어를 정서적 용법과 과학적 용법으로 나누어 설명하고 있는데 감정과 기분을 표현하거나 독자로 하여금 환기시키는 방법은 정서적 용법이고 객관적 사물이나 사건을 지시하는 방법은 과학적 용법이라는 것이다. 시어 자체가 따로 존재하는 것이 아니라 언어를 시인이 함축적으로 활용함으로써 분위기, 의미 확대, 암시, 연상 작용 등을 독자에게 부여해준다는 것이다. 즉 평범한 일상용어에서 적절한 시어를 선택하여 새롭고 참신한 이미지를 창조할 수 있는 언어를 사용하면 된다.

시에 나타나는 감정, 정서, 환상 등은 시인이 가졌던 것과는 다르게 나타날 수 있다. 그래서 시인은 나름대로의 독특한 매개수단을 필요로 하는데 그것이 객관적 상관물(objective correlative)이다.

T.S. 엘리어트는 시를 "정서로부터의 도피", "개성으로부터의 도피"라고 정의하고 있다. 시의 정서란 실제의 정서와는 다른 객관적 상관물을 통한 환기된 정서임을 주장하고 있으며 시는 감정을 직접 진술하지 않고 객관적 상관물을 통해 간접적으로 정서를 환기시킨다는 것이다. 객관적 상관물이란 사물, 상황, 사건을 통해 감정의 직접적 진술이 아닌 간접적인 정서를 환기시키는 방법을 말한다. 시는 진술이 아닌 묘사의 구체성과 명확성을 강조하는 것이다. 또한 T.S. 엘리어트는 예술형태에 있어서 정서를 표현하는 유일한 방법은 객관적 상관물, 그 독특한 정서의 공식이 될 수 있는 일련의 대상과 상황과 사건의 연결을 발견하는 것에 의존한다고 말하고 있다. 즉 표현하고자 하는 정서를 나타내는 방법이 될 하나의 이미지나 장면을 발견한다는 것이다.

그러므로 시는 정서와 상상력을 중요시하는 문학이자 이미지의 창조라고 할 수 있다. 상상력은 이질적인 요소들을 하나로 통합시키는 힘이다.

정지용 시 〈유리창〉을 보면 '폐혈관이 찢긴' 죽음과 이별의 슬픔이 담겨진 투명하면서도 안과 밖을 차단하는 유리창을 통해 고립감과 슬픔의 정서를 환기시킨다. 유리창은 객관적 상관물로서 시적 정서를 환기시킴은 물론 아들의 죽음을 앞에 둔 화자로 하여금 슬픔과의 심리적 정서를 유지시켜 준다. 이러한 심리적 거리는 슬픔을 '물먹은 별'로 응축시키는 객관화된 감정과 함께 죽은 '늬'를 날아간 '산 새'로 환치시키는 승화된 슬픔을 보여준다.

언어가 처음부터 시어와 일상어로 구분되어 있는 것은 아니다. 우리가 쓰는 언어는 모두가 일상어이고 그 일상어는 하나하나 명확한 독자적인 의미를 갖고 있다. 그러나 그것이 시 속에 도입된 일상어, 그 자체로는 시적 가치를 말하지 못한다. 다만 그것이 문맥 사이에 놓여서 특수한 작용을 하기 위해 다른 언어와 연결되어 특수한 수법으로 사용될 때 비로소 시어로 전이되어 특수한 효과를 나타내게 된다.

그러므로 시인들은 일상어를 시어화하는 작업에 심혈을 기울이고 있으며 독자들은 시어화된 언어를 통해 시인의 체험을 경험하게 된다. 그러나 주의할 것은 시 읽기에 있어 시어로 전이되기 이전의 일상적 의미, 즉 낱말의 외연적 의미를 명확하게 파악하고 나서 전이된 시어 속의 효과, 즉 상징성, 암시성 또는 함축성(내포적 의미)을 파악해야 할 것이다.

시적 언어는 일상적 언어를 바탕으로 성립되지만 일상적 언어와는 많은 차이를 보인다. 일상적 언어가 어휘의 지시적 의미를 중시하는 데 반해 시의 언어는 함축적 의미를 중시한다. 또 시어는 반복되는 소리의 질서에 의한 리듬감을 지니며, 상징적 표현에 의해 하나의 표현이 다양한 의미로 해석이 가능한 다의성을 지니는 것도 시어만의 특징이다. 시어의 특수한 언어 용법으로는 시적 진실을 위해 일상적 진실을 파괴하는 기법과 시인의 특이한 정감이나 미적 효과를 위하여 일반적 어법에 어긋나는 표현을 사용하기도 하는 시적 허용 등이 있다.

시어의 함축적 의미는 대상을 정확하게 지시하기 위한 것(지시적 의미)이 아니라, 어떤 정서적 효과를 불러일으키기 위해 사용된 언어이며, 지시적 의미에서 출발하여 새로운 의미를 더 부여한 것이다. 따라서 시어의 함축적 의미를 파악하기 위해서는 시어가 그 시에서 더 획득한 의미가 무엇인지를 파악해야 한다. 또 시어의 함축적 의미는 시의 문맥 속에서만 생명력을 가지므로, 시어의 전후 문맥과 시적 상황을 정확하게 파악하는 것이 함축적 의미를 파악하는 방법이다.

지시적 언어는 지시적 기능을 가진 언어의 의미를 말한다. 실재하는 사물과 그것을 표현하는 언어가 1:1 대응 관계를 이루는 언어, 즉 사전적 의미의 언어이며 과학적 언어이다.

지시적 언어는 의미전달에 혼란이 없도록 개념에 대한 정확성을 목표로 하는 언어인데 언어가 갖고 있는 뜻이 사회의 공통적인 약속에 근거하여 객관성과 보편성을 갖는 것을 언어의 외연(外延, denotation)이라고 한다. 그러나 언어는 보편적·객관적인 의미만으로 쓰이지 않고 언어를 사용하는 인간이 제각기 다른 체험이나 인식, 감정, 주관을 갖기 때문에 주관성을 가지며 상황에 따라 의미가 달라진다.

개인의 주관적인 요소가 개입되어 언어의 의미가 달라지는 것을 함축적 의미, 즉 내포(內包, connotation)적 의미라고 한다.

함축적 언어는 암시적이고 주관적이며 간접적 의미가 있으며 대상을 지시함과 함께 정서적 효과를 불러일으키기 위해 사용된 언어이다. 지시적 의미에서 출발하여 새로운 의미를 더 획득하는 것으로 시어가 추구하는 의미이다.

박인환의 〈목마(木馬)와 숙녀(淑女)〉라는 시에서 술병에서 별이 떨어진 것이나 별이 상심했다는 것이나 별이 사람의 가슴속에 떨어져 부서졌다는 것은 논리의 세계에서는 있을 수 없는 현상이다. 별을 단순히 하늘에 떠 있는 것이 아닌 가치 있는 어떤 대상인 것으로 표현하고 있는 것이다. 이러한 쓰임이 정서적 용법이고 시의 언어를 정서적 언어라고 하는 것이다.

시에 쓰이는 언어는 시인의 개성과 주관성을 담고 있는 내포의 언어로서 사용되는 것이다. 그래서 시의 언어는 이해하기 어려운 경우가 많은데 시에서 애매성은 문맥의 불확실한 구조에서 발생하기도 하고 시인이 언어를 내포적으로 사용함으로써 생기는 의미의 다의성(多義性)에 의해서 발생하기도 한다.

따라서 시적 언어는 주관적 · 함축적 · 개인적 · 간접적이라 할 수 있고 일상적 언어는 객관적 · 개념적 · 비개인적 · 직접적이라고 할 수 있다.

외연은 일반적이고 객관적이며 사전적인 의미이며, 내포는 창조적으로 부여하는 개성적이고 구체적인 언어로 시어가 내포적인 용법으로 부여하고 있다.

시는 연속된 사건이나 줄거리를 갖지 않는 문학양식이다. 산문과 시의 차이점은 산문은 축적의 원리에 의한 설명이지만 시는 압축의 원리에 의한 암시성을 본질로 하고 있다는 점이다.

시어와 일상어가 언어의 함축적 활용에 의해 정서적 언어와 과학적 언어로 구별되듯 언어의 함축성이란 정서를 환기시키는 성질을 의미하며 모든 시는 언어를 정서적 반응의 효과를 높일 수 있도록 사용한다.

시에서 느끼는 분위기, 의미 확대, 암시성, 상징 등은 독자의 마음속에 정서를 환기시키는 역할을 하며 이를 위해 가능한 한 시어 속에 함축적 의미를 많이 수용하고 있다.

5) 비유

비유는 사물이나 모양, 상태, 성질 등을 효과적으로 표현하기 위해서 비슷한 사물에 비교하여 표현하는 언어적 방법이다.

리차즈는 비유를 원관념과 보조관념의 결합구조로 설명하고 있다. 원관념은 시인이 본래 표현하고 드러내려는 사물이고 보조관념은 효과적으로 나타내기 위해서 비교되는 또 하나의 사물을 말한다.

『프린스턴 시학 사전』에서는 비유에 대하여 다음과 같은 정의를 내리고 있다.

> "일정한 사물(事物)이나 개념(概念)을 뜻하는 낱말을 이용하여 또 다른 대상이나 개념을 의미(意味)할 수 있도록 언어(言語)를 사용하는 과정, 또는 그 결과이다".

'비유'란 '어떤 사물[대상]을 다른 사물[대상]에 빗대어 표현하는 것'을 말한다. 어떤 사물이나 그 사물이 지니고 있는 의미를 그것 자체로 표현하지 않고 그 사물이나 사물이 지니고 있는 의미를 바탕으로 하여 그것과 같거나 비슷한 다른 사물이나 의미를 유추하여 표현하는 형식이다.

따라서 이러한 비유가 성립되기 위해서는 비유에 사용되는 원관념, 즉 표현하려는 대상과 보조관념, 즉 빗대어 표현되는 대상 사이에 반드시 유추관계가 성립되어야만 하다.

즉 서로 다른 이질적인 두 사물 사이에 어떤 유사성(類似性)이 있어야만 비유가 성립될 수 있다는 뜻이다. 특히 겉으로 볼 때는 비유가 될 수 없는, 즉 유사성이 없는 두 사물 사이에서 유추관계를 찾아내어 표현했을 때, 그 비유는 가장 성공적인 비유가 된다.

시의 비유와 일상생활에서 쓰는 비유는 서로 다르다.

문학작품에서 사용하는 비유는 일상생활에서 쓰는 문자가 지니는 사전적 의미의 비유가 아니라 수사학적인 비유로서, 문자의 의미를 초월하여 마음속의 이미지를 암시하는 함축적인 언어로 표현하는 비유이다.

비유에는 직유, 은유, 의인, 의성, 의태, 풍유, 반어, 제유와 환유 등이 있다.

직유(直喩)는 가장 기본적인 비유를 말하며 어느 한 사물을 다른 대상에 빗대어 표현하는 기교이다.

직유는 표현하고자 하는 사물이나 의미인 원관념과 빗대어 표현하기 위하여 끌어온 다른 사물이나 의미인 보조관념을 직접적으로 연결하여 표현하는 시의 비유방법 중의 하나이다. 이때 사용되는 연결어에는 '~처럼, ~같이, ~마냥, ~보다, ~듯이, ~만큼…' 등이 있다. 다시 말해서 '~처럼, ~같이, ~마냥, ~보다, ~듯이, ~만큼…' 등으로 연결하여 표현한 것은 직유라는 말이다. 이와 같이 'A'처럼 ~한 'B'라고 표현했을 때, 'A'는 견주기 위하여 끌어온 보조관념이고, B는 표현하고자 하는 사물이나 의미인 원관념이 되는 것이다.

은유(隱喩)인 Metaphor는 그리스어의 meta(초월)+pherein(옮기다)의 뜻으로 '다른 것으로부터의 이행, 옮겨 놓다'라는 뜻이다. 즉 메타포(Metaphor)는 은유, 또는 암유(暗喩)라고 할 수 있다.

은유란 간단히 말해서 'A(보조관념) 같은(처럼, 마냥, 듯이…) B'로 표현되는 직유와는 달리, '내 마음은 호수'라는 표현처럼 'A(원관념)는 B(보조관념)'라는 식으로 표현되는 비유이다.

직유가 외적 유사성에 바탕을 둔 직접적인 비교라면 은유는 내적 동일성을 바탕으로 한 간접적인 비교인 'A는 B다'라는 것으로 설명할 수 있다.

의인법은 사물이나 사람이 아닌 생물에 사람과 같은 성질을 부여해 표현하는 비유이다. 무생물의 생물화이며, 무인격의 인격화를 비유하는 활유법이라고도 한다. '속삭이는 물방울', '비의 함성', '재잘대며 흐르는 시냇물' 등 무생물을 인간화한 것을 말하며 '나뭇잎들의 합창'과 같이 생물을 의인화한 것도 있다. 시에서의 의인법은 사물에 인격을 부여하여 그 사물로 하여금 인간과 더욱 친밀한 존재로 느껴지게 하거나 의인화된 사물을 통해 사실적 인식을 꾀하는 데 효과적이다.

제유는 은유의 한 형태로서 어느 한 부분이 전체를 나타내는 비유이다.

한 부분(보조관념)이 숨어 있는 전체(원관념)를 가리킨다. 즉 '푸른 눈'은 서양인 전체를 의미하기도 한다.

제유가 사물의 부분과 전체의 관계에서 발생하는 것과는 달리 환유는 사물의 한 부분이 그 사물과 관계가 깊은 다른 어떠한 것을 나타내는 것이다. 예를 들면 '별'은 '장군'을 말하며 '금배지'는 '국회의원'을 말한다.

반어(irony)는 희랍어를 어원으로 하는데 '숨기다, 시치미를 떼다'라는 의미를 지니고 있다. 아이러니는 표면적 현상 속에 감추어진 진실을 밝히는 데 효과적으로 사용된다.

역설(paradox)은 모순되고 부조리한 듯하지만 표면적인 논리를 떠나 진실된 진술, 정황을 말한다.

6) 이미지

이미지의 개념을 살펴보면 이미지는 심상이나 영상이라고 말할 수 있다.

프라이는 심상이 제재를 명확하게 드러내고, 독자의 내면 세계를 자극하며, 독자의 반응을 유도하여 시를 정서와 연결시켜 주는 구실을 한다고 보았다. 또 C.D. 루이스는 이미지의 역할이 신선함과 강렬함, 환기력에 있다고 보고 있으며 심상이 일상적인 언어를 통해서는 맛볼 수 없는 신선미와 긴축미를 부여하여 정서를 환기시키는 구실을 한다고 설명했다.

즉 표현의 구체성을 높이며 표현의 독창성을 살린다는 것이다. 과거의 시가 리듬을 중시하는 귀로 듣는 시라면 현대시는 회화성을 중시하는 눈으로 보는 시라고 할 수 있다.

이처럼 이미지는 의식과 무의식, 기억, 상상, 꿈, 환상 등에 의하여 마음속에 떠오르는 감각 대상 모두가 이미지가 될 수 있다.

상상력이란 구상화하는 능력이며 상상력에 의하여 구체적인 정경을 마음속에 그리는 일이다. 감각에 의하여 얻어졌던 것이 마음속에서 재생한 것으로 정의할 수 있다. 하나의 대상을 지각에 의해 기억 속에 담아두며, 그렇게 저장된 사물에 대한 기억을 어느 순간에 다시 마음속에서 재생할 수 있는 것이다. 감각적 경험이 그대로 재생되는 것이 아니라 의식 또는 무의식의 상태에서 변형되는 경우이다. 변형된 것이 상상력에 힘입어 독특한 모양으로 재구성되는 과정을 거치기도 한다.

시는 추상이 아니라 구체적이고 특수한 이미지를 통하여 의미를 전달하며 이미지는 우리의 감각에 호소하여 사물에 대한 감각적 경험을 불러일으킨다. 이미지는 언어로 만들어진 그림이며 이미지 모두가 언어에 의해서 마음속에 재생되는 것이다.

따라서 시의 이미지는 시인의 상상력에 의해 만들어지며 독자의 상상력을 자극한다. 시의 이미지는 표현에서 추상적이고 관념적인 것을 구체화함으로써 내용을 보다 선명하게 인식시킨다.

이미지는 넓은 의미로 묘사나 암시 또는 직유, 은유에 사용되는 보조관념들로 언급된 감각적 지각의 모든 대상과 특성들을 의미한다. 좁은 의미로 시각적 대상이나 장면의 묘사만을 의미하며 비유의 보조관념을 의미한다. 이미지란 의미와 동떨어진 어떤 것이 아니라 의미이긴 하되 시에서 나타나는 독특한 형태의 의미이다.

시에 있어서 이미지의 역할은 단락처리가 매우 중요한데 시의 행과 연은 리듬의 단락, 의미의 단락, 이미지의 단락에 따라 구분된다. 리듬을 중시할 경우와 의미를 중시할 경우 그리고 이미지를 중시할 경우에 따라 행의 구분이 달라진다.

장만영의 시 〈달 · 포도 · 잎사귀〉에서 '달은 나의 뜰에 고요히 앉아 있다/

달은 과일보다 향그럽다' 등 시각적 이미지와 함께 후각적 이미지가 드러난다.

이미지의 기능을 살펴보면 이미지는 독자에게 감각적 인상을 불러일으켜 추상적인 관념을 구체적으로 형상화함으로써 사물을 보다 생생하게 전달하는 기능을 한다. 이미지의 기본적인 기능은 감각적 체험을 되살리는 데 있다. 이런 기본적 기능 이외에 이미지는 보이지 않는 관념들을 구체적 형상을 통해 암시하는 기능을 하게 된다. 이러한 이미지를 지배적 심상이라고 하는데 지배적 심상이란 작품과 직결되는 구체적 형상 또는 그 형상에 내포된 관념을 말하는 것이다. 따라서 지배적 이미지는 작품 전체를 통하여 반복해서 시상의 흐름을 지배하며, 독자에게 강렬한 인상을 심어 준다. 그리고 시의 주제를 암시적으로 드러내는 역할을 하게 된다.

이미지의 종류를 살펴보면 감각적 이미지, 비유적 이미지, 상징적 이미지 등으로 나누어진다. 감각적 이미지는 '감각적 체험'이라는 이미지의 기본적 개념을 적용하여 만들어낸 이미지로 시각적, 청각적, 미각적, 촉각적, 후각적 이미지 등이 있다.

감각은 외적 및 내적 기관에 가해진 자극이다. 단순한 의미의 전달이나 관념의 도구가 아니라 심상 자체로 쓰이면서 어떤 감각적 분위기를 연출한다. 지각적 이미지는 감각기관을 통하여 성립한다.

비유적 이미지는 비유된 형상으로서의 이미지로 비유 전체가 이미지를 형성한다. 즉 비유 자체가 이질적인 것과 모순되거나, 충돌하는 요소들을 한 문맥 속에 수용하는 종합적이며 포괄적인 성격이다. 즉 비유적 이미지는 비유를 통하여 제시된 심상이 서로 다른 두 사물을 비교함으로써 과학적 인식으로는 드러내기 어려운 진리를 드러낸다.

청각적 이미지는 현대시에서 많이 활용되며 청각적인 이미지가 시에 드러나서 특정한 효과를 유발하는 경우를 말한다.

시각적 이미지는 시각적인 형상을 바탕으로 형성되는 심상으로 회화적 인상을 부각시키고 시 전체의 특징을 시각적으로 드러낸다.

김광균의 시 〈외인촌〉에서 '지나가던 구름이 하나 새빨간 노을에 젖어 있었다'와 장만영의 시 〈달·포도·잎사귀〉에서 '달은 나의 뜰에 고요히 앉아 있다/ 달은 과일보다 향그럽다' 등 시각적 이미지와 후각적 이미지가 드러난다.

서정주의 시 〈대낮〉에서 '강한 향기로 흐르는 코피'와 박목월의 시 〈물새알 산새알〉에서 '물새알은 간간하고 짭조름한 미역 냄새', '산새알은 달콤하고 향긋한 풀꽃냄새 이슬냄새' 등도 후각적 이미지로 잘 표현하고 있다.

청각적 이미지는 청각적인 감각 현상을 바탕으로 형성되며 때로는 음성을 활용한 상징어를 사용하여 효과를 거두기도 한다. 김소월의 시 〈접동새〉에서 '접동/ 접동/ 아우래비 접동'과 김동환의 시 〈북청 물장수〉에서 '머리맡에 찬물을 쇄아 퍼붓고는'과 같은 표현이 그것이다.

촉각적 이미지는 피부 감각적 심상과 전신 감각적 심상을 포함하는 개념이다. 즉 신체의 부분들과 결합되어 근육 감각적 심상을 형성하기도 한다. 김종길의 시 〈성탄제〉에서 '불현듯 아버지의 서느런 옷자락을 느끼는 것은'이라는 표현이 이에 해당된다.

역동적 이미지는 격렬한 시어와 동작적인 용언을 활용함으로써 제시된다. 박두진은 〈3월 1일의 하늘〉에서 '푸름 속에 펄럭이는 피깃발의 외침'에서 이러한 역동적 이미지를 표현하고 있다.

공감각적 이미지는 감각적 이미지를 가장 이상적으로 창조하는 것으로 한 종류의 감각을 다른 종류의 감각으로 전이시켜 표현하는 것이다. 공감각적 이미지는 감각적 인상을 개성적으로 전달하기 위한 방법이다.

김광균의 시 〈외인촌〉에서 '가벼운 웃음과 시들은 꽃다발이 흩어져 있다'

와 '분수처럼 흩어지는 푸른 종소리', 김광균의 시 〈추일서정〉에서 '자욱한 풀벌레 소리 발길로 차며'와 서정주의 시 〈문둥이〉에서 '꽃처럼 붉은 울음을 밤새 울었다'가 이에 해당된다. 박남수의 시 〈아침 이미지〉에서도 '金으로 타는 태양의 즐거운 울림'이라고 표현하고 있다.

상징적 이미지는 상징적 표현 그 자체가 이미지를 형성한다. 이미지가 시의 전체 속에서 핵심적인 상징성을 지니며 사용된 경우이다. 상징적 이미지는 감정을 그대로 노출시키지 않고 변형시키는 수법으로 이미지를 조작한다. 어떤 대상의 감각적 인상을 전해줄 뿐만 아니라, 독자에게 그 대상과 관련된 여러 가지 관념들을 연상시킨다. 이와 같이 관념을 연상시키는 기능을 가지는 이미지를 상징적 이미지라 한다.

이처럼 시에 있어서의 이미지(心象)는 언어를 통해 표현된 구체적 형상이나 그와 관련되는 추상적인 관념들을 말한다. 즉 시적 언어를 통해 어떤 형상과 관련된 여러 가지 관념이 함께 연상될 수도 있다.

7) 시의 어조와 화자

어조(tone)는 말하는 사람의 목소리이며 말씨를 의미한다. 즉 시적 대상이나 독자에 대한 시적 자아의 태도, 또는 목소리를 말한다. 어조는 시적 분위기나 정서와 관련을 맺으면서, 선택되는 시어와 서술어의 어미에서 드러나게 되는데 대개 한 작품에서 일관되게 나타난다. 그러나 한 작품 안에서도 어조가 달라지는 경우가 있다. 주로 시적 자아의 정서에 변화가 생길 때이다. 이를테면 기대감이 실망감으로 바뀐다든지, 체념적 정서에서 의지적 정서로 나아간다든지 할 때는 정서의 변화가 어조에 반영되는 것이다.

어조를 통해 화자의 사람됨, 신분, 정신 상태 등이 나타날 뿐 아니라 화자의 청자에 대한 태도와 대상에 대한 태도 등이 드러나는데, 이에 따라 어조는 여러 가지 유형으로 분류될 수 있다.

화자(話者)는 시에서 말하는 사람으로 시의 화자, 시적 자아, 서정적 자아라고 하는데 이들의 목소리가 어조이다. 어조를 통하여 시적인 화자의 태도를 알 수 있다. 어조는 시인의 개성과 태도를 반영하며 화자는 이야기하는 주체이다.

즉 화자는 시 속에서 이야기하고 있는 사람, 일정한 어조를 갖고 있는 사람이며 시인과 별도로 시 속에 등장하여 말하는 사람이다.

시인은 주제를 효과적으로 표현하기 위해 주제에 적합한 목소리를 가진 발화자를 내세우는데 시적 화자는 시의 어조와 밀접한 관계가 있다.

화자의 신분, 성별, 연령, 직업, 태도에 따라 어조가 결정되고, 화자의 어조는 시의 주제와 부합하도록 정해지는 것이다. 예를 들면 김소월의 〈엄마야 누나야〉라는 시에서 시적 자아는 남자아이라는 것을 알 수 있다.

8) 시의 분류

시는 경우에 따라 여러 갈래의 형태로 구분할 수 있다. 형식적인 면과 내용적인 면, 시대적인 면 등으로 분류할 수 있다. 형식적인 면에서는 정형시, 자유시로 구분할 수 있으며 내용적으로는 서정시, 서사시로 그리고 시대적으로는 고대, 근대, 현대 등으로 나눌 수 있다.

그러나 반드시 원칙은 아니고 구분자에 따라 세부적으로 나눌 수 있다.

(1) 형식상의 분류

① 정형시(定型詩)

시의 구조나 시구, 또는 리듬에 있어서 일정한 형식적 제약을 받는 시를 말한다. 동양의 정형시는 보통 음수율・음위율・압운(押韻)・음성률(음의 고저장단) 등에 의해 형성된다. 우리나라의 경우에는 자수율에 의해서 지배되거나 음보율을 지닌 정형시다. 이런 정형시는 각 나라마다 언어적 특성이나 양식에 따라 고유한 형식을 갖는 것이 특성이다. 일본의 단가(短歌)는 5.7.5.7.7의 5구 31음의 자수율을 이루고 중국의 시는 절구(絶句)・율시(律詩)・배율(排律) 등의 제약을 받으며 정형시를 이룬다. 정형시는 운율을 기반으로 하는 고정된 틀을 갖춘 시를 말하며 운율은 시가 갖추어야 할 기본요소 중 하나로서 시의 형태미를 이루는 기본 틀이 된다.

시조에서는 종장의 초구 3자와 다음의 5자는 지키도록 되어 있는 것이 시조다.

② 자유시(自由詩)

일정한 형식에서 벗어나 자유로운 형식으로 오늘날 우리가 쓰고 있는 모든 현대시의 형태를 말한다. 정형시가 지니는 리듬의 형식을 벗어난 연상율(聯想律)에 뿌리를 둔 시라 할 수 있다. 19세기의 휘트먼(Walt Whitman)에서 시작하여, 프랑스의 보들레르 등의 상징주의 시인들에게서 전파되었고, 영국의 홉킨즈의 스프렁 리듬(Sprung rhythm)을 20세기 자유시의 효시로 보고 있다. 우리나라에서의 자유시는 최남선(崔南善)의 신체시 〈해(海)에게서 소년(少年)에게〉(1908년) 이후로 보고 있다. 그러나 최근에는 주요한(朱耀翰)의 〈불놀이〉를 그 형식이나 작품의 문학성으로 보아 자유시의 효시로 삼고 있다.

정형시가 전통적인 일정한 형태적 틀에 얽매여 있다면 자유시는 일정한 형태적 구속에서 벗어난 시를 말한다. 즉 외적 형태에 구애받지 않고 내용에 따라 독자적인 형태를 갖게 된다.

시인 각자의 선택에 따라 각자의 개성을 발휘할 수 있는 형태의 시이다. 시적인 요소를 완벽하게 구비해야 하며 행이나 연 구분은 물론 중요한 요소인 내재율도 무시해서는 안 된다.

산문시도 있는데 이것은 행, 연의 구분이나 운율의 형식도 시적인 내용을 산문의 형태로 표현한 시를 말한다.

(2) 내용상의 분류

① **서정시**(抒情詩)

서정시는 순수한 감정 체험을 나타내는 형태이다. 언어의 의미 전달기능보다는 감동을 주는 순수시와 깊은 관련이 있다. 고대에서는 서사시나 극시가 중요한 위치를 차지하고 서정시는 하나의 독립된 장르로 확립되어 있지 않았으나 근대에 와서 포우나 보들레르, 말라르메, 발레리 등으로 이어져 오면서 하나의 장르를 형성했다. 서정시는 개인적인 체험에 의해서 쓰인다. 개인적인 체험은 주관적인 감정을 말하며 시인의 눈을 통해 관찰되는 사물이 시인의 영감에 의하여 순간적인 감정이나 생각들이 하나의 모티브가 되어 나타나는 것이 서정시이다. 워즈워드는 그의 『서정시집(抒情詩集)』의 서문에서 "모든 좋은 시는 강한 감정의 자연발생적 표현이다"라고 했다. 감정의 중요성이 시에 있어서 매우 중요하다는 것을 말해주는 말이다.

② **서사시**(敍事詩)

신과 영웅의 일화를 운문체로 웅장하게 서술한 장시(長詩)를 서사시라고 한다. 서정시가 주관적인 데 반해 서사시는 객관적이다. 아리스토텔레스는 서사시를 일컬어 희곡적 성질을 가지고 있다고 했다. 그러나 희곡보다 그 영역이 넓고, 많은 사건을 구성할 수 있으며, 시간상으로는 과거에 속하는 일이나 사건을 다루는 것이 서사시이다. 서사시는 원시적 서사시(primitive epic)와 문학적 서사시(literary epic)로 나누어지기도 한다.

원시적 서사시는 민족 서사시 또는 영웅적 서사시를 말하며, 문학적 서사시는 창작적 서사시 또는 예술적 서사시라 일컫기도 한다. 원시적 서사시는 영웅들의 일화나 전설이 구전되어 오다가 서사시 형태로 된 것이 많다. 거의가 민족 집단적인 배경에서 만들어졌으므로 작자 미상이 많다. 그 대표적인 것이 호머(Homer)의 『일리아드』와 『오디세이』이다. 이들 서사시는 전승되어 오던 신화 속에 나오는 영웅들의 이야기를 모은 것이다. 중세의 서사시 『니벨룽겐의 노래(Das Nibelungen Lied)』, 『롤랑의 노래(La Chanson de Rolund)』도 같은 성격의 것이다. 문학적 서사시는 작가가 분명하고 영웅들의 생애를 읊었다 할지라도 예술 의식이 뚜렷하고 창작성이 깃든 것이라고 하겠다. 밀턴의 『실낙원(Paradise lost)』, 단테의 『신곡(Pivina Commedia)』, 베르길리우스의 『아에네이스(Aeneis)』 등이 그것이다.

우리나라에서 서사시는 12, 13세기에 형성되었는데 오세문(吳世文)의 『역대가(歷代歌)』, 이규보(李奎報)의 『동명왕(東明王)』, 이승휴(李承休)의 『제왕운기(帝王韻記)』가 모두 이 시대에 창작된 것이다.

③ 극시(劇詩)

극시는 서정시・서사시와 더불어 시의 3대 장르 중 하나이다. 극시란 사전적 의미로 보면 극의 형식을 빌려서 극적인 수법을 사용하여 만든 시이다. 그러므로 희곡과 밀접한 관계가 있다.

극시는 아리스토텔레스의 『시학』에서부터 시작된다. 『시학』에서는 극시를 비극 · 희극 · 희비극으로 나누고 있다. 고대에 운문으로 쓴 극들이 다 극시라고 할 수 있다. 문학이 운문과 산문으로 갈라지고, 극시도 희곡이란 이름으로 바뀌게 된 것이다.

우리나라에서의 시극 운동은 '시극동인회(詩劇同人會)'를 통해서 활성화되었다. 시극동인회는 1963년에 만들어진 동인 단체로서 박용구(朴容九) · 고원(高遠) · 장호(章湖) · 최재복(崔載福) · 김정옥(金正鈺) · 홍윤숙(洪允淑) 등이 그 중심이 되었다. 시극의 연구 및 창작 공연을 목적으로 활동하였다.

제4장 소설의 이해

1) 소설의 정의와 기원

소설은 작가가 상상하여 꾸며낸 이야기이며 독자에게 감동을 주고, 인생의 진실을 표현하는 산문문학의 대표적 장르이다.

소설에 대한 정의를 살펴보면 아베 웨트(Abbe Wet)는 "소설은 독자에게 기쁨과 교훈을 주기 위해 기교적으로 쓴 연애, 모험담의 픽션이다"라고 했으며 W.H. 허드슨은 "인생의 표현이며 인생의 해석이다"라고 정의하였다.

E.M. 포스터는 소설을 "허구의 세계이며 적당한 길이의 산문으로 된 가공적인 이야기이다"라고 정의하였다. 워렌은 "소설은 사실적인 인간생활과 그 풍습이 작품화되던 시대의 묘사이다"라고 정의하였다.

종합해보면 소설을 인생의 표현이요 인간성의 탐구로 보았으며 픽션(fiction) 즉 거짓말로 꾸며진 세계, 허구라는 것을 알 수 있다.

소설의 기원은 고대의 서사문학과 중세의 로맨스, 그리고 근대사회의 출현에서 찾을 수 있다. 고대의 서사문학은 소설의 특징이 이야기와 서술에 있다는 견해이며 근대소설의 기원이 서사시에 있다고 본다. 그리고 소설의 기원을 중세 로맨스에서 찾는 견해도 있다. 로맨스는 사건을 위주로 해서 쓴 이야기이고 소설은 성격과 동기를 위주로 해서 쓴 이야기라는 것이다. 로맨스가 역사적 성격을 띤 명칭이라면 소설은 근대적 성격을 띤 창조라는 뜻을 지닌 명칭이다.

또 소설의 기원을 근대 산업사회 이후로 설정하는 입장은 근대소설은 프랑스 혁명이나 미국의 독립, 산업혁명 등 자유・평등, 개인주의 사상의 산물이며 따라서 자유로운 산문형태의 문학이고 평민의 문학이라고 주장한다. 우리나라에서 근대소설의 효시는 이광수의 『무정』이라고 할 수 있다.

2) 소설의 특징과 유형

허구와 진실이 소설의 특징인데 허구적인 이야기는 상상에 의하여 꾸며진 이야기, 즉 가공의 세계이다. 작가는 현실의 다양한 모습들을 현실에 재현하고, 인간을 탐구하며 인생을 표현한다. 허드슨은 "문학이란 언어를 매개로 하는 인생의 표현이며 소설은 인생의 해석이요, 소설의 주제는 곧 인생이다"라고 설명하고 있다.

소설의 문장은 대화 즉 회화나 독백과 지문 등으로 이루어진다. 대화의 기능은 인물에 대한 정보를 제공하며 사건의 흐름과 내용을 효과적으로 이해시킨다. 사건에 대한 판단을 나타내며 스토리와 유기적으로 결합하고, 화자의 성격이나 환경에 자연스럽고 참신해야 한다.

소설의 주제에 따른 분류로는 정치 소설, 종교소설, 계몽소설, 비극소설, 순정소설로 구분할 수 있고 소설의 소재에 따른 분류로는 농촌소설, 해양소설, 도시소설, 역사소설, 과학소설, 탐정소설로 나눌 수 있다.

문예사조를 중심으로 한 소설은 사실주의 소설, 자연주의 소설, 낭만주의 소설, 사회주의 소설, 실존주의 소설, 심리주의 소설, 상징주의 소설로 구분할 수 있다.

3) 소설의 구성 요소

브룩스와 워렌은 소설의 3요소를 플롯, 성격, 주제라고 구분하였다. 소설의 기본 요소는 매우 다양하며 인물, 사건, 배경이라고 보는 측면도 있다.

플롯(구성)은 소설의 모든 사건들을 통합시켜 나가기 위한 체계적인 질서이며 짜임새 있는 인과관계에 의한 사건의 전개이다.

문학적 의미에서 구성(플롯)은 사건의 배열과 조직을 암시하며, 이야기를 소설로 만드는 데 필요한 내적 질서나 계획을 말한다. 구성은 실제 구조를 구체적으로 도면화한 설계도라 할 수 있다. 인과관계에 의한 사건의 배열을 조직하고 통일시키는 원리이며 이야기를 질서화하는 방식이다. 사건과 사건 사이의 관계를 설정하고 의미를 발견하고 해석을 부여한다. 구성은 인간과 세계에 대한 인식과 이해를 드러내며, 이런 이유로 유사한 소재를 취급하더라도 전혀 다른 구성으로 소설이 창작된다. 따라서 구성은 세계관의 표현이라 할 수 있다. 스토리와 플롯은 구분되는데 사건의 단순한 연속은 스토리이고, 사건의 원인과 결과를 제시하는 것은 플롯이라는 것이다.

플롯의 단계는 발단, 전개, 절정, 결말이라고 볼 수 있다.

발단은 소설의 서두 부분이며, 앞으로 전개될 내용에 대한 사건의 실마리가 되는 부분이다. 등장인물의 기본적인 성격이나 배경의 설정을 보여주며 독자의 호기심을 유발시키면서 인물의 성격이나 갈등의 양상을 암시한다.

전개는 등장인물의 성격이나 행동이 대립하면서 갈등을 일으키고 분규가 발생하는 단계이다. 사건과 성격이 발전되고 배경이나 분위기도 더욱 고조되며 긴장을 구축해가는 부분이다. 이야기를 사건의 순서에 따라 평행적으로 전개시키는 방법도 있으며 현재와 과거를 혼합한 비연대적 배열, 반복하여 분규를 전개하는 수법도 있다.

절정은 갈등이 고조되어 사건이 극적이고 필연적으로 결말이 나오게 되는 순간이다. 절정의 단계에서 작가는 여러 가지 기법과 반복을 통해 행동을 유예하면서 반전이나 전환의 계기를 마련하고 극적인 효과를 가장 잘 나타내려는 의도를 보인다.

결말(대단원)은 파국, 해결, 결말이라고도 한다. 사건의 전모가 드러나고 등장인물의 운명이 분명해지며 문제가 해결되는 단계이다. 최종적인 설명이 주어지고 독자의 궁금증을 풀어준다.

플롯의 유형에는 단순구성, 복합구성, 피카레스식 구성, 액자형 플롯 등이 있다. 단순구성은 사건의 진행이 단일하고 단순한 구성이며 단편소설에서 주로 시도하고 있는데 김동인의 『감자』가 이에 해당된다.

복합구성은 둘 이상의 플롯이 중첩 진행되어 많은 이야기가 전개되며, 장편소설이 이에 해당된다. 톨스토이의 『부활』, 염상섭의 『삼대』, 현진건의 『무영탑』 등이 그런 경우이다.

피카레스식 구성은 여러 개의 플롯이 병렬되어 있는 유형으로, 하나의 작품 속에서 일정한 짜임새나 순서가 없이 여러 개의 삽화가 이어져 나가는 플롯이다. 보카치오의 『데카메론』, 박태원의 『천변풍경』, 이문구의 『우리동네』가 이에 해당된다.

액자형 플롯은 하나의 플롯 속에 또 하나의 플롯이 삽입되어 이야기 속에 이야기가 있는 것으로 김동인의 『배따라기』, 『붉은 산』, 김동리의 『무녀도』, 이청준의 『병신과 머저리』 등이 이에 해당된다.

4) 소설의 인물

인물의 설정은 중요한 비중을 차지하는데 한 편의 소설에서 작중인물은 모든 사건을 이끌어가는 중심인물인 주인공에게 많은 관심을 가진다.

주인공이 평범한 것보다 개성이 뚜렷할수록 소설 속에서 받게 되는 인상이 커진다. 인물은 작품 속에 등장하는 사람들을 말하며 성격은 그 개인들을 설정하는 관심이나 욕망, 정서, 가치관 등을 포괄하는 내적 속성을 지칭한다.

캐릭터(character)라는 용어는 원래 인물과 성격의 두 가지 뜻으로 사용되었는데 일반적으로 캐릭터라고 할 때는 인물의 성격을 의미하는 것이다.

소설을 창작한다는 것은 어떤 인물을 설정하여 그 인물이 시간과 공간 속에서 어떤 행동을 하게 함으로써 인생의 의미를 내포시키는 것이다.

소설의 캐릭터는 작품 속에서 살아 움직이며 생동하는 인물이 되어야 하고 인물의 설정과 성격의 발전에 리얼리티가 있어야 한다.

인물의 유형에는 역할에 따라 주동인물과 반동인물이 있다.

주동인물은 주동적인 역활을 하는 긍정적인 인물이고 반동인물은 주인공에 대립되는 부정적인 인물을 말한다.

성격에 따른 분류에는 평면적 인물, 입체적 인물, 전형적 인물, 개성적 인물 등이 있다. 평면적 인물은 작품 속에서 한 번 등장하면 거의 변화하지 않는 인물이다. 늘 일관된 성격만을 유지하며 환경의 변화에도 한 가지 성격으로 고정되어 나타난다. 단점으로는 평면적이고 단순해서 개성을 잃고 일반화되기 쉬우므로 리얼리티를 얻기 어렵다. 대부분 고대소설의 주인공들이 이 유형에 해당된다.

현대소설에서는 황순원 소설 『카인의 후예』에 나오는 '오작녀', 이광수 소설 『흙』의 '허숭', 안수길 소설 『제3인간형』의 '석', 손창섭 소설에 나오는 인물들도 대부분 평면적 인물이다. 늘 우울하고 침울한 모습만을 보여줄 뿐 현실을 적극적으로 살아가려는 모습이 미약하며 현실에 대결하려는 것이 아니라 환경을 통과할 뿐이다.

입체적 인물은 작품 속에서 사건의 전개에 따라 변화하고 발전하는 인물이다. 선한 면과 악한 면을 동시에 지니거나 어떤 상황에 처했을 때 변화하는 모습을 보여주면서 여러 가지 성격을 지닌 인물을 말한다. 성격이 고정되어 있는 것이 아니라 한 작품 속에서 이야기가 진행되면서 사건의 경과에 따라 변화한다. 김동인의 『감자』에서 '복녀'와 『붉은 산』의 '정익호', 황순원의 『카인의 후예』에서 '도섭영감', 전광용의 『꺼삐딴 리』에서 '이인국 박사' 등이 여기에 해당된다. 일제시대에는 일본군에게, 소련군 점령 시에는 소련군에 대한 아첨으로, 그리고 월남해서는 미국 대사관에 출입하는 기회주의자의 표본이 '이인국'이라는 인물이다.

전형적 인물은 어떤 사회의 집단이나 계층을 대표하는 보편적인 성격을 지닌 인물이다. '춘향'은 조선시대 열녀의 표상으로 전형적인 인물이다.

이광수의 『흙』에 나오는 '허숭'은 개화기의 농촌계몽운동에 앞장섰던 청년의 전형이고 최인훈의 『광장』에 나오는 '이명준'은 4・19 이후 지식인의 고뇌를 대변하는 전형이다.

개성적인 인물은 개인적이면서 독자적인 성격을 가지는 인물로 사회의 부류나 계층에 속하지 않는다. 즉 보편적 성격을 갖고 있지 않아 어떤 집단이나 계층을 대표하기 어려워 전형적 인물과 반대되는 성격을 가진다. 남과 다른 독특한 성격을 가지고 있는 것이 특징이다. 개성적이고 생동감을 가지고 있어서 독자에게는 새로운 인간상을 만나게 한다. 현대소설에서 다양한 개성적 인물이 여기에 속한다.

전형과 개성이 조화된 인물이 가장 좋은 인물이며 지나치게 전형적이면 개성이 희박해지기 쉽고 너무 개성적이면 전형성을 상실할 우려가 있다.

성격을 드러내는 방법으로는 설명적 제시와 간접적 제시, 분석적 방법이 있다.

설명적 제시는 인물의 특성이나 성격을 요약해서 설명한다. 등장인물의 성격에 대한 화자의 설명과 심리분석이나 다른 인물의 해설에 의해 이루어진다. 작가가 생각하고 느낀 바를 직접 드러내기 때문에, 대체로 전지적 작가 시점에서 많이 쓰이고 일인칭 고백 시점에서는 사용되지 않는다. 일인칭 관찰자 시점이나 3인칭 관찰자 시점의 경우, 일부를 드러낼 수는 있지만, 시점효과가 감소되기 때문에 신중해야 한다. 또 인물의 유형으로 볼 때, 평면적 인물과 전형적 인물에서 적절하게 작용할 수 있다. 독자가 빨리 이해할 수 있다는 장점이 있지만 흥미를 감소시키는 단점이 있다.

간접적 제시는 인물의 행동, 생각, 대화 등을 통해 스스로 자기의 성격과 심리를 드러내는 방법이다. 입체적인 인물일 때 효과적으로 작용한다. 독자의 상상력과 판단력, 추리력을 활성화시키고 독자와 친밀해지는 것이 장점이라면, 좀 느리게 작용한다는 것이 단점이다. 대체로 근대 이후의 사실주의 소설에서 많이 이용되는 방법이다.

분석적 방법은 간접적 방법이 보다 심화되면서 인물의 내면세계에 관심을 가질 때 사용된다. 작가의 설명 없이 인물의 내면세계를 표출하기 때문에 무의미해 보이는 사소한 변화나 무질서한 시공간의 비약으로 독자를 혼란시키는 단점이 있고, 독자에게 많은 추리력을 요구하므로 쉽게 파악하기 어렵다. 이상의 『날개』 중에서 일부분이 이에 해당된다.

5) 주제

소설에서 주제는 중요하며 주제의 파악은 소설 연구에서 가장 먼저 행해져야 한다고 할 수 있다.

작품을 읽고 나면 이야기 속에 함축되어 있는 의미가 무엇인지 이 작품이 인생에 관해서 무엇을 말하려고 하는지, 작가의 의도를 탐색해내려고 하는데 이것이 주제 파악 시작을 의미한다.

주제는 우선 이야기 속에 함축되어 있는 의미로서 단순한 이해가 아닌 작품 속에 구체적으로 나타난 작가의 중심사상이요, 핵심적인 의미이며 한 작품에 담겨 있는 작가의 독특한 인생관이라고 규정지을 수 있다.

러보크는 『소설기술론』에서 "주제는 소설의 시초요 전체이다. 주제에 의하지 않고는 소설은 그 형태를 이룰 수 없다"라고 주장하고 있다.

주제는 소설의 제재와 구별되어야 하며 주제가 작품에 드러내고자 하는 어떤 의미라고 한다면 제재는 주제를 위하여 동원되는 재료라고 할 수 있다.

어떤 사상을 드러내고자 할 때 작품 속 구체적인 인물들의 갈등이나 상호대립의 전개를 통하여 작품 속에서 독자 스스로가 이해하도록 해야 한다.

소설의 주제는 작품 전체 속에 용해되어야 하므로 주제를 생경한 관념의 형태로 표현해서는 안 된다. 주제는 작품에 따라 단일주제와 복합주제로 나눌 수 있다. 단일주제는 단일한 효과를 노리는 것으로 단편소설에 해당되며 인생의 어느 한 단면을 집약적으로 제시하는 것이기 때문에 단일한 주제가 적합하다. 황순원의 『소나기』, 김동인의 『감자』, 현진건의 『운수 좋은 날』이 여기에 해당된다.

복합주제는 장편소설에서 제시되는 복합적인 주제를 말하며 인생의 전모를 총체적으로 서술해 보이기 때문에 여러 부주제와 주주제를 가지고 있는 경우가 대부분이다. 톨스토이의 『전쟁과 평화』, 도스토예프스키의 『죄와 벌』, 플로베르의 『보바리 부인』 등 장편소설이 여기에 해당된다.

6) 소설의 시점

작가가 이야기를 이끌어 나갈 때 사용하는 관점을 말한다. 즉 서술자가 누구인가, 누가 어떠한 위치에서 사건을 보고 기술하느냐 하는 화자와 사건과의 관계를 말하는 것이다.

이야기를 말하는 어떤 사람이 그것을 말하기 위해 장면 안이나 밖에, 그가 서 있는 지점을 시점이라 부른다. 결국 시점은 이야기를 어떤 위치나 각도에서 보고 말하는가와 관련된 문제이다. 동시에 시점은 대상과의 거리와도 밀접한데, 묘사에서 대상을 어떤 각도에서 관찰하여 그려내는가에 따라 거리의 양상도 달라진다. 그리고 관찰자가 공간적으로 이동하는 시점의 동적 변화도 가능하며 이때는 묘사의 진전을 빠르게 한다.

시점은 서술자가 텍스트 안에 있느냐 밖에 있느냐에 따라 1인칭 시점과 3인칭 시점으로 나뉜다.

1인칭 시점은 주인공 시점과 관찰자 시점, 참여자 시점으로 나눌 수 있다. 주인공 시점은 서술자가 '나'이면서 주인공인 경우이고, 관찰자 시점은 서술자가 '나'이면서 사건에 대한 단순한 보고자인 경우이다. 참여자 시점은 서술자가 '나'이지만 주인공이 아닌 경우이다.

3인칭 시점은 전지적 시점과 관찰자 시점, 제한적 시점으로 나눌 수 있다. 전지적 시점은 서술자가 문맥에 나타나지 않지만 작품 내용에 대한 모든 것을 알고 있는 것이고, 관찰자 시점은 서술자의 개입을 최대로 막으면서 극적인 방식으로 서술하는 것이다. 그리고 제한적 시점은 인물이 의식의 흐름을 중심으로 서술되는 경우 등으로 나누기도 한다.

(1) 1인칭 주인공 시점

주인공이 자신의 이야기를 한다. 서술자가 '나'이면서 주인공인 경우이다. '나'라고 하는 주인공이 자신의 육성으로 이야기를 이끌어 나간다. 그는 자신의 체험을 바탕으로 하여 사건에 능동적으로 참여한다. 그러나 때로는 말하는 서술주체와 보고 있는 초점주체가 다를 수도 있다.

1인칭 주인공 시점은 1인칭인 '나'로 등장하여 이야기를 전개하며, 독자에게 직접 호소하는 힘이 있어서 독자에게 신뢰감을 준다. 단점으로는 작가의 주관성이 강해서 객관성을 잃을 염려가 있으나 심리묘사에는 효과적이다.

작품으로는 이상의 『날개』, 김유정의 『봄봄』, 이문열의 『젊은날의 초상』, 최일남의 『흔들리는 성』, 윤대녕의 『천지간』, 신경숙의 『감자 먹는 사람들』 등이 있다.

(2) 1인칭 관찰자 시점

소설에 등장하는 부수적인 인물이 주인공의 이야기를 들려주듯이 서술하는 수법이다. 서술자가 소설 속에 등장하지만 자신의 이야기가 아닌 다른 사람의 이야기를 하는 방식으로 소설이 전개된다.

즉 '나'라고 하는 주변인물이 자신이 관찰한 것을 목격한 사실이나, 주인공의 이야기를 말한다. 이 경우, 비현실적인 사건도 내가 직접 목격한 것이라는 점에서 믿을 만한 현실적인 사건으로 만들어주는 효과가 있다. 그러나 서술자의 관찰 대상인 주인공의 내면을 들여다볼 수 없다. 화자의 '나'는 관찰자로서 부수적인 인물에 불과하며 성격의 초점은 주 인물에게 주어지고 서술방식은 1인칭이다.

여기에 해당되는 작품으로는 현진건의 『빈처』, 김동리의 『붉은 산』, 주요섭의 『사랑방 손님과 어머니』, 이청준의 『병신과 머저리』가 있다.

(3) 작가 관찰자 시점(혹은 3인칭 관찰자 시점)

서술자가 작품 속에 등장하지 않고 사건에 관계된 인물들을 관찰함으로써 소설이 전개된다. 즉 작가가 외적 관찰자로서 이야기를 한다.

작중인물로 등장하지 않는 서술자가 3인칭으로 된 모든 인물에 대해 언급하는데, 자기의 주관을 배제하고 객관적인 태도로 외부적인 사실만을 관찰하고 묘사한다. 서술자의 관찰 폭이 제한되어 인물의 내면에는 들어가지 못하나 객관성 확보에 유리하다. 작가가 외부적인 관찰자의 위치에서 작품을 서술하는 방법인데 서술자는 작품 밖에 있는 작가이며 주관을 배제하고 객관적인 태도로 외부적인 사실만을 관찰・묘사한다. 등장인물은 '그', '그녀', '그들'로 되어 있기 때문에 3인칭 시점이라고도 한다. 황순원의 『소나기』, 염상섭의 『임종』, 이청준의 『이어도』, 안수길의 『제3인간형』, 서정인의 『강』, 하성란의 『곰팡이 꽃』 등의 작품이 여기에 해당된다.

(4) 전지적 작가 시점(혹은 전지적 3인칭 시점)

작가가 신과 같은 존재의 입장에서 소설이 전개된다. 앞으로 일어날 일이나 등장인물의 심리상태나 등장인물의 속마음을 모두 작가가 알고 있다는 전제하에 소설을 전개한다. 즉 분석적이며 전지적인 작가가 이야기를 하는 것이다.

작중인물로 등장하지 않는 서술자가 3인칭으로 된 모든 등장인물에 대해 언급하는데, 보고 듣고 생각하는 시점에 제한을 두지 않는다.

작가 관찰자 시점이 작가와 등장인물 사이를 명백히 구분 지어 일정한 거리를 유지하고 있는 데 반해 전지적 작가 시점은 작가와 등장인물의 거리가 좁혀지고 작가의 눈을 자유자재로 이동하면서 인물의 내부를 들여다볼 수 있다. 작가가 나타내고 싶은 인생관이나 생활 태도, 윤리, 도덕, 사상, 관념이나 지식 등을 적당히 배합시켜 작품 속에 표현함으로써 총체적 현황을 그리는 장편소설에 많이 사용된다.

7) 배경

소설 속에서 배경은 작중인물의 행위나 사건들이 일어나는 모든 시간적·공간적 장소를 말한다.

작가는 인물의 설정과 함께 배경도 설정하는데 단순히 장면의 제시만이 아닌 인물의 성격을 구체화하고 그들의 행위에 리얼리티를 부여하기 때문에 배경을 설정할 때는 작품의 전체적인 요소들과 잘 어울리는지 고려해야 한다. 배경은 생생하고 기억에 남을 만큼 표현되어 인물과 행동의 신빙성을 높여준다.

손창섭의 소설 『비오는 날』에서는 "무덤 속 같은 이 방안의 어둠을 조금이라도 구해 주는 것은 그래도 빗물 소리뿐이었다. 그러나, 그 빗물 소리마저 바께쓰에 차츰 물이 늘어갈수록 우울한 음향으로 변해가는 것이었다"라고 배경을 설명하고 있다.

김동리의 『무녀도』에서는 "찌그러져가는 묵은 기와집으로, 지붕 위에는 기와 버섯이 퍼렇게 뻗어올라 역한 흙냄새를 풍기고, 집 주위는 앙상한 돌담이 군데군데 헐린 채 옛 성처럼 꼬불꼬불 에워싸고 있었다. 이 돌담이 에워싼 안의 공지 같이 넓은 마당에는, 수채가 막힌 채 빗물이 고이는 대로 일년내 시퍼런 물이끼가 뒤덮어, 늘쟁이 명아주 강아지풀 그리고 이름도 모를 여러 가지 잡풀들이 사람의 키도 묻힐 만큼 거멓게 엉키어 있었다. 그 아래로 뱀같이 길게 늘어선 지렁이와 두꺼비 같이 늙은 개구리들이 구물거리고 움칠거리며 항시 밤이 들기만 기다릴 뿐으로, 이미 수십 년 혹은 수백 년 전에

벌써 사람의 자취와는 인연이 끊어진 도깨비굴 같기만 했다"라고 배경이 제시되고 있다.

기차역이나 집안의 특정 장소만을 무대로 삼아 이야기를 펼쳐갈 수도 있다. 임철우의 『사평역』과 서영은의 『사다리가 놓인 창』 등이 이에 해당한다.

배경의 유형은 자연적 배경, 사회역사적 배경, 심리적 배경, 상황적 배경 등으로 분류할 수 있다.

(1) 자연적 배경

사건이 일어나는 공간을 의미하며 특정한 장소를 구체화시키기도 한다. 즉 도시빈민촌, 시골풍경, 소록도, 제주도 등 그 지역의 특수한 환경도 있다. 등장인물의 성격이나 행동에 효과를 살릴 수 있도록 적절한 자연을 설정하는 것을 말한다. 해설자와 등장인물의 성격과 심리적 상황에 따라 주관적 자연과 객관적 자연으로 나눌 수 있다.

주관적 자연은 낭만주의 소설에서 많이 나타나는 것으로 작가의 사상이나 감정이 개입된 것을 말하고 객관적 자연은 사실주의 소설에서 있는 그대로의 자연을 말하듯 작가의 사상이나 감정이 개입되지 않는 것을 말한다.

(2) 사회역사적 배경

현실에서 부딪치게 되는 여러 가지 정치, 종교, 계층문제 등을 포함하여 시대성이나 사회성이 잘 나타나도록 하는 것으로 소설가는 사회적 배경을 적절히 사용하여 배경을 보여준다. 그러나 사회소설로 떨어질 우려도 있으므로 주의해야 한다.

일반적인 의미의 사회적 배경은 등장인물의 성격과 심리, 소설적 분위기 등을 적절히 드러내어 사회성을 부각시킴으로써 소설의 주제를 드러내는 소설적 배경을 말한다.

이윤기의 『나비넥타이』 서두는 사회 전반을 지배하고 있던 획일성을 추구하는 분위기를 언급하고 있다. 작가는 나비넥타이를 매는 것으로 자신의 개별성을 주장하다 따돌림을 받게 되었던 박교수라는 인물을 제시함으로써 획일적인 가치관이 가지는 함정을 인식시키려 한다.

때때로 단순한 장소의 개념을 벗어나서 사회적 환경을 제시하기도 한다.

(3) 심리적 배경

심리주의 문학에서 주로 사용하는 배경이 심리적 배경인데 '의식의 흐름', '내적 고백' 등의 수법을 사용하는 현대 심리주의 소설가들이 많이 사용하는 배경이다. 사실적 배경을 탈피하여 심리적인 것으로 시간을 뒤섞어 인물이 동시에 여러 세계에 살고 있는 것으로 심리적 배경을 설정하는 경우도 있다.

과거, 현재, 미래가 뒤섞여서 왔다 갔다 하며 공간도 특정한 장소가 아닌 곳으로 설정하기도 한다. 조이스의 『젊은 예술가의 초상』, 울프의 『댈러웨이 부인』, 이상 작품과 최인훈의 작품들이 여기에 포함된다.

이상의 『날개』에서 '나'의 거처는 자의식이 방황하는 한 지식인의 정신적 상황을 환기시키는 내포적 의미를 갖는다. 그리고 김승옥의 『무진기행』에서 흐릿한 안개로 인해 형성되는 작품의 분위기는 주인공의 우울, 혼돈, 절망 등의 정신상태를 의미한다.

손창섭 소설 『비오는 날』의 배경은 항상 비오는 날로 되어 있다. 단순한 자연현상을 넘어선 작중인물의 어두운 의식세계의 한 단면으로 소설의 주제인 어둠과도 상통하는 것이다. 6.25 직후의 암담한 현실을 리얼하게 제시하면서 작중인물의 의식과 작품의 주제를 부각시키는 이중의 효과를 노리고 있다. 김원일 소설 『노을』에서도 아름다운 노을이 붉은 핏빛과 어두움으로 뒤덮인 과거의 어두웠던 광란과 살육의 세계를 나타낸다. 노을이 자연적 배경이면서 주인공의 의식세계를 지배하는 정신적 배경으로까지 나아가는 것이다.

(4) 상황적 배경

실존주의에 대한 상황 중심의 배경으로서 주제를 나타낸다. 인간이 느끼는 어떤 한계의식, 즉 죽음, 질병, 전쟁 등으로 인해 실존을 자각하게 되는 것이다. 이것은 현실적 배경이라기보다는 상징적인 배경으로서 인간이 직면하고 있는 절망의 심연을 뜻한다. 사르트르의 『벽』은 감옥이라는 배경을 인간의 불가피한 한계상황으로 보고 뛰어넘을 수 없는 죽음의 세계로 상징하고 있다.

까뮈의 『페스트』, 카프카의 『변신』 등 실존주의 작가의 대부분의 작품이 여기에 해당된다.

배경은 작품의 의도를 상징적으로 보여주고 그 자체가 복선이 되도록 장치하는 것이 좋으며 배경 설정은 소설의 전체 구조 안에서 다른 요소들과 서로 어울려야 한다.

인물의 활동무대인 배경은 생생하고 기억에 남을 정도로 충분히 묘사되어야 한다. 친숙한 무대일지라도 색다른 각도에서 포착하여 그려내면 독자를 매료시키는 낯선 세계로 만들 수 있다.

배경은 주제와 인물에 적합해야 하며, 과학적 엄밀성이 있어야 한다. 낯선 이국을 배경으로 할 경우에도 이야기의 흐름과 인물의 행동에 직·간접적으로 연결되어야 한다. 따라서 공상과학소설의 경우에도 배경은 과학적인 가능성과 일관성을 지녀야 한다. 그리고 배경의 비중을 너무 크게 잡지 말아야 한다. 잘못하면 기행문이 되어버릴 수 있기 때문이다.

8) 어조

소설에서 어조는 인물과 사건에 대한 반영으로 볼 수 있다. 작가는 작품 속에서 자신이 원하는 소설적인 효과를 얻기 위해서 다양한 어조를 구사한다. 어조는 문장에서 드러나는 것으로 작가가 취하는 시점이나 서술의 각도를 언어질서로 구체화한 것이다. 작가는 서술이나 묘사, 등장인물의 대화를 통해서 자신의 어조를 나타낸다.

작가가 구사하는 어조를 통해 작품을 파악할 수 있다. 어조에는 풍자적이고 해학적인 것, 우울한 것, 유쾌한 것, 역설적인 것, 냉소적인 것 등이 있다. 김유정의 『봄봄』, 『따라지』, 『동백꽃』 등의 작품에서는 투박한 시골 사투리와 익살적이고 해학적인 어조를 통해 웃음과 연민을 느끼게 한다.

이상의 『날개』라는 작품에서는 일상적인 삶과 가치가 전도된 역설적인 어조를 통해 지적 패러독스와 자기 비판적이고 분석적인 태도를 보인다. 채만식은 『치숙』, 『레디메이드 인생』, 『태평천하』 등의 작품을 통해 인간과 사회에 대한 강력한 비판정신과 특유의 회화적이고 풍자적인 어조를 보여준다.

제5장 수필의 이해

1) 유래와 명칭

동양에서 '수필'이라는 명칭을 사용한 것은 중국 남송시대로 홍매(1123-1202)의 『용재수필』이라는 책에서 수필이라는 말을 처음으로 사용하였다.

우리나라에서도 수필이라는 말이 문헌상 처음 나타난 것은 박지원이 쓴 『열하일기』이다. 오직 마음 가는 대로 쓰는 형식이 필요하지 않은 자유로운 글이 수필이라는 것이다. 수필을 붓 가는 대로 쓰라는 말이니 무형식의 글이라는 말은 자유롭게 작품을 쓰라는 것이다.

우리나라에서 가장 오래된 수필로는 신라시대(692) 설총이 쓴 의인체 수필 형식인 『화왕계』를 들 수 있다. 이 글은 어질지 못한 임금을 빗대서 쓴 글인데 아버지 원효대사와 요석공주를 빗대서 쓴 글이라고 전해지고 있다. 그 밖에도 통일신라시대 혜초(704-787)가 당나라에 갔다가 다시 남인도, 오천축국을 비롯하여 사대령탑, 가섭미대, 토화라 등, 여러 나라를 살펴보고 돌아와 느낀 바를 쓴 기행 수필집 『왕오천축국전』이 있다.

그 뒤 고려 때 『패관잡기』가 나왔고, 고려 초기에 학자 박인량의 『수이전』이, 고종 41년(1254)에 이인로의 『파한집』과 최자의 『보한집』이 나왔다. 파한이란 한가함을 깨뜨린다는 뜻으로 세상사에 마음을 두지 않고 산림에 은둔하면서 온전한 한가로움을 얻음은 장기 두는 일보다 낫기에 파한이라고 이름을 붙인 것이다.

이제현의 『역옹패설』(1342)은 시문을 비롯하여 인물, 서화에 대한 평이나 항간에 나도는 여러 설화들을 수록하였다. 그 뒤 조선시대에 이민구(1589-1760)의 『독사수필(讀史隨筆)』과 조성건의 『한거수필』, 박지원의 『일신수필(馹迅隨筆)』 등이 나왔다. 『독사수필』은 중국 요순시대부터 진, 한까지의 주요 인물과 사건에 대하여 주관적인 의견을 붙인 책이다.

우리나라의 수필은 서양의 수필과는 다른 점이 있는데 시(詩), 문(聞), 화(話), 담(談), 설(說), 찬송(讚頌), 한화(閑話)라는 이름으로 글을 썼다. 외국에서 말하는 에세이(essay)가 아니고 일종의 노트(Note)에 해당되는 것들이다. 이제현의 『역옹패설』 서문을 살펴보면, "지정(至正) 임오년 여름에 비가 달포 동안 계속 내렸다. 문을 닫고 들어앉으니 찾아오는 사람도 없어서 답답함을 이길 수가 없었다. 처마 끝에서 내리는 낙수 물을 받아 벼룻물을 삼고, 벗들 사이에 왕복한 편지 조각들을 이어 붙인 다음 기록한 것을 닥치는 대로 그 종이 뒷면에 적고, 그 끝에 제목을 붙여 『역옹패설』이라고 한다"라고 적혀 있다. 이러한 문헌을 살펴보아도 우리나라 수필은 일본이나 서양보다는 수백 년이나 앞서 있다는 것을 알 수 있다.

2) 수필의 개념과 특성

수필은 형식이 자유로운 문학이다. 시, 소설, 희곡은 어느 정도의 형식을 갖추고 있지만 수필은 그러한 형식이 없는 무형식의 글이다. 그렇다고 아무렇게나 써도 된다는 것이 아니고, 오히려 수필은 시나 소설, 희곡의 형식 중

어느 형식이라도 빌려올 수 있는 자유로운 문학이다. 형식이 자유롭고 다양한 소재와 자유로운 사고에 바탕을 두고 쓰이는 짤막한 분량의 산문문학이 수필이다. 즉 마음 내키는 대로 생각나는 대로 글을 쓰는 것이 수필이라고 할 수 있다.

수필은 자기를 스스럼없이 털어놓는, 즉 작자 자신의 마음을 열어 보이는 문학이다. 형식의 자유와 소재의 다양성 그리고 자기 고백적 문학이며 누구에게나 친근하고 진실에 바탕을 둔 호소력과 감동을 줄 수 있는 것이 장점이다. 시나 소설, 희곡에 등장하는 '나'와 수필의 '나'는 전혀 다르다. 시의 '나'는 서정적 자아(작중 주인공)이며, 소설이나 희곡에서의 '나'는 화자(話者: speaker, 작중 주인공)이다. 그러나 수필의 '나'는 작자 자신이다. 작자의 인격, 교양, 생각, 감정, 교육수준, 언어, 인생관, 체험 등이 모두 포함된다. 그래서 가장 친근한 삶의 기록문학이라 말할 수도 있다.

또한 사실을 통하여 진실을 말하는 문학으로 시나 소설, 희곡은 허구를 통하여 진실을 말하고 수필은 사실을 통해서만 진실을 말한다. 허구는 대상이 없는 경험, 즉 생각만의 사실이므로 수필에서는 허구를 되도록 허용하지 않는다.

수필은 개성의 문학이다. 수필은 나를 적나라하게 노출시키는 문학이므로 개성과 독창성을 필요로 한다. 다시 말해 많은 사람이 공통적으로 생각하고 느끼는 그런 것이 아니라 자기만의 생각, 자기만의 느낌을 말하는 것으로, 여기엔 합리성을 필요로 한다. 그리고 즉흥적인 감정이나 순간적인 분위기, 자기 과시, 이기적인 목적 등은 배제해야만 한다. 그 외에, 수필 특유의 유머와 위트, 즉 재치와 해학의 멋과 묘미가 넘치는 특성을 갖고 있다. 기발한 착상이나 절묘한 표현과 재치와 유머, 그리고 잔잔한 감동과 포근하게 느껴지는 정감이 있다. 수수하면서도 소박하고 은근하면서도 조용하며 은은한 향취가 풍겨오고 삶의 진솔한 모습이 꾸밈없이 담겨져 있다.

삶에 신선한 충격이나 활력을 불어넣어 주는 묘사와 깊은 깨달음의 경지도 있다. 따라서 지나치게 작위적이거나 허위나 가식이 있어서는 안 된다.

시대상이나 사회상을 담는 그릇과 같이 수필은 쓰인 당대의 시대상이나 사회, 인간심리 등을 잘 보여주는 거울과도 같은 존재이다. 즉 그 시대의 사회현실이나 인간의 모습 등을 진솔하게 보여주고 있다.

수필은 자신의 체험을 바탕으로 한 자기 고백적 문학이며 형식으로부터 구속받지 않는 자유로운 문학이다. 따라서 일정한 형식이 없는 문학이 수필인 것이다. 자신의 체험이나 삶, 사상이나 느낌 등을 가식 없이 진솔하게 고백하는 문학이며 그것이 독자에게 신선한 감동을 준다.

범위도 광범위하고 제재가 다양하며 주변이나 삶의 모든 것이 수필의 제재가 될 수 있다. 일상생활에서 보고 듣고 겪는 모든 것들, 사소하고 평범한 것도 수필의 제재와 소재가 된다.

3) 수필의 구성 요소

형식이 자유롭고 제한이나 구속성이 적으며 무형식이 형식이라고 할 만큼 형식에 구애받지 않는 것이 수필이다.

그러나 구성 요건에는 여러 가지가 있는데 주제와 제재, 구성, 묘사 등이 있다. 주제는 작가가 나타내려고 하는 핵심적인 사상이나 중심사상이며 작품 속에는 작가의 주제가 잘 담겨 있어야 한다.

작가의 가치관이나 인생관, 인격, 지적 수준 등 작품 속에 스며들어 주제를 나타내는 방법이 무수히 많다.

제재는 작가가 자신의 사상이나 의도 등을 나타내기 위하여 선택한 소재를 말한다. 즉 바탕이 되는 재료와 제목 등이 제재인 것이다.

수필에서 제재가 될 수 있는 것은 무수히 많은데 유형의 제재들, 즉 모양이나 형체가 있어 눈으로 볼 수 있는 모든 사물이 여기에 해당된다. 즉 산, 강, 꽃, 바위, 구름, 돌, 동물, 하늘 등이다. 눈으로 볼 수 없는 무형의 제재들은 기쁨, 슬픔, 사랑, 아름다움, 미움 등을 말한다. 작가의 취향대로 작품의도나 상황에 따라서 선택하면 된다.

다음으로 구성이 있는데 선택된 제재들을 치밀하게 얽어 짜는 작업이 구성이다. 구성은 건축에 있어서 설계도에 해당된다. 여기에는 단순구성과 복합구성이 있다. 단순구성은 이야기를 단순하게 이끌어 가는 구성법으로 단순하고 명료한 장점이 있지만 단점으로 단조로움을 줄 수 있다. 복합 구성은 다양하게 얽어 짜서 구성하는 방법이다.

묘사는 표현하는 것으로 문장력과 독특한 문체, 다양한 표현능력으로 문학적 가치를 높인다.

4) 수필의 주제와 소재 및 작성법

주제란 글의 중심생각으로 곧 작자의 인생관이다. 이를 흔히 테마라고도 하는데, 겉으로 드러나는 외형적 주제와 글의 내용 속에 있어 겉으로는 드러나지 않는 내재적 주제가 있다. 어느 것이든 다음 사항에 유의하여 주제를 삼는 게 좋다.

글을 쓰는 자신이 잘 아는 주제라야 소재를 다양하게 선택할 수 있고 개성적이고 독창적으로 표현할 수 있다. 그렇지 않으면 들은 이야기나 추상적인 이야기, 혹은 다 아는 이야기로 끝나기 쉽다.

한 작품 속에는 하나의 주제만 들어가는 게 좋다. 한 가지 이상의 주제가 들어가면 작자가 말하려는 것이 흐려질 수 있기 때문이다.

글 속에는 작자가 독자에게 하고자 하는 말이 분명해야 한다. 그렇지 않으면 알맹이 없는 글, 핵심이 없는 글이 되기 쉽다. 주제가 있다 하더라도 작자가 독자에게 전하려는 메시지가 있어야 한다는 게 수필만의 특성이다.

글은 여러 개의 작은 문단으로 나누어지고, 그 문단 하나하나에는 다시 소주제가 있게 마련이다. 소주제는 단일 개념이고, 한정된 개념이어야 한다. 그 외의 모든 문장은 소주제를 뒷받침해야 하는데, 이를 통일성이라 한다. 소주제를 뒷받침할 문장은 서로 유기적인 관계로 연결성이 있어야 한다. 이것이 문단의 전개원리다.

소재 선택은 생활 주변의 모든 것이 수필의 소재가 될 수 있는데, 참신성과 확실성, 그리고 흥미성이 있어야 한다.

서두의 첫 문장은 사람의 첫인상과 같으므로 매력적이고 호기심을 유발할 수 있게 쓴다. 그렇게 하기 위해서는 가급적 서두의 첫 문장은 간결한 것이 좋다. 서두 쓰기에서 유의할 것은 처음부터 감탄사를 사용하거나 대화체로 시작하면 경박한 느낌을 준다는 점이다. 첫 문장의 주어에 "그, 그이, 그녀" 등과 같이 3인칭 형식의 글도 조심해야 한다. 이는 소설에서 허구의 인물로 인식되어 독자에게 현장감을 주지 못하기 쉬우며 독자를 글 속으로 끌어들이는 역할을 하지 못한다. 그리고 추상적인 언어는 배제하고 쉬운 말로 시작해야 한다. 작자의 생각과 감정을 그대로 독자에게 정확히 전달하여 감명을 주어야 한다. 만약 독자가 작자와 다르게 이해했다면 그런 글은 수필로서 가치를 잃기 때문에 되도록이면 추상적인 언어는 피하는 것이 좋다.

즉 자신의 경험이나 생각을 먼저 말함으로써 호기심을 유발하고 신선한 느낌을 주는 게 좋다.

다음은 주제문으로 시작하여 독자에게 처음부터 명백한 생각을 갖게 하거나, 전통적인 사실을 제시하면서 시작하여 독자의 신임을 얻도록 한다.

또 명언이나 명구, 권위 있는 사람의 학설 등을 인용해 시작하면 신뢰감을 줄 수도 있다. 그리고 주제의 방향을 미리 암시해 주어 분위기를 이끌며, 독자에게 흥미를 주도록 한다.

감정을 되도록 억제하면서 느낌을 직접 쓰지 말고 독자로 하여금 아름답다든지 훌륭하다고 느낄 수 있게 간접 묘사하는 것이 좋다.

진솔하고 소박하게 쓰고 수식어는 되도록 아끼면서 문장은 간결하게 쓰는 것이 좋다. 짧고 쉬운 문장이 전달도 빠르고 효과가 크다. 모순이나 궤변은 배제하고, 문법에 맞게 쓰면 된다.

결말은 영화의 끝 장면과 같이 깊은 인상과 여운을 주어야 한다. 글 전체를 요약하고 독자에게 공감을 유도한다. 독자가 자기 나름으로 유추하고 상상할 수 있는 즐거움을 줌으로써 단순한 감상에서 벗어나 창작자의 경지에 들어설 수 있게 하여야 한다.

서두와 결말의 균형이 맞도록 시작과 끝을 잘 맞추되, 여운이 남도록 압축하여, 쓴 말을 또 쓰는 일이 없게 해야 한다. 감정을 지나치게 표현해서도 안 되고, 너무 교훈적인 글귀도 피하면서 자기 과시는 절대 금물이다.

제목은 사람의 얼굴과 같으며 인상적이고, 매력적이며, 개성적이고, 독창적이어야 한다. 제목의 형식은 단어나 구(句), 문장으로 표현할 수도 있고, 주제를 표출하거나 암시하는 소재 중 하나를 선택하여 붙여도 좋다.

퇴고는 쓴 글을 바르게 다듬고, 고치고, 정리하는 작업이다. 퇴고할 때는 주제가 분명한지, 문장의 흐름과 문장이 정확한지를 본다. 모순은 없는지, 단락의 구분은 잘되었는지, 적절한 단어와 문법에 잘 맞는지를 살펴본다.

제1부 참고문헌

구인환, 『수필문학론』, 개문사, 1973.

김시태, 『문학의 이해』, 2002.

김종회 외, 『문학의 이해』, 한울, 2009.

나병철, 『문학의 이해』, 문예출판사, 2004.

이승훈, 『시론』, 태학사, 2005.

이철호, 『수필창작의 이론과 실제』, 교음사, 1997.

최승호, 『시론』, 황금알, 2008.

제2부 한국문학의 흐름

제1장 개화기 문학과 신시가 문학

1) 개화기 문학

개화기 문학은 갑오경장(1894)을 전후한 시기로부터 한일합방(1910)까지의 문학을 말한다. 나라를 잃은 시대이며, 외세의 침입에 의한 주권 상실의 시기이다. 또한 조선 후기 사회의 잔재적・봉건적 성격이 남아 있다.

문학적 양식으로는 신시, 신연극, 신소설 등의 명칭으로 불렸으며 19세기 말엽부터 20세기 초에 나타난 새로운 현상에 대해서 '신' 자가 붙었다. 즉 신교육, 신학문, 신문학, 신여성 등으로 이루어졌다.

국문을 사용한 최초의 글로 유길준(1856-1914)의 『서유견문』이 있으며 서재필(1866-1951)의 〈독립신문〉과 같은 신문, 잡지 등의 저널리즘이 발달하였다.

기독교가 들어와 평등의식이 활성화되어 성경과 찬송가의 보급이 널리 퍼졌으며, 외국인 선교사들에 의하여 1886년에 배재학당이 설립되었고 이후 이화학당 등 근대적인 학교가 설립되었다.

1895년에 교육제도의 실시로 신교육령, 소학교령, 1899년의 중학교령, 사범학교령 등에 의하여 교육적 기능이 강조되었다.

2) 신시가 문학

신시가 문학의 종류에는 시조나 가사와 같은 시가 문학과 종교적인 성격을 지닌 동학가사 그리고 의병가사와 개화가사, 개화시조 등이 있다.

시조나 가사와 같은 시가 문학은 창곡과 결부되어 노래로서의 성격을 보이며 종교적인 성격을 지닌 동학가사는 동학을 창시한 최제우가 사형당하기 전인 1863년 사이에 창작된 9편의 가사가 있다.

의병가사는 의병활동과 집단적 의지를 보인 투쟁으로 표현되어 있다. 개화가사는 신문과 잡지에 발표하였으며 가사 형식으로 계몽 의식이 주제로 되어 있다.

개화시조는 신문과 잡지에 수록되었던 것으로, 단형시조 형태이며 주체적인 민족의식에 근거하고 있다.

〈대한매일신보〉의 『사회등가사』는 전문 작가가 아닌 당대 시대의 모습을 자세히 본 언론계에서 지식인이나 그 지역에 사는 사람들의 어리석음을 깨우치려는 의도에서 창작된 문예물이다. 〈독립신문〉, 〈제국신문〉, 〈황성신문〉, 〈만세보〉 등도 비슷한 문화적 특성을 형성하고 있다.

그 밖에 애국가와 독립가 등을 살펴보면 최돈성의 〈무제〉, 〈동심가〉는 1896년 독립신문에 실린 작품이다. 〈경무학도들노리〉는 애국충군의 정신 등에 중점을 두고 있다. 의병가사는 의병활동에 대한 개인적인 감회보다는 집단적인 의지를 보이고 있으며 의병투쟁의 치열한 모습을 묘사하고 있다. 작품으로는 전해산 〈절필가〉, 이강년 〈옥중시〉, 신태식 〈창의가〉, 안중근 〈대의〉 등이 있다.

동학사상을 표현한 최제우의 『용담유사』가 신도들에게 보급되었는데, 사람을 하늘같이 섬긴다는 사상을 근간으로 평등한 삶의 세계가 주된 내용이다.

『용담유사(龍潭遺辭)』는 '사람이 곧 하늘이다' 또는 '사람을 하늘처럼 섬긴다'는 '인내천(人乃天)'을 강조하였다. 사회의 모순을 지적하고 서학(西學)을 비판하며 일본의 침략 행위를 반대하는 것이 주된 내용이다.

또한 『용담유사』는 경전(經典)이며, 동시에 가사(歌辭)로 분류되는 문학 작품이다. 시가의 형식과 내용을 보면 4. 4조로, 전통적인 가사체이다. 현재 전하고 있는 『용담유사』에는 모두 여덟 편의 작품이 있다. 즉 〈용담가(龍潭歌)〉, 〈안심가(安心歌)〉, 〈교훈가(敎訓歌)〉, 〈몽중노소문답가(夢中老少問答歌)〉, 〈도수사(道修詞)〉, 〈권학가(勸學歌)〉, 〈도덕가(道德歌)〉, 〈흥비가(比歌)〉이다.

다음으로 9편의 가사를 살펴보면 다음과 같다.

① **용담가**(龍潭歌)

1860년 최제우가 득도하고 지은 가사로, 자신이 태어나 성장한 경주 구미산 용담의 경치와 득도의 기쁨을 읊었다. 풍수지리사상과 충효사상이 강조된 작품이다.

② **안심가**(安心歌)

1860년에 지은 가사로, 당시 불안해하던 부녀자들을 안심시키려는 목적으로 지었다. 천대받던 부녀자들의 덕을 칭송하고 좋은 시절이 오면 여성이 주체가 될 것이라는 희망을 주고 있다.

〈안심가〉 작품 내용을 살펴보면 다음과 같다.

> 현숙한 내 집 부녀 이 글 보고 안심하소.
> 대저생령 초목군생 생사여부는 한울님께 달리지 않았던가.

하물며 만물 중에 오직 사람이 가장 신령하다네.
나도 또한 한울님께 명복 받아 태어나니 어린 시절부터 지낸 일을 곰곰이 생각하니 첩첩이 험한 일을 겪고 나니 고생일세.
이도 역시 한울님이 정하셨으니 어쩔 수가 없도다.
그 모르는 처자들은 할 일 없이 놀면서도 입고 먹는 귀공자를 부러워서 하는 말이 「신선인가 사람인가 같은 하늘 아래 태어난 몸이 어찌 저리 같지 않은고.」
하늘을 우러러 탄식하는 말을 보고 나니 한숨이요 듣고 나니 눈물이라.
나도 역시 하는 말이 「비관하여 슬퍼 말고 내 말 잠깐 들었어라. 호천금궐 상제님도 선악분별 안 하시네. 조정의 정승부터 백성에 이르기를 한울님께 명복 받아 부귀자로 태어나면 정승이요 빈천자로 태어나면 백성이라.
우리 또한 빈천자로 초야에서 자랐으니 할 일 없이 놀면서도 입고 먹는 귀공자는 부러워한들 허망한 일 아닐런가.
복록은 고사하고 구설로 인한 앙화가 무섭더라.
졸지에 부귀하게 되는 일은 상서롭지 못하다고 예로부터 전해오지 않았던가.
공부자 하신 말씀 안빈낙도 내 아닌가.
우리라 무슨 팔자 고생 끝에 낙이 오지 않을쏘냐.
즐거운 일 다 지나면 슬픈 일이 다가올까 무섭더라.
한탄 말고 지내보세.

③ **교훈가**(敎訓歌)

1860년에 지은 가사로, 고향의 교도들에게 수도에 힘쓰라는 교훈을 담고 있다.

④ **몽중노소문답가**(夢中老少問答歌)

1861년부터 1862년에 지은 가사로, 자식이 없던 노인이 금강산에 들어가 빌면서 옥동자를 얻었는데, 이 아이는 난세를 한탄하며 천하를 돌아다니다가 금강산에서 꿈속의 도사를 만나 득도했다는 내용을 담고 있다.

최제우의 삶과 득도과정 내용을 표현한 가사라고 할 수 있다.

⑤ **도수사**(道修詞)

1861년에 지은 가사로, 고향에서 제자들을 가르치다가 떠나게 되었을 때 제자들에게 도 닦기를 간절히 당부하는 내용을 담고 있다.

⑥ **권학가**(勸學歌)

1862년에 지은 가사로, 동학을 믿음으로써 다 함께 동귀일체(同歸一)할 것을 권유하는 내용을 담고 있다.

⑦ **도덕가**(道德歌)

1863년에 지은 가사로, 문필보다는 도덕의 중요함을 강조하고 있으며 하느님에 대한 경외의 마음이 무엇보다도 소중하다는 것이다.

⑧ **흥비가**(興比歌)

1863년에 지은 가사로, 〈시경(詩經)〉의 노래체인 흥과 비를 사용하여 도를 닦는 법을 가르치는 내용을 담고 있다.

즉 도는 멀고 어려운 것이 아니라 가까운 데에서 찾을 수 있다고 강조하고 있다.

⑨ **검결**(劍訣)

1861년에 지은 가사로, 칼 노래를 짓고 칼춤을 추었다고 하는데 이 노래가 문제가 되어 『용담유사』가 간행될 때에는 수록되지 못하였다. 이 작품은 갑오농민전쟁 때 군가로 불리기도 했으며 최제우의 변혁의지가 잘 나타난 작품이라고 할 수 있다.

3) 신소설

1876년 개항과 1894년 사회제도의 변화로 삶의 양식이 바뀌게 되었다. 민간신문인 〈황성신문〉, 〈제국신문〉, 〈대한매일신보〉와 소설 『딱지본』 등이 등장하게 되었으며 중국과 일본 등 외국문학의 영향으로 서구문학의 내용이 신소설에 영향을 준 것이라고 볼 수 있다. 신소설은 구소설 또는 고대소설에 반대되는 새로운 소설이라는 뜻이며 고대소설과 근대소설의 과도기적 양식인 봉건적인 요소와 근대적인 요소가 동시에 담겨 있다.

고대소설은 서두가 일정한 형식을 갖췄으며, 문어체(율문체)로서 시간적 순서대로 과거, 현재, 미래 등으로 전개한다. 반면 신소설은 한문 투에서 벗어나 평이한 일상용어인 구어체로 낡은 가치관을 탈피하여, 자유롭게 현실에서 제재를 선택하고 있다. 구성 면에서도 고대소설과 같은 전기 형태가 아닌 새로운 형태를 지니고 있다.

신소설의 내용은 자유결혼관, 남녀평등관, 향학 및 교육열과 독립사상에 주안점을 두고 있다. 그리고 새로운 과학사상과 서구 문명 수입 및 비판 정신도 가지고 있다.

4) 신소설 주요 작가와 작품

이인직은 신소설 작가이며, 정치가, 언론인, 신극작가로 활동하였으며 〈대한신문〉을 창간하고, 극장 원각사를 세워 신소설『은세계』를 상연하였다.

1906년 〈만세보〉에 연재한 신소설『혈의 누』는 개화기 시대 여주인공 옥련의 운명을 통해 자주독립, 신교육, 신결혼관을 주제로 표현하였다.

『혈의 누』는 청일전쟁을 배경으로, 신소설의 효시를 이루었다. 내용과 형식에서 고대소설의 틀에서 탈피하여 근대소설로 변하는 계기를 마련하였다. 『모란봉』은『혈의 누』의 하편에 해당하는 소설로, 1913년 2월 5일부터 〈매일신보〉에 연재되다가 같은 해 6월 3일에 미완성인 채로 연재가 중단되었다.

『모란봉』은『혈의 누』에서 미국으로 유학 갔던 여주인공 옥련이 아버지와 함께 귀국하면서부터 시작하고 있으며 남녀 간의 애정문제에 초점을 맞추었다.

『귀의 성』은 〈만세보〉에 연재했으며, 몰락하는 양반 계급과 신분 제도에 대한 반발 등 개화사상이 담겨 있다. 치밀한 구성과 기법, 사건의 긴박한 전개로, 지배계층에 대한 피지배계층의 반항심을 보여주고 있다.

『치악산』은 갑오경장 이후의 개화사상을 고취시킨 작품이다.『은세계』는 최초의 신연극 작품으로 부패와 학정으로 양민을 수탈하는 양반관료에 대한 평민 최병도의 현실고발과 신교육의 필요성을 강조하였다.

그 밖에 〈농부가〉, 〈나무꾼노래〉, 〈상두소리〉 등은 민요적인 요소를 삽입하고 있다.

이해조는 신소설 작가이자 언론가이며 작품으로는『자유종』,『화의 혈』,『구마검』,『홍도화』,『모란병』,『빈상설』 등이 있다.

『자유종』은 개화사상, 자녀교육, 자주독립 등을 강조하였으며 그 외에 미신타파, 한문폐지를 주장하고 있다. 민족이나 국가, 사회, 교육 등에 대한 토론형식을 통하여 주인공들의 정치 이념을 제시하고 있다.

『화의 혈』은 부패하고 방탕한 관리들의 부정부패를 폭로하고 있으며 『구마검』은 무당, 점술 등의 비과학성을 드러내어 미신타파의 계몽성을 주장하고 있다.

『홍도화』는 자유연애와 재혼 허용 등의 신결혼관을 내세우고 있으며 『모란병』은 양반에 기생하는 역관, 서리 등 중인계층이 양반과 함께 몰락하는 사회상과 외국유학의 필요성을 보여주고 있다.

『빈상설』은 처첩 간의 갈등, 혼인제도의 문제점과 신학문을 강조하고 있다. 최찬식의 『추월색』은 한국, 동경, 런던, 만주 등 무대가 광범위하고 남녀 간의 애정문제를 소재로 하고 있으며, 자유결혼과 신교육관을 반영하고 있다.

『안의 성』은 지식인 여성을 다루고 있는데 애정의 각축 끝에 자유결혼이 성립되나 원점으로 회귀하는 해피엔딩으로 작품을 종결시킨다. 애정문제의 변모과정을 보여주고 있으며 기성의 권위에서 자본주의 사회로 점차 변모하는 양상을 보여주고 있다.

『도화원』은 형제 간의 신의 및 투쟁과 열녀 간의 갈등을 그리고 있다. 『능라도』는 애정을 다루고 있지만 통속적 연애소설의 차원에 머물고 있으며 시간순서를 바꾸어 가며 사건을 서술하는 수법이 다양하다. 『춘몽』은 이성문제와 애정문제를 그리고 있다. 작품 대부분이 남녀 간의 사랑을 제재로 무질서한 사회의 이면을 표현하고 있다.

개화 지식인 안국선이 쓴 『금수회의록』은 까마귀, 여우, 개구리, 벌, 게, 파리, 호랑이, 원앙새 등의 동물을 내세워 현실을 풍자한 우화소설이다. 인간사회를 비판하고 있으며 사회문제와 정치적인 자립을 주장하고 있다.

『공진회』는 1915년 8월에 발간된 최초의 근대적인 단편소설집으로, ‘기생’, ‘인력거꾼’, ‘시골노인 이야기’ 등 3편의 단편이 수록되었다. 교훈적인 내용인데 '기생'은 여성의 순정과 절개를 강조한 작품이고 '인력거꾼'은 서민층의 생활 단면을 그리고 있으며 과도한 음주를 징계하기 위하여 절약하는 모습을 표현하고 있다. '시골노인 이야기'는 동학란을 전후한 시기의 부패정치를 그린 작품이다.

제2장 1910년대 문학

1) 시대 배경 및 문학적 특징

토지조사와 산림조사를 필두로 일제가 식민지 통치체계의 기반을 구축하던 시기이다. 외형적으로는 새로운 문물이 수입되고 상업, 공업 등 근대 자본주의의 형태를 갖추기 시작한 변모양상을 보이고 있다.

사회단체의 결성과 계급주의 사상이 등장하고, 청년 단체, 정치 단체, 노동 단체 등이 결성되었으며, 일제의 민족 탄압과 검열 체제, 사상 통제가 이루어진 시대이다.

국문을 사용하여 작품을 창작하는 행위를 통하여 민족의 정신세계를 강조하는 인식을 보여준다.

1908년 최남선이 〈소년〉을 창간했는데, 이것이 근대문학이 정착하는 도화선이 되었으며 최초의 순문예 종합지인 〈태서문예신보〉를 창간하기도 하였다.

이 시기는 최남선과 이광수의 2인 문단 시대로 계몽적 이상주의라고 할 수 있으며, 문학이 시대와 사회를 교화하는 데 활용되었다.

〈소년〉, 〈청춘〉, 〈학지광〉 등의 잡지에서는 현상모집 난을 통하여 많은 신진작가들을 발굴하였다. 근대적인 잡지가 간행되었으며 서구 근대문학의 영향으로 자유시가 등장하여 운율에 대한 모색과 새로운 실험 정신을 추구

잡지 〈청춘〉

잡지 〈소년〉

하였다.

미의식의 표현에 집착하여, 서구의 상징주의 시와 시론을 통해 내면 탐구와 사물에 대한 감각적인 시적 태도를 반영하기도 하였다.

소설에서는 현실적 소재가 많았다. 사실적 문체와 서술과 묘사를 통해 이야기를 전개시키고 있으며, 플롯의 다양성을 보여주었다.

작가와 작품으로는 이광수의 『어린 희생』, 『소년의 비애』, 『무정』, 현상윤의 『한의 일생』, 『핍박』 등이 있다.

희곡에서는 창작극과 번안극이 등장했다. 창작극으로는 조중환의 〈병자삼인〉, 윤백남의 〈운명〉, 이광수의 〈규환〉 등이 있다.

번안극은 신극 운동의 전개와 함께 서양과 일본의 희곡이 번안되었다.

주요 신문 및 잡지를 살펴보면 〈매일신보〉가 있는데 〈대한매일신보〉를 강제 매수하여 발행한 신문이다.

최남선이 주재한 어린이 계몽잡지로는 〈붉은 저고리〉, 〈새별〉, 〈아이들 보이〉 등이 있다. 〈청춘〉은 최남선 주재의 월간 종합지이고, 〈학지광〉은 편집인이 최팔용이다.

〈태서문예신보〉는 주간 문예잡지로, 1918년 9월 26일 창간되었으며,

1919년 2월 17일 통권 16호로 폐간되었다. 문예 주간지로 편집인은 장두철(張斗澈)이었고, 순한글체로, 타블로이드판이다. 김억, 황석우가 서구 문단의 동향과 시론의 도입 및 번역시를 소개하고 있다.

창간호에서 태서(서양)의 유명한 소설과 시, 산문 등을 충실하게 번역해서 싣겠다고 밝혔듯이 대부분 서구문학 작품과 사조에 관한 글을 실었다.

코난 도일의 『충복(忠僕)』, 투르게네프의 『밀회(密會)』 등의 번역소설을 비롯해 베를렌이나 구르몽 등의 프랑스 상징파 시에 이르기까지 광범위하게 소개하였다.

이 외에도 백대진의 〈뉘우침〉, 김억의 〈봄은 간다〉 등의 창작시와 〈최근태서문단(最近泰西文壇)〉, 〈시형(詩形)의 음률과 호흡〉 등의 평론을 실었다. 여기에 실린 번역시들은 신체시를 벗어나 근대적인 시 형태로 발전하는 데 많은 영향을 주었다.

김억은 이 잡지에 발표한 번역시를 모아 1921년 한국 최초의 번역시집인 『오뇌의 무도』를 펴냈다. 〈학지광〉은 문학잡지로 1914년 4월 2일 창간되어, 1930년 4월 통권 29호로 폐간되었다. 일본에 거주하는 도쿄[東京] 조선유학생 학우회의 기관지로 창간되었으며, 집필자로는 이광수・현상윤・김억・최승구 등이 참여하였다. 학우회의 소식과 논문, 소설, 수필, 시, 한시, 기행 등 다양한 내용을 다루었다. 이 잡지에 실린 논설은 대부분 망국의 울분을 토로하고 국민의 분발을 촉구하였으며 문학작품은 개인의 막연한 감정이나 퇴폐적인 분위기를 드러내는 수준이다. 초기에는 비매품이었으나 1916년부터 유상 판매하였다.

1925년 4월호가 발행되자마자 조선총독부에 의해 압수되었으며, 그 뒤 몇 차례 휴간을 거듭하다 1927년 3월호를 펴내고 장기휴간에 들어갔다. 이광수의 〈위선 수(獸)가 되고 연후에 인(人)이 되라〉라는 글과 〈천재야! 천재야!〉와 김동인의 〈소설론〉이 실려 있다.

〈새별〉은 소년잡지로, 1913년 9월부터 1915년 1월까지 통권 16호를 펴냈다. 편집 겸 발행인은 최남선(崔南善)이었고 이광수(李光洙)가 편집을 맡았다. 〈소년〉의 뒤를 이은 잡지로 문예를 중요시하였다. 비슷한 시기에 발행된 잡지로는 〈붉은 저고리〉, 〈아이들보이〉가 있다.

〈유심(惟心)〉은 불교잡지로 1918년 9월 1일 창간되어 그해 12월 1일까지 통권 3호를 펴냈다. 한용운이 주재한 잡지로 불교 계몽과 교리 해석을 위한 책이다. 국판 65쪽 안팎이며, 당시 판매가는 18전이었다. 집필자로 최린 · 최남선 · 이광종 · 권상로 등이 참여하였고, 권두언 · 논문 · 소설 · 잡문 순으로 꾸몄다. 창간호에 한용운의 〈조선청년과 수양〉, 최남선의 〈동정 받을 필요 있는 자 되지 마라〉, 이능화의 〈종교와 시세〉 등이 실려 있다.

2) 1910년대 시

〈태서문예신보〉라는 잡지에 김억의 시 〈봄은 간다〉와 1919년 주요한의 〈불놀이〉가 발표되면서 자유시가 등장하였다.

이 시기에는 계몽성과 교훈성이 점차적으로 쇠퇴되었으며, 언론 출판의 자유가 억압되었다. 문명개화에 초점을 두고 있으며, 계몽적인 주제의식이 약화되었다.

또한 새로운 시인들이 등장하였으며, 서구적인 지식을 배운 동경 유학생들이 새로운 창작의 주체로 등장하였다.

1914년경 일본 유학생들을 주축으로 〈학지광〉을 창간했으며 최남선의 〈소년〉과 〈청춘〉이 간행되어 새로운 형식의 시를 발표할 수 있는 공간이 확보되었다.

새로운 내용과 형식이 모색되었으며, 최남선의 신체시 이후, 점차 자유시에 가까운 형식을 지닌 시들이 발표되었다. 내용도 계몽적이고 교훈적인 내용에서 벗어나 점차 개인적인 서정을 노래한 시들이 발표되었다.

최남선과 이광수의 시 창작은 문학사적인 의의가 있으며, 평등사상을 기조로 하여 새 시대의 개혁사상을 고취하였다.

전통적 율격을 부분적으로 계승하고 창조하였으며 새로운 시형을 이룩하여, 새로운 기법과 의식을 담은 현대문학이 출현하여 계몽의식을 주제로 한 문학이 등장하였다.

최남선(1890-1957)의 신체시 〈해에게서 소년에게〉가 〈소년〉지(1908)에 게재되면서부터 전통적 시가 율격에서 탈피한 독창적인 작품이 출현하였다.

과거의 시는 3.4조, 4.4조 등의 자수율을 지니고 있지만 신체시는 리듬이 내재율이며 각 시행의 자수도 제한없이 자유롭고 내용은 새로운 역사의 시대를 창조하려는 진취적인 의욕으로 표현하였다.

〈해에게서 소년에게〉라는 신체시는 근대적 평등의식이 주제이며, 거센 바다 물결소리로 상징화된 열린 세계를 지향하는 모습을 활달하게 표현하고 있다. 시의 화자는 거센 물결로 설정하여 봉건적인 제도와 권위를 부정적으로 비판하고 개혁의지를 보여주고 있다.

이광수는 1910년 〈소년〉 3월호에 고주(孤舟)라는 필명으로 〈우리 영웅〉이라는 시를 발표했다. 이 작품은 이순신 장군을 기리고 회고하면서 위기에 처한 나라를 걱정하는 우국시이다.

시의 형태는 육당의 신체시보다 자유스러우며 내용은 감각적인 언어로 상징적인 어조를 표현하고 있다. 〈곰〉은 1910년 〈소년〉 6월호에 발표한 작품이다. 곰을 자유혼과 투쟁의 화신으로 상징하고 바위와의 분노에 찬 모습을 묘사하였으며, 자유를 찬양하고 있다.

〈새아이〉는 1914년 12월호 〈청춘〉지에 발표된 작품이다. 이 작품에서 아이는 새 시대의 창조적인 인물로 설정되고 있으며 맑은 마음과 고매한 인격 등으로 비유하고 있다. 주로 계몽의식을 간접적으로 나타낸 작품이라고 할 수 있다.

신채호(1880-1936)는 역사학자로서 민족주의 사학을 수립하였으며, 항일 독립운동의 선봉에 선 애국지사이다. 그가 쓴 시 작품으로는 〈김연성을 꿈에 보고〉, 〈한나라 생각〉, 〈독립군가〉, 〈독립군〉 등이 있다.

〈김연성을 꿈에 보고〉라는 작품은, 의병활동으로 집이 망한 김연성이 북간도 지역에서 지낸다는 소문을 단재가 듣고 그를 회고하는 내용으로 항일 독립투사들의 고초가 극심함을 암시하고 있다.

〈한나라 생각〉에서 너와 나는 개별적인 존재인 나와 조국과의 관계를 지칭한 것으로 끊을 수 없는 사랑의 피로서 한 나라의 광복을 실현하려는 의지가 들어 있다. 신채호의 〈한나라 생각〉이라는 작품을 음미해 보자.

> 나는 네 사랑/ 너는 내 사랑/ 두 사랑 사이 칼로 써 베면
> 고우나 고운 핏덩이가/ 줄줄줄 흘러내려 오리니
> 한 주먹 덥썩 그 피를 쥐어/ 한 나라 땅에 고루 뿌리리
> 떨어지는 곳마다 꽃이 피어서/ 봄맞이 하리(일부)

이처럼 1910년대의 시는 근대적인 자유시 형식을 수립하는 과도기적 역할을 담당하였다. 또한 근대시가 발전하는 방향이 구체화되었다. 최남선, 현상윤, 최승구, 이광수 등의 시들은 자유분망한 근대시의 발전 방향을 구체적으로 제시하였다.

문학의 교훈성과 계몽성에 대한 반성적인 의식이 대두되었고 개인적인

감정이나 국권 상실의 위기감을 노래한 시들이 발표되기 시작하였다.

김억, 황석우 등이 프랑스의 상징시를 번역 · 소개하였으며 그 외에도 계몽적인 신체시와 애국적인 시, 군가 등이 발표되었다.

3) 1910년대 소설

개화기에 등장한 신소설은 당대의 특수한 시대적 상황 때문에 거의 대부분의 소설이 개화의식이라는 주제를 담고 있다.

1910년대 소설은 고대소설과 다른 기법을 보여주며 근대소설을 선보이고 있으며, 폭넓은 작품활동을 한 작가로 춘원 이광수가 독보적이다.

이광수(李光洙: 1892-1950)는 평북 정주 출생으로, 시인, 소설가, 평론가, 언론인 등 다방면에서 활동을 하였으며 호는 춘원(春園)이다. 1909년 일본 와세다 대학 유학 당시 일문소설 『사랑인가』를 썼으며 본격적인 문단 활동은 고주, 외배라는 필명으로 쓴 단편 『어린 희생』이 있다. 이 작품은 1910년에 〈소년〉지에 발표하였다.

1917년에는 단편 『소년의 비애』, 『어린 벗에게』를 〈청춘〉지에 발표하였으며, 최초의 장편 소설 『무정』을 〈매일신보〉에 연재하였다. 그 외 작품으로는 『개척자』, 『무명』, 『마의태자』, 『단종애사』, 『흙』, 『유정』, 『사랑』 등이 있다.

『소년의 비애』는 근친 간의 애정을 그린 작품이다. 주인공 문호는 중학교에 재학 중인 소년으로 사촌 누이인 난수에게 이성으로서의 사랑을 느낀다. 난수가 부호의 아들과 결혼하게 되자 문호는 실망하여 함께 도피할 것을 권유하지만 난수의 소극적인 태도로 뜻을 이루지 못하고 만다. 인생의 허무를 자탄하고 있으며 작품의 수준은 예술적인 형상화의 경지까지는 나아가지 못하는 아쉬움이 있다.

『무정』은 최초의 장편소설로 한국 근대문학 사상 최초로 근대문학의 면모를 보여주는 장편소설이다. 발표 당시부터 많은 독자의 열광적인 찬사 속에 연재되었으며 1917년 1월 1일부터 6월 14일까지 126회에 걸쳐 〈매일신보〉에 연재되었다. 청년들의 이상과 고뇌, 미래에 대한 도덕적 책무를 위하여 민족주의를 강조하고 있다. 개화기의 전형적인 지식인인 이형식이 신여성의 표상인 김선형과 전통적인 구여성인 박영채 사이를 방황하는 모습을 그리고 있다. 즉 자아의 각성에 새롭게 눈을 뜬 박영채와 신교육을 받고도 상황에 순응하여 형식과 함께 미국으로 유학을 가는 김선형, 김병욱 등 세 여성이 나온다. 확고한 교육관을 가지고 교육과 과학 입국의 지향성을 제시하는 이형식이 우연히 만나 갈등이 해소되는 내용이다. 새로운 사상과 지식을 통해 갈등을 극복하는 모습을 보여주고 있다. 주인공 이형식의 갈등과 번민은 당시의 비극적인 상황 속에 방황하는 개화기 지식인들의 일반적인 모습이다.

『개척자』는 춘원의 두 번째 장편소설이며 국한문 혼용체이다. 1917년 11월 10일부터 이듬해 3월 15일까지 〈매일신보〉에 연재하였으며 과학자를 주인공으로 설정하여 당시 과학의 효율성을 주장하고 있다. 인습 타파와 자유연애, 민족을 위한 청년의 갈 길 등을 제시하고 있다.

『재생』은 사랑을 바탕으로 한 민족주의의 지향의식을 보여주고 있으며 『흙』은 농민 계몽사상을 고취시키는 작품이다.

춘원의 초기 작품들은 봉건적 구제도와 낡은 윤리를 타파하고 새로운 윤리의식을 고취하려는 작가의식을 보여주고 있다. 조혼으로 상징되는 유교적 가족주의를 비판하고 봉건적 가족제도와 결혼제도에 얽매여 자유로운 개성과 욕구가 억압당하는 현실을 묘사하고 있는 것이다. 자유연애, 신교육

등을 통한 개성의 신장을 주제로 한 새로운 윤리의식을 보여주고 있다.

춘원은 최남선과 함께 언문일치의 신문학 운동을 전개하여 한국 근대문학의 여명을 이룩한 공헌자로 평가되었다. 친일적 태도를 보였다는 점에서 부정적인 측면도 있었으나 작품세계는 대중적인 성향을 보이면서 계몽주의적·이상주의적 경향을 보였다. 지나친 계몽사상으로 인해 설교적인 요소가 많은 점도 간과할 수 없다.

제3장 1920년대 문학

1) 시대 배경 및 문학적 특징

3.1운동 의거의 실패는 좌절과 절망을 보여주었다.

일제의 회유책은 언론과 출판에 대한 약간의 규제 완화로 신문이나 잡지의 출간을 허용하였다.

신문으로는 〈조선일보〉, 〈동아일보〉, 〈중외일보〉(후에 〈조선중앙일보〉) 등의 발행과 문예지로는 〈창조〉, 〈폐허(廢墟)〉, 〈백조〉, 〈조선문단〉, 〈개벽〉을 비롯한 많은 종합지가 발간되어 문인들이 등장하고 문단을 형성하였다.

문학적 특징은 전반기에는 자연주의와 낭만주의이며, 후반기에는 좌우의 대립양상을 보여주고 있다. 시의 경우에는 눈물, 애수, 절망, 밀실, 어두움 등 퇴폐적인 정서로 주관적 감정을 표현하였으며, 근대적 자유시가 뿌리내리는 계기가 되었다. 소설의 경우는 이광수 한 사람에 의해 주도되었던 문단이 다수의 작가에 의한 문단으로 재편되었으며 단편소설이 주류를 이루었다. 보통 현실의 예리한 국면을 고발하거나 자연주의적・사실주의적 경향을 보이고 있다.

1925년에 조선 프롤레타리아 예술가 동맹(KAPE)이 결성된 시기를 전후로 하여 무산계급을 소재로 한 작품이 등장하였다. 조선 프롤레타리아 예술가 동맹(KAPE)의 이론적 선도자는 박영희, 김팔봉으로 프로문학 및 신경향파 문학을 보여주었다. 민족주의 문학이론과 계급주의 문학이론이 대립하는 시기이기도 하다. 또한 서구의 낭만주의와 상징주의 시문학이 백대진과 김억에 의해 번역, 소개되어 〈태서문예신보〉에 실렸다.

시문학 특징으로는 상징주의 시인을 소개하고 시론에 대한 글과 더불어 서구의 문예사조 등을 소개하였다.

미학적으로 유미주의, 정서적으로 퇴폐주의, 이념적으로 허무주의라고 할 수 있다.

2) 1920년대 시

김억(1896-?)은 1910년대부터 프랑스 상징파의 시 등 외국시를 번역・소개하여 근대문학 형성에 이바지하였다. 필명은 안서(岸曙)로 오산중학교를 거쳐 1913년 게이오[慶應] 의숙 영문과에 입학했으나 아버지의 죽음으로 중퇴했다. 도쿄 유학시절인 1914년 4월 〈학지광〉에 시 〈이별〉을 시작으로 〈학지광〉 5호에 시 〈야반〉・〈밤과 나〉・〈나의 적은 새야〉, 6호에 〈예술적 생활〉, 10호에 〈요구와 회환〉이라는 논문을 발표하여 문단에 나왔다. 1916년 오산학교 교사로 있으면서 김소월을 가르치기도 했다.

1918년 〈태서문예신보〉 4호에 투르게네프의 시를 번역하고 5호에 〈믿으라〉・〈오히려〉・〈봄은 간다〉 등의 시를 발표하여 본격적인 문학활동을 하였는데 새로운 자유시 형태를 보여주었다.

김억의 〈봄은 간다〉 시의 일부를 보면 '밤이도다/ 봄이다/ 밤만도 애닯은데 봄만도 생각인데/ 날은 빠르다/ 봄은 간다' 이 부분에서는 애상미와 상실감을 노래하고 있다. 종결어미 '~다'의 효과도 화자와 독자 사이에 거리를 두고 있어 객관적인 느낌을 주고 있으며 시상의 흐름도 간결하고 속도감을 느끼게 하고 있다.

김억 시집인 『해파리의 노래』에 수록된 작품들도 애상미와 상실감을 노래하고 있으며 시형은 자유시형이다.

그 밖에 민요시인 〈관서 아가씨〉, 〈봄바람〉, 〈물레〉와 1921년 간행된 번역시집인 『오뇌의 무도(懊惱의 舞蹈)』가 있는데 외국시를 번역하였다.

다음으로 주요한(1900-1979)은 동경 유학생들의 동인으로 구성되어 1919년 2월에 창간된 순수 문예지 〈창조〉에 작품을 발표하였다.

〈창조〉 창간호에 〈불노리〉라는 작품을 발표해 자유시를 확립하는 업석을 남겼으며 민요시 운동에도 참가하였다.

황석우(1895-1960)는 〈폐허〉라는 잡지를 1920년에 간행하였으며 〈폐허〉지에 〈석양은 꺼지다〉, 〈태양의 침몰〉 등을 발표하였다. 시적 경향은 낭만적 상징주의이며 시 전문지 〈장미촌〉(1921년)과 〈조선시단〉(1928년)을 주관하기도 하였다.

오상순(1894-1963)은 〈폐허〉 동인으로 2호에 연작시 〈힘의 숭배〉 17편을 발표하였으며 시상은 허무를 표현하였다. 1922년에 장시 〈아시아의 밤〉을 발표하였고 1923년에 〈허무혼의 선언〉을 발표하였다.

남궁벽(1895-1922)은 〈폐허〉 2호에 〈풀〉, 〈마(馬)〉, 〈대지와 생명〉, 〈대지의 찬(讚)〉 등을 발표하였다.

〈대지의 찬〉에서는 우주적 일체감을 대지를 통하여 인식하고 있으며 모든 생명의 근원적 현상이 대지에서 비롯됨을 찬양하고 있다.

변영로(1897-1961)는 1922년에 시작활동을 하여 시집 『조선의 마음』을 1924년도에 간행하였다. 시 〈봄비〉에서 화자는 님이라는 대상을 기다리고 있는데 매우 불확실한 상태에서의 기다림이다. 기다림의 절실함이 고조되고 있으며 '님'을 통하여 민족의 희생과 주권회복을 표현한 것이다.

〈논개〉(1924년)라는 시는 애국 충정의 절개와 영원성을 효과적으로 시화하고 있으며 색채 이미지로 시의 은유적 표현을 잘 나타내고 있다.

홍사용(1900-1947)은 1922년에 〈백조〉를 간행하였으며 〈백조〉 1호에 〈꿈이면은〉, 〈통발〉 등을 발표하였다. 〈백조〉 3호에는 〈꿈은 가더이다〉, 〈나는 왕이로소이다〉를 발표하였는데 화자의 실연과 어린 시절을 회고하고 있으며 상실의 비애와 일제하의 젊은 지식인의 시대적 좌절로 감상주의적으로 형상화하고 있다. 이 시에서 두 모자(母子)의 슬픔과 눈물의 왕은 조국의 주권을 잃은 자를 비관적이며 감상적 감각으로 표현한 것이다.

박종화(1901-1981)는 〈백조〉 1호에 〈밀실로 돌아가다〉를 발표하였으며 2호에 〈흑방비곡〉, 3호에 〈死의 예찬〉 등을 발표하였다.

3.1 운동 직후의 암울함과 서정성을 퇴폐적 경향으로 표현하고 있으며 밀실, 흑방 등의 용어는 현실 부정적인 공간 개념이거나 개인적 도피의식을 대변하는 심상으로 보여주고 있다. 〈백조〉 2호에 〈꿈의 나라로〉라는 시를 발표하였으며 3호에 〈월광으로 짠 병실〉, 〈미지의 상〉, 〈웃음의 여울〉 등을 발표하였다. 낭만주의 시 경향을 보이고 있으며 화려하고 몽환적인 심상을 잘 나타내고 있다.

이상화(1901-1943)는 〈백조〉 3호에 〈나의 침실로〉를 발표하였으며 〈개벽〉(1926년)에 〈빼앗긴 들에도 봄은 오는가〉를 발표하였다. 이 시에서 민족의 참상에 관한 감정과 간도로 쫓겨가는 이민 행렬의 슬픔이 시화되었다. 이상화는 낭만주의 시인이며 백조파 동인들과 같이 감상적이며 허무적 경향을 보이고 있다.

노자영(1898-1940)은 〈백조〉 1호에 〈달밤〉을 발표하였고 3호에 〈외로운 밤〉, 〈불살우자〉를 발표하였다. 역시 감상적이며 낭만적인 경향을 보이고 있다.

김기진(1903-1985)은 〈백조〉 3호에 〈한갈래의 길〉, 〈권태〉, 〈비오는 날〉, 〈연못에 서서〉, 〈가심의 별〉 등을 발표하였으며 1920년대 낭만적인 경향에서 이탈하여 현실적인 모습을 시화하는 데 관심을 보여주고 있다.

조명희(1894-1942)는 〈개벽〉(1923년)에 〈잔디밭 위에서〉라는 시를 발표하였으며 소설가로도 활약하였다. 신경향파에서 사회적 사실주의로 이행하는 과정에서 문제작 〈땅속으로〉 와 〈낙동강〉 등을 발표하였다.

한용운(1891-1944)은 1926년에 『님의 침묵』 시집을 간행하였다. 〈님의 침묵〉에서 화자는 님과의 이별을 통하여 슬픔을 극복하고 다시 만날 희망을 결의하고 있다. 슬픔을 희망으로 옮기는 의지와 민족주체성을 생생하게 인식하고 있는 것이다. 그 밖에 〈알 수 없어요〉, 〈당신을 보았습니다〉, 〈잠 없는 꿈〉이라는 시에서도 역설적 논리를 보여주고 있다. 이처럼 변증법 역설의 아름다움을 작품에서 보여주고 있으며 불교적 윤회설을 바탕으로 차원 높은 정신 내용과 시의 언어적 구조에 대한 성찰도 돋보인다.

김소월(1902-1934)은 『개벽』지(1920)와 『영대』지(1924)에 작품을 발표

만해 마을에 있는 만해 문학관

하였으며 1925년에 시집 『진달래꽃』을 발간하였다. 정한과 향토적 서정을 민요적 율조인 7.5조로 노래하여 전통적 운율을 형성·확립하였다. 따라서 민요풍으로 독창적인 서정시를 보여주고 있으며 님을 스스로 찾는 적극성보다는 소극적인 자세를 보여주고 있다. 〈초혼〉은 님이 사라진 후에 님을 사랑했다는 사실을 고백하고 있으며 정한의 표출을 생생하게 보여주고 있다.

이장희(1900-1929)는 〈금성〉 동인으로 모더니즘에 가까운 시인이다. 시 〈봄은 고양이로다〉에 나타난 봄의 주제는 고양이의 감각적 모습을 묘사하고 있다. 고양이의 털은 꽃가루와 같이 향기로우며, 눈은 봄의 불길로, 입술은 봄의 졸음, 고양이의 수염은 푸른 봄의 생기로 표현하고 있다.

김동환(1901-?)은 1924년에 〈북청 물장수〉라는 시를 발표하였고 1925년에 〈국경의 밤〉을 발표하였다. 민족주의적 이념을 바탕으로 창작하였다.

다음으로 1920년대 시조시인으로는 이은상, 이병기, 정인보가 있다.

이은상은 〈성불사〉, 〈가고파〉 등 전통적 정조를 근대적 세련미로 형상화시키고 있다. 이병기는 시 〈난초〉를 발표하였는데 이 시는 선비적 기품을 보여주고 있다. 한국적 선비의 정조를 섬세하게 그려 근대적 세련미가 돋보이고 있으며 '조선어 학회 사건'으로 옥고를 치르기도 하였다. 정인보는 민족주의 사상가로 알려져 있다.

이처럼 1920년대 시는 미학적으로 유미주의, 정서적으로 퇴폐주의, 이념적으로 허무주의를 지향하고 있다.

3) 1920년대 소설

소설의 근대성이 확립된 시기로 동인지와 순수 문예지 등이 발간되었다. 근대적인 단편소설의 양식을 확립하는 출발선으로 서구 리얼리즘의 영향을 받아 사실주의적이며 언문일치와 개성적인 문체를 보여주었다.

김동인(1900-1951)은 〈창조〉를 간행하였으며 그의 첫 단편소설 〈약한 자의 슬픔〉은 한국 리얼리즘과 자연주의 문학 최초의 작품이다.

『배따라기』, 『태형』, 『감자』, 『김연실전』 등은 자연주의 경향을 보이고 있다. 자연주의 문학과 더불어 『광화사』, 『광염소나타』 등 유미주의와 탐미주의 경향인 작품을 발표하였다.

문학적 특징으로는 자연주의 문학을 도입하였으며 문학의 독자성과 자율성을 확립하였다. 이처럼 김동인의 문학적 업적은 인생의 문제를 강조하여 주제의식을 강화한 것이다. 그는 사재를 털어 최초의 문예 동인지 〈창조〉와 〈영대〉를 간행하였다.

『배따라기』는 1921년 〈창조〉에 발표된 최초의 단편소설이며, 액자소설 구성법이다. 작중인물 호칭에 'he', 'she'를 '그'로 통칭하였으며, 용언에 과거 시제를 도입하여 간결체 문장의 개성을 보여주고 있다. 처연한 애조를 띤 배따라기 노래와 대응되어 액자 속에 펼쳐지는 주인공 부부와 아우가 겪는 비극적이며 운명적인 삶과 대조적으로 유토피아를 꿈꾸는 '나'는 '배따라기'를 부르는 '그'를 만나 사연을 듣게 된다. 그는 쥐를 잡다 옷매무새가 흐트러진 동생과 아내의 관계를 오해하여 결국 아내는 죽고 동생은 유랑에 나서게 된다. 액자소설의 형태를 갖춤으로써 단편소설의 미학을 본격적으로 보여준 작품이라고 할 수 있다.

『감자』는 1925년 '조선문단'에 발표한 작품으로 인간의 윤리의식이 생존문제와 대립될 때 어떻게 파괴되어 가는가를 문제 삼은 소설이다. 자연주의적인 성격과 간결한 문체를 보여주고 있으며 객관적인 현상을 묘사하고 있다. 왕서방의 정부 노릇을 하던 복녀는 왕서방이 어떤 처녀를 아내로 사오자 강한 질투심에 사로잡혀 신방에 뛰어들어 덤벼들다 도리어 왕서방의 손에 죽고 만다. 인간의 존엄성이 극빈한 삶 속에서 파괴될 수밖에 없다는 환경결정론이 작품을 받쳐주고 있지만 일제 강점기하에 빈곤의 구체적 대안은 제시하지 못하고 있다.

『붉은 산』은 1932년 '삼천리'에 발표한 작품으로 민족주의적 경향을 보이고 있으며 1935년 발표한 『광화사』는 액자 형식의 단편소설이다. 인간의 삶을 초월한 순수한 아름다움의 추구와 좌절을 잘 나타내 주고 있다.

『광염소나타』에서는 예술지상주의자 K씨가 사회 질서를 옹호하는 모씨에게 광기에 사로잡힌 천재 예술가 백성수에 관한 이야기를 들려준다. 예술적 영감을 위해 반사회적 행위를 하는 것이 정당한지에 대한 문제의식을 일깨우는 작품으로 김동인의 예술지상주의적인 문학관이 잘 드러나고 있다.

김동인은 최초의 단편작가이면서 자연주의를 확립한 작가이기도 하다.

염상섭(1897-1963)은 〈폐허〉 동인으로 1920년 4월에 『박래묘』를 발표하였다. 자연주의적 소설인 『표본실의 청개구리』는 1921년 〈개벽〉에 발표하였다. 해부된 개구리처럼 식민지 시대의 불안하고 우울한 정신상태와 정신분열환자의 모습을 지닌 일제하 조선인과 지식인의 암담한 현실을 표현하고 있다. 『암야』는 1922년에 〈개벽〉에 발표하였고 『조그만 일』, 『밤』이라는 작품은 빈궁이라는 현실을 제재로 이른바 현실 폭로의 비애를 그린 사실주의 작품이다. 〈만세전〉(1922-1924)은 동경과 서울이라는 서로 다른 공간을 축으로 해서 식민지 시대 사회의 모습을 날카롭게 묘사하고 있다. 또한 인생의 심각한 면을 그렸으며 계급문학의 부당성을 비판하기도 하였다.

현진건(1900-1941)은 〈백조〉 동인으로 1920년에 『희생화』를 〈개벽〉에 발표하였으며 치밀하고 섬세한 사실주의적 묘사로 일관하였다.

『술 권하는 사회』에서는 동경 유학을 다녀온 지식인 남편이 식민지 현실에 절망해 술을 벗삼아 살아간다. 전통적 사고방식을 지닌 아내는 "그 몹쓸 사회가 왜 술을 권하는고!"라며 한탄하고 있으며 사회의 모순에 저항하는 방식이 좌절과 자조로 일관된 점이 한계로 지적되고 있다. 남편의 소극적인 모습은 당시의 억압적인 상황을 대변하고 있다.

현진건의 초기 작품들은 대부분 1인칭 화자의 고백형식을 담고 있다.

1924년 이후『운수 좋은 날』,『B사감과 러브레터』 등에 이르러 3인칭 화자의 형식을 보여주고 있다. 사실주의적 묘사를 통해 현실을 재현시키고 있으며 사실주의 문학을 확립하고 있다.

『빈처』는 1921년 〈개벽〉에 발표한 작품으로 가난한 무명작가의 고민을 보여준 자서전적 소설이다. 일상적 삶의 모습을 통하여 당대 사회의 여러 모습들을 사실적으로 작품화하고 있다.

『운수 좋은 날』은 3인칭 화자의 시점으로, 인력거꾼 김첨지는 오랜만에 많은 돈을 벌게 되었지만 뜻하지 않은 행운에 불안해한다. 김첨지는 아내를 위해 설렁탕을 사가지고 집으로 돌아가지만 싸늘한 시신만이 그를 맞이하고 있다. 일제 강점기 도시 하층민의 궁핍상을 사실적으로 그려낸 작품으로 반어적 기법을 통해 비극성을 고조시키고 있다.

『B사감과 러브레터』는 남성기피증 환자인 사감이 면회 오는 남자와 연애편지를 싫어하는 모습을 표현하고 있다. 그러나 사랑을 갈구하는 노처녀 사감이 여학생들에게 온 러브레터를 읽으며 감미로운 연애 장면을 혼자 열연하는 장면을 여학생들이 목격하게 된다. 반어적 대립과 사건의 역전을 통해 인간의 이중성을 희극적으로 묘사한 심리주의 소설이다.

아이러니의 이원적 대조는 현진건 문학의 구조적 미학으로 평가되고 있다.

1926년 3월에 간행된『고향』이라는 작품은 일제에 농토를 빼앗겨 간도로 이주했으나 부모는 가난으로 인해 죽고, 자신은 구주 탄광을 거쳐 고향에 들렀다는 내용인데 일제의 수탈로 인한 우리 민족의 비참한 삶의 모습, 농촌의 몰락과 이에 따른 유랑민의 비애를 표현하고 있다. 이 작품은 액자식 구성을 통해 부조리한 현실을 고발함으로써 사실주의 문학의 전형을 보여주고 있다. 현진건은 리얼리즘 문학의 선구자이면서 사실주의 작가이기도 하다.

나도향(1902-1926)의 초기 작품은 낭만주의, 후기는 자연주의와 사실주의 문학을 추구하였다. 홍사용, 현진건, 이상화, 박종화 등과 함께 〈백조〉를 발간하여 최초로 로맨티시즘 운동을 일으켰다.

『벙어리 삼룡이』는 주인에게 복종하는 벙어리 삼룡이가 주인공이다. 오생원의 아들이 새아씨를 학대하고 자신에게 가혹한 행위를 하자 점차 반항하게 된다. 끝내는 주인집에 불을 지른 뒤 새아씨를 안고 지붕으로 올라가는데 삼룡이는 타오르는 불꽃 속에서 행복한 미소를 짓는다. 아씨를 향한 벙어리의 사랑과 극적인 죽음은 작품의 낭만성을 고조시키고 있다.

『물레방아』에서 방원은 욕심 많은 지주인 신치규 집에서 막일을 하며 살아가고 있는데 어느 날 신치규와 아내의 간음을 목격하여 주인 신치규를 구타한다. 감옥살이를 한 방원은 출옥한 뒤 자신을 배신한 아내를 살해하고 자결한다. 인간의 욕망과 애정관계에까지 뿌리 깊이 스며 있는 봉건사회의 모순이 비극적으로 형상화되고 있다.

『지형근』이라는 작품은 1926년 '조선문단'에 발표한 소설로 양반지주의 신분에서 노동자로 전락한 한 인물의 비극을 표현하고 있다. 사회문제와 관련된 현실비판을 예리하게 묘사하고 있다.

최학송(1901-1932)은 신경향파 작가로 『고국』, 『탈출기』, 『박돌의 죽음』, 『기아와 살육』, 『혈흔』, 『홍염』 등을 발표하였다. 『박돌의 죽음』, 『홍염』 등의 작품은 가난에 대한 대응 방식으로 살인과 방화라는 극단적인 행위를 이끌어내어 굶주린 자의 파괴적인 폭력성을 형상화시키고 있다. 체험을 바탕으로 창작하였으며 주인공이 극단적인 빈궁 속에서 깨달아 가는 과정을 묘사하고 있다.

『탈출기』는 1925년에 〈조선문단〉에 발표한 신경향파 문학의 대표작이다. 주인공 박군이 극도의 빈궁에 시달리는 가족을 버리고 사회운동을 하게 된 이유를 친구 김군에게 고백하는 서간체 형식으로 표현하고 있다.

『박돌의 죽음』, 『기아와 살육』 등의 작품에서는 가난한 자의 비참한 비극과 반항을 그리고 있다.

이기영(1896-1984)은 프로문학의 대표적인 작가이며 농촌과 농민의 문제에 집중적인 관심을 보여주고 있다.

1924년 〈개벽〉지의 현상공모에 『오빠의 비밀편지』가 당선되었으며 1925년에 『민촌』, 1926년에 『농부 정도령』, 『서화』는 1933년에, 『고향』은 1934년에 발표하였다.

『민촌』은 충청도의 한 마을을 중심으로 당대 농촌사회의 현실을 사실적으로 표현하고 있으며 소작농들의 착취를 그려내고 있다.

조명희(1894-1942)는 프로문학 작가이며 1925년도에 『땅 속으로』라는 작품을 발표하였다.

동경 유학까지 갔다 온 주인공의 시선에 비친 참담한 식민지 조선의 현실을 잘 보여주고 있다. 1927년도에 발표한 『농촌 사람들』이라는 작품에서는 심한 가뭄으로 인한 농촌의 비극적인 모습인 이농문제와 농촌궁핍의 현장을 보여주고 있다.

그 밖에 동인지로는 1920년도에 간행된 퇴폐주의적 경향인 〈폐허〉가 있고 1920년도에 간행된 천도교 기관지이며, 후에 카프의 기관지가 된 〈개벽〉이 있다.

또 최초의 시 전문 동인지인 〈장미촌〉이 1921년도에 간행되었으며 1922년에 〈조선지광〉, 〈동명〉, 〈백조〉, 1923년에 〈금성〉, 1924년에 〈조선문단〉, 〈폐허이후〉, 〈영대〉, 〈생장〉 등이 간행되었다.

1927년에 간행된 〈해외문학〉은 외국문학 소개에 치중하였으며 민족주의와 사회주의의 절충을 보이는 〈문예공론〉은 1929년도에 간행되었다.

제4장 1930년대 문학

1) 시대 배경 및 문학적 특징

일본이 만주를 상섬하고 다시 중국에 진입하여 태평양 전쟁으로 확대되는 도화선을 만든 시기이다. 억압과 수탈은 더욱 가혹해졌으며 문학작품의 창작도 극도의 제약을 받았다. 민족과 사회운동의 단일노선을 표방하여 결성되었던 신간회도 일제의 책동에 의하여 해산되었다.

1931년 만주사변을 일으킨 일본은 민족운동 및 사회운동을 금지시켰으며 1차적으로 KAPE가 검거되었다.

1934년에 제2차 카프 작가들이 검거되었으며, 1935년에 카프는 해산되었다.

카프(KAPF)문학은 Korea Artista Proleta Federatio, 즉 조선 프롤레타리아 예술가 동맹의 줄임말이다.

러시아 혁명의 성공과 1차 세계대전 전후의 불안으로 인해 대두된 계급사상에 거점을 둔 사회주의 문학운동이다. 한국에서의 카프 문학은 1925년에 결성되었다.

1930년을 전후해서 일제의 독점자본은 만주와 중국 본토까지 지배할 야욕으로 함경도와 평안도 등 북부 지방에 대륙 진출을 위한 대공업을 발달시켰다. 이에 따라 노동자 계급이 새로 형성되었고, 노동운동이 농민운동과 함께 전개된 것이다. 때마침 소련의 사회주의 사상이 급속히 유포되었는데 이러한 현상은 문학계에까지 영향을 미쳐서 사회주의 사상을 작품을 통해 구현하려는 많은 작가들을 배출시켰다.

이들이 표방한 문학이 곧 프로문학(프롤레타리아 문학)이었으며, 그들의 조직이 카프(조선 프롤레타리아 예술가 동맹, KAFP)이다.

카프라는 조직이 결성되기 전부터 시작된 신경향파문학은 프로문학의 초보 단계이다. '염군사'와 '파스큐라(PASKYURA)'라는 두 좌익 작가 단체가 합쳐서 이루어진 카프는 박영희, 김기진, 김영팔, 이익상, 이상화, 김복진, 송영 등을 발기인으로 1925년 결성되었다. 조명희, 최서해, 이기영, 한설야, 임화, 안막, 권환, 김남천 등 당대의 젊은 문인들을 회원으로 하였던 사회주의 문인 운동단체이다.

'내용・형식' 논쟁 등 창작기법과 작가의 예술관을 둘러싸고 치열한 내부 논쟁을 벌였던 카프는 1935년 일제의 탄압으로 해체됨으로써 그 이상의 변모를 보여주지 못하였다.

시문학에서는 이념적인 내용을 완전하게 배제하는 경향을 보였다. 1931년에 창간한 〈시문학〉지를 중심으로 한 시문학파와 30년대 중반에 등장한 모더니즘 계열이 이 시대의 문학적 특징을 보이고 있으며 작가들은 시어의 아름다움과 감각적 표현에 몰두하였다.

문학적 특징으로 시에서는 1920년대 시가 외국시에서 유입된 이론과 방법, 특히 세기말적인 서구시의 퇴폐성에 영향받았다면 1930년대 시는 한국적인 운율을 재구성하고 탐구하는 노력을 보였다.

1934년경에 나타난 모더니즘과 30년대 말에 등장한 생명파, 인생파 등의 시작(詩作) 활동은 기계 문명과 도시생활 또는 인간과 생명의 탐구라는 새로운 시 세계를 개척하였다.

문학적 특징으로 소설에서는 시대적인 현실이나 이념과 무관한 현실에 치중하기보다는 순수문학을 추구하는 예술성 위주의 작품이 많았다.

또한 역사적 소재를 택하여 작가의식을 상징적으로 반영한 역사소설이 유행하였으며 농촌의 현실에 눈을 돌려 농민의 삶에 대한 현실적 인식을 보여주었다.

소설 장르가 확대되어 장편소설이 활발하게 창작되었으며 소재가 다양하고 개인의 내면을 추구하는 심리주의적 기법을 표현하였다. 세태에 대한 풍자의 방식으로 창작하였으며 치밀한 묘사와 세련된 언어의 구사를 보이고 있다.

수필에서는 해외 문학파를 중심으로 서구의 이론이 도입되었으며 이양하, 김진섭 등 수필가가 등장하였다.

비평에서는 다양한 비평 방법론이 확립되었으며 예술주의 비평, 휴머니즘 비평, 주지주의 비평 등이 활발하게 이루어졌다.

1930년대 주요 잡지로 〈시문학〉(1930년)은 박용철 주관으로 언어의 기교와 순수한 정서를 중시하는 순수시를 지향하고 있다. 〈삼사문학〉(1934년)은 신백수·이시우가 주관했으며 의식의 흐름에 따른 초현실주의적 기법으로 창작한 작품이 주를 이루었다.

〈시인부락〉(1936년)은 서정주가 발행한 시전문지로, 창작시 및 외국의 시와 시론을 소개하였다. 〈자오선〉(1937년)은 서정주가 발행한 시전문지로 모든 경향과 유파를 초월하였다. 〈문장〉(1939년)은 김연만이 발행했으며 순수문학을 지향하였다. 〈인문평론〉(1939년)은 최재서가 주관한 월간 문예지로, 작품 발표와 비평활동에 주력하였다.

그 외 〈문예월간〉(1932년), 〈시원〉(1935년) 등의 순수시 잡지도 간행하였다.

2) 1930년대 시

1930년대 시는 시문학파와 〈시인부락〉, 생명파, 주지시의 경향이 두드러진다. 시문학파는 박용철, 정지용, 김영랑을 중심으로 〈시문학〉지를 발간하였다. 언어의 미학을 시화하였으며 감정의 내면을 미화시켜 표현하였다.

〈시인부락〉은 1936년 11월 서정주(徐廷柱), 오장환(吳章煥), 김광균(金光均) 등이 펴낸 시 동인지로 1937년 12월 통권 2호를 끝으로 폐간되었다. 〈시인부락〉은 생명파와 더불어 시문학파의 기교적인 예술지상주의를 문학으로 승화시키는 업적을 이루었다.

생명파는 1930년대 한국 시단(詩壇)의 한 유파로 1936년에 창간된 서정주, 오장환 등을 중심으로 한 시 동인지 〈시인부락(詩人部落)〉에 작품을 발표하여 활동하였다. 주요 작가로는 김광균, 김달진, 김동리, 서정주, 유치환 등이 있는데 서정주와 유치환이 대표적인 시인이다.

김영랑(1903-1950)은 〈시문학〉 동인으로 〈시문학〉 창간호에 〈동백잎에 빛나는 마음〉, 〈언덕에 바로 누워〉, 〈누이의 마음아 나를 보아라〉라는 작품을 발표하였고 〈시문학〉 3호에 〈내 마음을 아실 이〉, 〈문학〉 1호에 〈모란이 피기까지에는〉이라는 작품을 발표하였다. 1935년에 『영랑시집』을 발간하기도 하였다.

〈동백잎에 빛나는 마음〉이라는 시에서는 민족정신의 마음을 감각적 심상으로 표현하였으며 강물의 의미는 정신이 살아 있음을 상징하고 있다. 동시에 화자의 심정 속에 흐르는 민족정신을 형상화하고 있으며 '~듯'을 반복하는 겸양어법으로 시상을 전달하고 있다.

박용철(1904-1938)은 〈시문학〉을 주관하였으며 시와 비평으로도 활동하였다. 〈시문학〉지 창간호에 〈떠나가는 배〉, 〈이대로 가랴마는〉, 〈비 내리는 날〉, 〈밤기차에 그대를 보내고〉 등의 작품을 발표하였다. 〈시문학〉(1930)에 발표한 시 〈나두야 간다〉라는 시를 살펴보면, 행복의 공간으로 인식한 터전을 버리고 떠나는 자의 심리적 고통을 형상화하고 있으며 쫓겨 감이 패배나 수동적인 뜻만을 갖는 것이 아니라 자발적·의식적인 것임을 다짐하고 있다.

정지용(1902-1950.6.25 당시 납북)은 1987년에 해금 조치된 시인으로 『정지용 시집』을 1935년에 발간하였으며 〈유리창〉, 〈백록담〉 시에서는 감각적 특성이 우세하여 순수시로의 지향을 보이고 있다. 〈향수〉라는 시는 율조와 시상의 결합이 특출하고 고향의 역사적 의미와 현실적 의미를 융합시켜 적절하게 표현했으며 우리말을 아름답게 구사하여 뛰어난 기교를 보이고 있다.

정지용 문학관

입구

정지용 생가

방 안

신석정(1907-1974)은 〈시문학〉 3호에 〈선물〉이라는 시를 발표하였으며 〈문예월간〉에 〈나의 꿈을 엿보시겠습니까?〉를 발표하였다. 자연과 동화하고 친화하는 심정을 표현하고 있으며 자연친화의 목가적 시풍으로 이상향에의 동경을 노래하고 있다. 그 밖에 시로는 〈슬픈 구도〉, 〈빙하〉 등이 있다.

유치환 문학관

유치환(1908-1967)은 삶의 허무와 본원적 생명에 대한 탐구로 생명파 시인이라고 할 수 있다. 〈정적〉이라는 시에서는 열렬한 의지를 내적으로 승화시키고 있으며 시 〈생명의 서〉에서는 죽음까지를 불사하는 의지적인 자아의 절대적 경지를 표현하고 있다. 그 밖의 시로는 〈깃발〉, 〈울릉도〉, 〈일월〉, 〈바위〉 등이 있다.

김상용(1902-1955)은 농촌 귀의와 동양적인 관조의 세계를 노래한 시인이다. 1934년도에 〈문학〉에 수록된 〈남으로 창을 내겠소〉라는 시에서는 민족적 주체성의 어려움이라는 당시의 심정을 표현한 시이다. 그 밖에 〈팽이〉, 〈일어나거라〉 등의 작품이 있다.

김동명(1900-1968)은 낭만적인 어조로 전원적 정서와 민족적 비애를 노래한 시인이다. 〈파초〉는 1936년 1월 〈조광〉에 발표된 시로 조국을 떠난 파초를 의인화하여 화자로 하여금 시대의 아픔을 노래하고 있다. 그 밖의 시로는 〈당신이 만약 내게 문을 열어 주시면〉, 〈내 마음은〉, 〈진주만〉 등이 있다.

김광섭(1905-1977)은 〈고독〉이라는 시를 1934년 4월 〈시원〉 2호에 발표하였다. 항일 정신의 마음을 보여주고 있으며 주지적 경향을 보이는 시인이다. 〈동경〉이라는 시는 1937년 6월 〈조광〉 20호에 발표되었으며 그 외의 시로는 〈성북동 비둘기〉 등이 있다.

김기림(1908-1950.6.25 당시 납북)은 모더니즘 이론을 주도하였으며 정지용, 김광균 등과 같이 주지적인 작품을 발표하였다. 시각적 이미지로 표현하였으며 감정의 절제를 중요시한 시인이다. 김기림이 주도한 모더니즘은 시에서 지성을 강조하고 있으며 근대 도시문명의 건강성을 중시하고 있다. 작품으로는 〈태양의 풍속〉, 〈바다와 나비〉, 〈기상도〉, 〈바다와 육체〉 등이 있다.

애국적인 마음으로 표현된 모윤숙(1910-1990)의 시로는 〈빛나는 지역〉, 〈문을 여소서〉 등이 있으며 낭만적인 시에는 1937년 발표한 〈렌의 애가〉가 있다. 서정적 간결성과 주제의 통일성이 조화를 이루고 있으며, 현실적 삶의 인식을 잘 형상화시킨 작품이 〈조선의 딸〉이다.

노천명(1912-1957) 작품으로는 〈내 청춘의 배는〉, 〈밤의 찬미〉, 〈단상〉, 〈제석〉, 〈눈 오는 밤〉, 〈사슴처럼〉, 〈사슴〉 등의 시가 있으며 시의 주제가 전원적인 고향을 서정적으로 형상화하고 있다. 풍물적이고 민속적인 소재를 활용하여 당대 여류시인의 뛰어난 기량을 발휘하였다.

오일도(1902-1946)의 대표작인 〈내 소녀〉라는 작품에서는 생략의 묘미와 독자의 상상적 확대를 허용하는 여백의 미가 돋보인다. 기다림의 서정과 사라진 소녀의 이야기가 상상력을 자극시키고 있으며 서정을 한층 고조시키고 있다.

이상(1910-1937)의 대표작인 시 〈오감도〉를 살펴보면 13명의 아이들이 골목에서 뛰어가는 장면을 간결하게 해설하고 있다. 모두 공포에 사로잡힌 아이들로 구성되어 있으며 화자는 시 속에 전개되는 양상을 냉철하게 진술하고 있다. 주로 초현실주의 기법을 활용한 시인이다.

서정주(1915-2000)는 생명파로 〈시인부락〉 창간호에 〈문둥이〉라는 작

서정주 문학관

서정주 문학관 내부

품을 발표하였다. 〈화사〉, 〈달밤〉, 〈국화 옆에서〉, 〈동천〉, 〈자화상〉, 〈귀촉도〉 등 많은 작품이 있는데 원시적 생명의식과 전통적 정서에 의거한 인생을 성찰하고 있다.

이육사(1904-1944)는 고도의 상징성과 절제된 언어를 표현하고 있으며 간결한 심상과 매서운 절개의식을 보여주고 있다. 남성적 어조로 불굴의 지사적 기개와 강인한 대결정신을 노래하고 있다. 〈절정〉, 〈광야〉, 〈절정〉, 〈청포도〉, 〈교목〉 등의 작품과 유고시집 『육사시집』이 있다.

신석초(1909-1975)는 〈翡翠斷章(비취단장)〉, 〈묘지〉, 〈바라춤〉 등의 시에서 섬세하고 풍요한 생명력에 대한 감성적인 면을 보여주고 있으며 예리한 통찰력과 절제된 언어로 불교적인 깨달음의 세계를 그리고 있다.

김광균(1914-1993)은 회화적 이미지의 구사로 도시적 서정과 소시민 의식을 잘 표현하고 있다. 주지주의를 도입하여 현대인의 지적 세계를 잘 표현하여 사색과 감각의 오묘한 결합으로 새로운 시의 경지를 개척하였다. 대표작으로 〈와사등〉, 〈외인촌〉, 〈추일서정〉, 〈설야〉, 〈뎃상〉 등이 있다.

심훈(1901-1936)은 민족 주체성의 생생한 생동감을 표현하고 있다. 격정적 언어와 예언자적 어조를 통해 해방의 열망을 노래하고 있는데 〈상해의 밤〉, 〈봄의 서곡〉, 〈피리〉, 〈그날이 오면〉, 〈선생님 생각〉 등의 작품이 있다.

임화(1908-1953)는 1926년 카프에 가입하고 시를 발표하였으며, 비평가로도 활동하였다. 경향파 시인으로, 조선 프롤레타리아 예술가 동맹을 대표하는 작가이다. 〈우리 오빠와 화로〉, 〈네 거리의 순이〉, 〈현해탄〉 등의 작품이 있다.

장만영(1914-1944)은 〈봄 노래〉, 〈아직도 거문고 소리가 들리지 않습니까?〉, 〈마을의 여름밤〉, 〈산과 바다〉, 〈가을 아침 풍경〉, 〈달・포도・잎사귀〉 등의 작품이 있는데 전원적 소재와 감각적 묘사를 잘 표현하고 있다.

김현승(1913-1975)은 30년대 후반기 시인으로 〈쓸쓸한 겨울 저녁이 올 때 당신들〉, 〈새벽은 당신을 부르고 있습니다〉, 〈아침〉, 〈황혼〉, 〈새벽 교실〉, 〈견고한 고독〉, 〈눈물〉 등의 작품이 있다. 초기 시는 생경한 수사법과 낭만적인 경향을 보였으나 점차 지적으로 절제된 사색의 세계로 성숙한 모습을 보이고 있다.

백석(1913-1975)은 민속적 소재와 서사적 이야기시의 구조로 향토적 정서와 공동체 의식을 추구하는 작가이다 〈사슴〉, 〈나와 나타샤와 흰 당나귀〉, 〈산중음〉, 〈남신의주 유동 박시봉방〉, 〈여우난 곬족〉 등의 시가 있다. 특유의 평북 사투리와 사라져 가는 옛것을 소재로 삼아 향토성과 민속적인 정서를 잘 표현하고 있다.

이용악(1912-1995)은 1935년 〈신인문학〉 3월호에 시 〈패배자의 소원〉을 발표하여 문단에 나왔다. 1937년에 첫 시집 『분수령』을 간행하였으며 1938년에 쓴 제2시집 『낡은 집』이 있다. 그 외 〈오랑캐꽃〉이라는 대표작이 있다. 일제하 만주 유이민 생활과 현실에 대한 감정을 체험적이고 사실적으로 표현하여 민중시의 전통을 확립시켰으며 일제의 수탈로 황폐해진 고향의식을 잘 표현하고 있는 시인이다.

3) 1930년대 소설

소설적 배경은 도시와 농촌, 문명과 흙에 대한 관심으로 확대되었다.

도시소설은 도시가 내포하고 있는 여러 병리적인 요소와 삶의 양식이며 도시적인 모습을 표현하려는 특징을 보여주고 있다. 이효석의 초기 작품과 박태원, 유진오, 이상, 채만식 작품 등이 여기에 해당된다.

농민소설은 농촌의 궁핍한 현실과 농민들의 목가적인 삶을 예찬하고 있다. 농촌의 무지와 궁핍 등 사실적인 문제에 관심을 보이고 있는데 이효석의 후기작품과 심훈, 이기영 등의 계몽적인 농민소설과 이무영, 박영준, 김유정 등의 농민소설이 여기에 해당된다.

역사소설 작가에는 김동인, 홍명희 등이 있으며 가족사 소설 작가에는 염상섭, 채만식 등이 있다.

심리적인 의식세계를 표현한 작가로는 이상이 있으며 대중소설과 장편소설에 대한 논의가 활발히 이루어졌다.

채만식(1904-1950)은 1924년 〈조선문단〉에 단편 〈세길로〉가 추천되어 활동하였으며 〈불효자식〉, 〈산동이〉 등을 발표하였다. 1934년도에 〈레디메이드 인생〉과 단편으로 〈치숙〉, 〈생명〉, 장편으로 〈탁류〉, 〈태평천하〉 등을 발표하였다. 일제치하 암울한 사회적·정치적 환경 속에 놓인 지식인의 비극적인 삶의 모습을 잘 표현하고 있다.

〈레디메이드 인생〉은 〈신동아〉(1934년 5월-7월)에 연재된 작품으로 지식인의 모습을 풍자와 냉소로 표현하고 있다. 실천하는 지식인이 되고자 했던 P는 도시의 유민이 되어 현실 적응의 길에 나서 보지만 끝내 실패하고 만다. 인텔리 계층의 자조가 사회현실에 대한 풍자로 전이되어 나타나고 있다.

〈치숙〉은 1937년 3월 동아일보에 연재된 작품이다. 인물들을 간접적으로

채만식 문학관

제시하는 특성을 보여주고 있는데 인물의 간접적 제시방식은 행동이나 대화 또는 배경 묘사를 통해 인물의 성격이나 심리 상태를 드러내는 방식이다. 이 작품은 조카인 나의 독백체적인 대화 속에서 오촌 고모부의 성격을 제시하고 있다. 대학 교육까지 마친 오촌 고모부 아저씨가 사회주의 활동을 하다가 감옥살이를 하고 이제는 병들어 폐인이 된 사실을 나라는 주인공 소년을 통해 신랄하게 비판하는 내용이다. 이를 통해 모순된 삶의 방식을 비판하려는 의도를 나타내고 있으며 반어(아이러니)에 의한 풍자의 실상을 구체적으로 보여주고 있다.

〈탁류〉는 1937년 10월 12일부터 1938년 5월 17일 〈조선일보〉에 연재된 장편소설이다. 탁류에 휩쓸려 정신을 차리지 못하고 사회의 밑바닥에서 자신의 살을 갉아먹고 있는 하층민의 생활방식을 고발하고 있다. 가난, 싸움, 투기, 간통, 살인, 횡령, 탐욕, 추행 등, 혼탁한 흐름 속에 휘말려 들어 파멸하는 일가의 운명이 줄거리이다. 즉 일제시대 호남평야에서 생산된 미곡을 일본으로 반출하던 항구도시 군산을 배경으로 미두전에서 빌붙어 살고 있는 정주사네 일가의 파멸과정을 그린 작품이다. 즉 삶의 터전마저 잃어버린 채

혼탁한 물결에 휩쓸려 살아가던 식민지하 우리 민족의 모습을 사실적으로 그리고 있다. 정 주사와 그 딸들 그리고 주변 사람들의 이야기가 서사의 중심을 이루며 당대의 시대상과 우리 민족의 삶을 담아내고 있다고 할 수 있다. 인물들이 시대와 사회에 얽혀 타락해 가는 삶의 모습이 탁류에 휩쓸리는 인간들의 속물 근성을 나타내고 있다.

『태평천하』는 1938년 1월부터 9월까지 〈조광〉에 연재된 작품이다. 윤두섭 家의 5대에 걸친 가족사의 전개를 통해 세대 간의 갈등과, 한말에서 1930년대에 이르기까지의 사회적 변천 등을 형상화하고 있다. 한말의 격변기에 경제적으로 급상승한 평민인 부농 윤직원이 일제 식민지 시대에 자신의 부와 안전을 위해 변질되어 가는 모습을 비판하고 풍자하는 데 목적을 두고 있다. 식민지 사회의 구조적 모순과 식민 세력에 야합하여 변질한 부정적 인물에 대하여 날카로운 풍자를 가하고 있다. 부정적인 인물들의 몰락과정을 그리면서 마지막에 긍정적인 인물이 나타나 새로운 세계를 창조하리라는 점을 암시하고 있다. 반어와 역설, 비유 등 풍자적 기법을 잘 처리하고 있다. 풍자와 해학이 뛰어난 작가로 빈민과 서민의 궁핍한 생활상을 잘 표현한 작가이다.

계용묵(1904-1961)의 작품은 〈병풍에 그린 닭이〉, 〈금순이와 닭〉, 〈마부〉 등이 있는데 물질에 대한 욕망을 추악한 것으로 이해하면서도 생존을 위해 어쩔 수 없는 인간의 삶을 그려내고 있다. 인간주의적 의식에 관점을 두고 창작하고 있다.

1935년도에 발표한 〈백치 아다다〉는 물질이 인생의 행복을 결정하는 것이 아니라는 사실을 보여주려고 한 작품이다. 순수와 욕망이라는 전혀 다른 인간형을 대립시켜 제시하고 있으며 두 인물을 통해서 정신적인 삶과 물질적인 삶의 상호 관계를 그려낸 작품이다.

주요섭(1902-1972)은 1921년 〈개벽〉지에 『추운 밤』이라는 작품과 『인력차군(人力車軍)』, 『살인』 등을 발표하였고 『아네모네의 마담』과 『사랑방 손님과 어머니』 등은 1935년 〈조광〉에 발표하였다.

『사랑방 손님과 어머니』는 1인칭 관찰자 시점이며 서정적 분위기를 보여주고 있다. 6살 난 딸인 '나'의 눈을 통하여 과부가 된 어머니와 아버지 친구 사이에 발생하는 미묘한 애정을 섬세하게 관찰하여 성인의 심리묘사를 객관화하여 형상화시키고 있다.

『아네모네의 마담』은 미묘한 애정 심리묘사를 잘 표현하고 있다. 1920년대 작품이 노동자를 비롯한 하층민의 생활과 반항의식으로 당시 신경향파 문학에 동조하였다면 1930년대 작품은 자연주의적 수법으로 낭만적인 모습을 예술적으로 승화시키고 있다.

심훈(1901-1936)은 1933년과 1934년에 걸쳐 『영원의 미소』를 〈조선중앙일보〉에 연재하였으며 1934년에는 『직녀성』과 『황궁의 최후』를 발표하였다. 『상록수』는 1935년 〈동아일보〉 창간 15주년 기념으로 현상 소설에 당선된 당선작이다.

『상록수』는 농민소설이며 주인공 채영신과 박동혁의 실천적인 농촌운동

심훈 문학관 내부

을 통해 농촌의 계몽과 문맹퇴치를 표현하였다. 민중 속으로 뛰어 들어가는 행동으로서의 선구적 실천을 보여주고 있다.

박화성(1904-1988)의 『추석전야』, 『하수도공사』, 『홍수전후』, 『논 갈 때』, 『고향 없는 사람들』 등은 단편소설로 일제하에 시달리는 노동자와 농민의 비참한 생활을 사실적으로 그려 날카로운 비판정신을 드러낸 작품이다.

『백화』는 1931년 〈동아일보〉에 발표한 장편소설이고 『조귀(旱鬼)』는 1935년에 발표하였으며 농촌의 빈궁과 가뭄에 시달리는 농민의 비참한 생활을 그린 작품이다.

유진오(1906-1987)는 이효석, 박화성과 함께 동반자 작가이다. 카프(KAPF) 구성원은 아니지만 그 사상에 동조하는 작가로 당시 문단에서는 강경애, 채만식, 박화성, 이무영, 이효석, 유진오 등이 해당된다.

1927년에 단편 『스리』라는 작품을 발표한 후에 『빌딩과 여명』, 『여직공』, 『5월의 구직자』 등 빈민층의 생활을 소재로 한 작품 등을 발표하였다.

『김강사와 T 교수』, 『가을』, 『이혼』 등은 전향한 지식인의 고민과 생활고를 보여주는 작품이다.

1938년 『청랑정기』라는 작품은 소년기의 추억을 서정적으로 다룬 작품이다. 1935년에 발표한 『김강사와 T 교수』라는 작품은 지식인의 세계관과 현실 사이에서 빚어지는 갈등을 주제로 한 작품이다.

이효석(1907-1942)은 1928년 〈조선지광〉에 단편 『도시와 유령』을 발표한 동반자 작가이다. 1930년대에 이무영, 김유정 등과 함께 구인회의 일원으로 활동하였다.

구인회(九人會)는 1933년 8월 일제 강점기 조선에서 결성된 문인단체로 해외 문학파와 함께 1930년대를 풍미했던 프롤레타리아 문학에 대항하여 순수문학의 발전에 공헌하였다.

이효석 문학관 입구

이효석 생가 앞 메밀꽃

김기림 · 이효석 · 이종명 · 김유영 · 유치진 · 조용만 · 이태준 · 정지용 · 이무영 등이 여기에 해당된다.

이효석 작품으로는 『豚』, 『산』, 『메밀꽃 필 무렵』, 『분녀』, 『개살구』, 『장미 병들다』 등이 있는데 자연과 인간의 내재적 본능의 순수성을 서정적으로 표현하였다.

『메밀꽃 필 무렵』은 1936년 〈조광〉에 발표한 작품으로 산문적 서정성이 빼어나며 시간의 흐름과 공간의 이동이 순차적으로 이어지고 여러 개의 삽화들이 치밀하게 대응되는 구성방법으로 표현하고 있다.

김유정(1908-1937)은 농민 작가로 1935년도에 『소낙비』, 『노다지』가 〈중앙일보〉와 〈조선일보〉에 당선되었으며 1935년도에 『금 따는 콩밭』과 『봄 · 봄』, 『산골』, 1936년에 『동백꽃』, 『산골나그네』를 발표하였다. 그 밖에 『따라지』, 『땡볕』 등 단편소설 등이 있다. 인간적이며 해학미가 넘쳐나고 등장인물들의 우직하고 엉뚱한 행동과 속어를 감각적인 언어로 잘 표현하고 있다.

『봄 · 봄』, 『동백꽃』, 『산골』, 『산골나그네』 등은 당대 사회제도의 모순을 반영하면서 동시에 순박한 농촌 사람들의 삶의 모습을 구체적으로 보여주고 있다.

김유정 역과 문학관 입구

『봄·봄』은 작가의 해학적인 필치가 가장 두드러지는 작품이고 『동백꽃』은 지주의 딸 점순과 소작인의 아들 '나' 사이에 일어난 신분을 초월한 애정을 보여주고 있다.

『소낙비』, 『만무방』, 『총각과 맹꽁이』, 『가을』 등은 농촌 사회의 현실파악을 잘 표현하고 있다. 『소낙비』는 여러 해의 흉작으로 인한 빚에 몰려 세간살이를 내버리고 알몸으로 도주하여 표랑하는 춘호 일가의 비참한 생활을 그린 작품으로 아이러니한 표현기법을 묘사하였다.

이상(1910-1937)은 〈이상한 가역 반응〉, 〈오감도〉, 〈정식〉과 같이 심리주의적 실험시 등 다수의 작품을 발표한 작가로 30년대 후반에는 소설에 주력하였다.

『날개』, 『봉별기』, 『종생기』, 『지주회시』 등의 작품이 있으며 전통적인 소설의 통념을 부정하고 작중인물의 내면적인 심리를 잘 묘사하였으며 일상적인 삶에 대한 소외의식을 잘 표현하고 있다.

1936년에 발표한 『날개』는 비정상적인 부부관계에서 빚어진 성적 도착 상태를 표현하고 있으며 일상적인 삶에 소외당한 자의식의 모습을 보여주고 있다.

1937년에 발표한 『종생기』는 단절감을 표현했으며 세상으로부터 느끼는 소외감과 황폐화되어 가는 내면의 문제를 잘 제시하고 있다.

이무영(1908-1960)의 작품으로는 『제일과 제일장』, 『흙』, 『농부』, 『흙의 노예』 등이 있으며 자신의 체험을 바탕으로 창작한 농촌소설 작가이다.

1939년에 발표한 『제일과 제일장』이라는 작품은 자전적 소설이다. 1939년에 귀농하여 자신의 체험을 바탕으로 쓴 최초의 작품으로 사실적으로 형상화하고 있다.

『흙의 노예』는 주인공 수택이 본격적으로 농촌에 정착해 가는 과정을 표현하고 있다.

박영준(1911-1976)은 1934년도에 단편소설 『모범경작생』이 조선일보에 당선되었다. 『일년』이라는 소설은 장편소설이다. 1930년대 농촌과 농민의 실상을 사실적으로 표현하고 있다.

김동리(1913-1995)의 작품으로는 『무녀도』, 『바위』, 『황토기』, 『찔레꽃』,

김동리 문학관

『동구 앞길』 등이 있는데 인본주의에 바탕을 둔 순수문학의 전형을 보여주고 있다.

1936년도에 발표한 『무녀도』는 샤머니즘과 기독교 사이에 빚어지는 갈등을 통해 인간의 운명론적인 삶을 형상화한 단편소설이고 『바위』는 1936년에 발표한 작품으로 노인의 숙명적 삶과 토속신앙을 소재로 한 작품이다.

김정한(1908-1996)의 『사하촌』은 1936년 발표한 작품으로 사하촌 소작농민들의 절대적 빈궁의 참상과 그들의 생존을 위한 집단적인 반격의 필요성을 주장하고 있다. 관과 절의 횡포와 수탈의 대상이 되고 있는 사하촌의 모습을 전지적 작가 시점으로 구사하고 있다.

흉년에도 소작료를 모두 바쳐야 하는 일제하의 모순된 농촌 현실의 갈등을 보여주고 있다. 일제하의 피폐한 농촌 현실과 사하촌 사람들의 가난한 삶, 모순된 농촌 현실에서 수탈로 고통당하는 모습과 현실을 극복하려는 의지를 나타내고 있다.

1936년에 발표한 『옥심이』는 지주화된 절의 횡포함과 농민의 문제를 다루고 있으며 억압과 질병에 시달리는 농민의 괴로움을 묘사하고 있다.

그 외에 『수라도』, 『모래톱 이야기』 등이 있다.

송영(1903-?)은 국내 최초로 프로문화운동 단체인 염군사를 조직한 카프 작가이다. 작품으로는 『늘어가는 무리』, 『용광로』, 『선동자』, 『인도병사』, 『백색여왕』, 『교대시간』, 『오전 9시』 등이 있으며 노동자 체험으로 사회주의 계급문학을 표현하고 있다.

한설야(1901-1963)는 송영과 더불어 카프 작가이며 작품으로는 『그날밤』, 『과도기』, 『황혼』, 『이녕』, 『홍수』 등이 있다.

『황혼』은 노동계급의 삶의 현장을 취급한 일종의 노동문학이며, 『이녕』이라는 작품은 전향자의 현실에서 좌절과 눈물겨운 적응능력을 보여주고 있다.

제5장 1940년대 문학

1) 시대 배경 및 문학적 특징

1940년대는 문학의 암흑기에 해당되며 일제에 의해 우리 언어가 금지당하는 말살정책이 강행되었다.

〈조선일보〉, 〈동아일보〉가 1940년 8월 10일자로 강제 폐간되었으며 순문예지 〈문장〉, 〈인문평론〉도 자진 폐간되었다.

우리말로 된 서적의 발행과 판매가 금지되었으며 우리말을 편찬 중에 있던 조선어학회 학자들이 체포・구금되었다. 우리말로 된 문학작품은 발표지면을 잃었으며 작가에 대한 제약과 압박도 심각하였다.

창작을 중단하고 자취를 감춘 문인들과 징용으로 끌려가거나 구금 상태에 놓인 문인들은 자유로운 창작활동이 불가능한 상태에 놓이게 되었다.

또한 좌・우익의 사상적 대립으로 인한 정치적・사회적 혼란은 문단에 파급을 불러 문단의 조직 및 문학이론과 작품 등을 통해 표면화되었다.

임화, 김남천, 이태준 등이 주도하여 1945년 8월 16일에 결성된 '조선문학건설본부'는 후에 나타난 '조선 프롤레타리아 문학 동맹'과 합류하여 '조선문학가동맹'으로 확대・개편되었다.

1946년 2월에 전국문학자대회를 개최하여 민족주의 문학에 대한 공세를 취했으며 좌익의 움직임에 대응하여 1945년 9월 8일 민족주의 문학 진영을 대표하는 '조선문화협회'가 변영로, 오상순, 박종화, 김영랑 등에 의하여 결성되었으며 후에 확대되어 '중앙문화협회'로 개편되었다.

좌익의 '조선문학가동맹'의 적극적인 공세가 시작된 1946년 3월에는 '조선문필가협회'로 발전되어 역공세를 펼쳤다.

박목월, 박두진, 조지훈, 조연현, 김동리, 서정주 등에 의해 다시 '청년문학가협회'가 결성되었으며 좌익진영과의 이론적 투쟁의 선봉에서 활약하였다. 작가들은 좌우로 양분되었으며 발표되는 작품도 이데올로기에 편향되었다.

6.25를 전후하여 많은 작가들이 월북했거나 잠적하였으며 문단에서의 표면적인 좌우의 사상적 대립은 약화되었다. 우리말에 새로운 활력을 보였으며 식민지적 잔재가 널려 있는 혼란한 사회에 예술적 질서를 부여했다는 의미가 있다.

문학적 특징은 폐쇄된 현실 상황으로 인해, 인생에 대한 회의와 절망, 허무를 주조로 한 작품들이 많이 발표되었다. 삶의 의의를 상실한 절망 상태인 인간의 모습이나 예술에만 탐닉하는 극단적인 유미주의자, 그리고 정신적인 무능력자 등으로 표현되기도 하였다.

2) 1940년대 시

대부분의 시인과 작가는 민족적 지조를 고수하며 시창작 활동을 하였으며 일부는 절필하고 향리나 사찰에 묻혀 때를 기다리는 형태였다. 40년대 시의 특성을 살펴보면 몇 가지로 나눌 수 있다.

조선문학가동맹을 중심으로 활동하다가 월북한 시인들이 있는데 주로 사회주의 문학을 표방한 작가로 조벽암, 권환, 박세영, 임화, 이용악, 오장환, 박아지, 여상현, 설정식이 있다.

두 번째는 순수시를 주장하는 민족주의 계열이며 우익 시인들이고 정치적 이데올로기를 배제하는 시인으로 박두진, 서정주, 유치환, 김광균, 김용호 등과 청록파 시인들이 있다. 대표적 문예지는 〈문장〉지인데 민족적 전통과 민족 주체성의 인식을 통한 자연 이해가 시의 주제로 나타났다.

주로 자연친화적인 것을 소재로 시를 형상화하였는데 〈문장〉을 통해 등단한 '청록파' 시인인 박목월, 박두진, 조지훈 등은 향토적이고 전통적인 서정과 자연의 미학을 표현하고 있다. '청록파'는 1939년 문장을 통해 동시에 등단하였으며 자연을 소재로 하여 자연친화적인 태도를 표현하였으며, 주지시에 대한 반발에서 비인간화된 세계에 대한 반항을 표현하고 있다. 또한 향토적 정서와 전통 회귀 정신을 강조하고 있다.

세 번째로 민족의 고통과 시대의 어려움을 직시하는 지식인의 자기 성찰과 윤리적 고뇌를 보여주는 저항 시인, 윤동주와 이육사가 있다. 특히 윤동주는 내면의 고통을 당하는 지식인들의 정신적 고뇌를 승화시킴으로써 새로운 세계에 대한 희망과 신념을 노래하였다.

윤동주의 〈서시〉, 〈별 헤는 밤〉, 〈또 다른 고향〉 등의 작품과 이육사의 〈광야〉, 〈청포도〉, 〈절정〉 등이 여기에 해당된다.

윤동주와 이육사로 대표되는 저항 시인은 작품을 통하여 민족적 의지를 드러내고 있으며 저항과 자기 성찰의 문학이라는 의의가 있다. 절망적인 시대상황 속에서도 미래에 대한 신념을 잃지 않고 견디는 견실한 자세를 보이고 있다. 문학활동의 기반이 확충되고 예술적 기교가 승화되어 현대시로 전환되면서 시의 표현과 주제도 다양화되고 있다.

네 번째로 이상에 의해 '오감도'와 같은 실험적인 분위기가 두드러진 시도 나왔는데 주지주의 문학 이론이 도입되고 내면 세계를 지향하는 것이 특징이다.

다섯 번째는 생명파의 등장인데 경향파의 목적의식, 시문학파의 지나친 기교주의와 주지시파의 서구적 취향과 작위적인 기교에 반발하여 등장하게 되었다. 특징은 생명 의식의 추구와 원시 생명의 희구, 그리고 삶의 고뇌를 표출하는 인간주의 문학을 강조하였다.

조지훈(1920-1968)은 1939년 〈문장〉 창간호에 〈고풍의상〉 시를 발표하였으며 1939년에 〈승무〉, 1940년에 〈봉황수〉, 그 외에 〈동물원의 오후〉라는 시도 발표하였다. 미적인 번뇌와 전통적인 선비의 모습을 한국적 정신과 미의식을 가지고 섬세한 감성으로 포착하여 시화했으며 중기 이후에는 시대의식과 사회의식에 깊은 관심을 보였다.

〈고풍의상〉은 우리의 고전적 생활풍속과 그 삶 속에 담긴 아름다움을 주제로 표현했으며 시에서 전통적이고 고풍스런 집과 성숙한 미인의 모습을 표현하여 묘사시의 탁월성을 보여주었다. '파르란', '호장저고리', '하얀 동정', '살살이', '사르르' 등 언어를 동원하여 생동감과 정숙한 여인의 자태와 모습이 잘 조화된 형상미가 돋보인다.

> 파르란 구슬빛 바탕에 자지빛 호장을 받친 호장저고리/ 호장저고리 하얀 동정이 환하니 밝도소이다./ 살살이 퍼져나린 곧은 선이 스스로 돌아 곡선(曲線)을 이루는 곳/ 열두 폭 기인 치마가 사르르 물결을 친다.(일부)

승무(僧舞)에서는 여성의 번뇌와 종교적 지향을 보이는 신앙적 자세를 표현하고 있는데 禪적인 세계와 고전적인 조화를 이루고 있다.

동리. 목월 문학관 -경주-

목월 문학관

박목월(1916-1978)은 처음에 동시를 썼으며 후에 〈문장〉지를 통하여 문단에 나온 작가이다. 전통적인 율조와 민요적인 리듬과 간결한 언어로 농축된 시어들을 아름답게 형상화하였다. 〈산그늘〉, 〈가을 어스름〉, 〈나그네〉, 〈길처럼〉 등 민요적 율격을 독자적으로 창의성 있게 수용하였다. 동양화의 생략적인 여백의 미로 상상력을 부여하고 있으며 시의 여운과 시어의 감각적인 여백을 처리하는 기법이 뛰어난 시인이다. 〈산그늘〉에서는 농촌의 생활풍경을 장독대부터 마을의 밭과 비탈길과 산자락까지 황혼의 그림자를 묘사하고 있다. 경상도 사투리와 농민의 어조로, 서정성을 아름답게 표현하고 있다.

박두진(1916-1998)은 〈묘지송〉, 〈낙엽송〉, 〈해〉, 〈들국화〉 등 많은 시를 발표하였다. 긴 호흡의 율조를 개성 있게 썼으며 시에 나타나는 자연은 종교적 의미를 표현하고 있고 남성적 화자의 늠름하고 의연한 어조로 묘사하고 있다. 반복된 언어의 배열과 종교정신을 청각적인 이미지로 표현하고 있다. 초기에는 자연친화의 경지를 추구하였으나, 광복 후에는 〈해〉를 발표하면서부터 기독교적 색채를 띤 이상향에 대한 갈망을 추구하였다.

시집으로는 조지훈, 박목월 등과의 공동시집인 『청록집』, 『해』, 『오도(午禱)』, 『거미와 성좌』, 『인간밀림』, 『하얀 날개』, 『고산식물』 등이 있다.

박남수(1918-1994)는 1939년 〈문장〉지에서 정지용의 추천으로 등단한 시인이다. 그의 시는 이미지에 의한 형상화를 중시하고, 존재성(存在性)을 규명하려는 주지시 계열이다. 〈아침 이미지〉, 〈마을〉, 〈초롱불〉, 〈밤길〉, 〈해〉, 〈훈련〉, 〈행복〉 등을 발표하였다. 심상시의 대표적인 시인이며 전원적 배경을 시화하였고 독특한 서정성은 지적인 통찰과 결합하여 순수한 이미지를 형상화하고 있다. 〈아침 이미지〉라는 시에서도 주지적, 즉물적, 회화적 모습들이 잘 조화되고 있으며 공감각적 표현을 활용하여 시상을 응결시켜 조화롭게 구사하고 있다. 물상의 생성과 어둠의 소멸, 물상의 잔치, 아침의 보람 등을 잘 표현하여 아침을 맞이하는 만상의 생동미가 돋보인다.

윤동주(1917-1945)는 일제 말기 저항 시인으로 〈서시〉, 〈자화상〉, 〈십자가〉, 〈별 헤는 밤〉, 〈참회록〉, 〈간〉, 〈길〉, 〈또 다른 고향〉 등을 발표하였다. 사색적이며 감각적인 서정시를 추구하였다. 〈서시〉는 정신적 고뇌와 아픔을 섬세하게 그린 작품이다. 암담한 현실에서 '잎새에 이는 바람에도 나는 괴로워했다'는 표현을 통해 양심 앞에서 정직하고자 했던 내면화의 시상을 잘 보여주고 있다.

이육사(1904-1944)는 대구형무소 수감생활 중 수감번호인 264를 나중에 아호로 썼으며 본명은 이활(李活)이다. 1930년에 처음으로 시 〈말〉을 〈조선일보〉에 발표하였으며 그 후 〈절정〉, 〈광인의 태양〉, 〈청포도(靑葡萄)〉 등을 발표하였다.

시의 특징이 고전적인 선비 의식과 한시의 영향을 받았으며 일제에 대한 저항의식, 인고와 생명의 절정에서 끝없는 기다림, 초인(超人)에 대한 열망을 시로써 형상화하였다.

빼앗긴 조국을 되찾기 위하여 대륙을 전전하며 숱한 고난과 역경을 체험하였다. 이러한 역경과 인고의 극복은 기다림의 철학과 초인 의지로 승화된다. 시대적 상황 속에서의 개인적 서정의 가능성을 보여주었으며 남성적 의지를 모티프로 생명적인 것을 추구하였다.

김종한(1916-1944)은 〈망향곡〉, 〈낡은 우물이 있는 풍경〉, 〈귀로〉 등 한국의 향토적이고 토속적인 풍경을 시화하면서 시적 형상이 정결하고 아름다운 것이 특징이다. 시적 영상의 처리도 높이 평가되고 있다. 〈낡은 우물이 있는 풍경〉은 향토적이고 토속적인 풍경을 시화하면서 시적 형상이 정결하고 아름다운 것이 특징이다.

3) 1940년대 소설

해방 직후의 정치와 사회가 극적으로 전개되고 해방 직후 좌익과 우익의 갈등이 작품 속에서 나타나고 있으며 가족들이 겪는 갈등을 다룬 작품이 많이 나오게 된다. 소재도 객관적인 거리를 유지하기 어려웠으며 정치적・사회적인 현실 때문에 가치관을 확립하기가 힘들었다.

더구나 계급문학에 치중하여 계급의식을 고취함으로써 프롤레타리아 혁명을 선동하려는 소설을 창작하였다. 여기에 해당되는 작가로는 이태준, 김남천, 안회남, 이기영, 김학철, 김영철, 전홍준 등이 있다.

그중에서도 일부는 순수문학을 지향하는 소설을 창작하였는데 시대적 상황과 별로 무관한 소재와 주제를 선택하고 있다. 주제를 표현함에 있어서도 의미보다는 예술성을 존중하는 작품을 창작한 것이다. 문학의 보편성과 영원성을 추구하며 변하는 시대 상황보다는 변하지 않는 인간의 본성에 기초한 소설가로 김동리, 황순원 등이 대표적이다.

그 외에 풍자적으로 묘사하고 있는 소설가로는 채만식, 사회적 모순과 혼란을 세밀하게 묘사하여 소시민적 리얼리즘 문학을 창작한 염상섭, 해방을 전후하여 겪었던 체험을 담담한 필치로 쓴 이태준이 있다. 여성작가로는 최정희와 임옥인, 손소희가 있다.

최정희(1920-1990)는 1931년부터 〈삼천리〉 기자로 있으면서 단편 『정당한 스파이』, 『푸른 지평선의 쌍곡선』, 『성좌』 등을 발표하였다.

장편 『인간사』는 지식인 여성의 내면을 형상화시키고 있다.

3부작인 『지맥』, 『인맥』, 『천맥』은 1939년부터 1941년 사이에 발표하였다. 이들 작품에서 일기체 등 1인칭 화자의 고백적 수법을 써서 여성의 불행한 운명을 묘사하였으며 그 운명이 타인의 행위와 어떻게 관련되는가 하는 문제에 초점을 두었다. 『지맥』은 남편과 사별한 지식인 여성의 생활고와 애정문제, 그리고 아이들과의 관계에 얽힌 미묘한 내면심리를 1인칭 화자의 기법으로 섬세하게 그렸다.

임옥인(1913-1990)은 『봉선화』, 『고영』, 『후처기』 등으로 〈문장〉지의 추천을 받아 등단하였으며 1946년에 월남하여 〈부인신보(婦人新報)〉 편집차장으로 있으면서 『풍선기』, 『오빠』, 『그리운 지대』, 『젊은 아내들』, 『구혼』, 『월남전후』, 『젊은 설계도』 등을 발표하였다. 문학적 특징은 자신의 체험을 바탕으로 한 것이 주류를 이루고 있으며 여성 특유의 정적인 세계를 형상화시키고 있다.

『봉선화』는 여성적인 감성과 꿈의 세계를 섬세한 필치로 그린 작품이다. 『월남전후』는 객관적인 현실의 총체적인 면을 보여주고 있으며 역사적인 현실을 리얼하게 그리고 있다.

손소희(1917-1987)는 1946년에 시 〈동경(憧憬)〉을 〈신세대〉에 처음 발표하면서 등단했으며 소설 위주로 창작하였다. 『창포 필 무렵』, 『남풍』, 『갈가마귀 그 소리』 등이 있다. 『이라기(梨羅記)』 등 초기 작품들은 주로 애정문제와 민족의식을 표현하였다.

대표작인 『이라기(梨羅記)』는 애정문제와 민족의식이 얽힌 젊은이들의 고민을 그린 대표적 작품이다. 독립운동가의 젊은 아내가 직장의 동료에게 구애를 받으나 남편을 생각하고 거절하였으나 광복 후에 그녀의 남편은 소련에서 만나 동거한 '니나'라는 여성을 데리고 나온다. 이 작품의 결말은 여성 피해의 의미가 잘 나타나 있다. 후기로 오면서 주로 장편을 창작하여, 한국의 현실문제, 특히 일제와 광복, 6·25의 세태적 문제와 애정윤리의 문제 등을 집중적으로 다루었다. 장편 『남풍』은 사실적 작품으로 평가되고 있다. 〈갈가마귀 그 소리〉는 한국의 전통적인 삶 속에서 재혼한 과부가 다시 옛 시가로 복귀하며 겪는 극심한 정신적 갈등을 다루어, 삶의 모순을 여성 수난의 주제로 드러내고 있다. 세밀한 관찰과 인물의 성격을 부각시키며, 내성적인 인물의 심리를 서술하는 기법이 특징이다. 한국문학사에서 임옥인(林玉仁), 최정희(崔貞熙) 등과 함께 여성 수난의 주제를 심화시킨 작가이다.

황순원(1915-2000)은 1931년에 〈동광(東光)〉지에 시 〈나의 꿈〉, 〈아들아 무서워 마라〉를 발표하여, 등단하였다. 그 뒤 〈삼사문학〉 동인으로 활동하며 『방가(放歌4)』, 『골동품』 등 시집을 간행하였으며 『늪』을 계기로 소설에 전념하여 『별』, 『그늘』 등을 발표하였다.

그 후 『소나기』, 『독 짓는 늙은이』, 『곡예사』, 『학』, 『별과 같이 살다』, 『인간접목』 등 장편소설을 발표하였다.

그는 전쟁의 비극적 상황 속에서 젊은이들의 좌절과 방황을 묘사한 『나무들 비탈에 서다』와 전통적인 한국의 인습 속에서 자의식의 분열을 다룬 『일월』, 『움직이는 성(城)』, 『신들의 주사위』 등 장편소설을 발표하였다.

『소나기』를 통해 유년기의 동화적인 색채로 출발하여, 인생 입문에서 겪게 되는 아픔과 정서적 손상의 형상을 거쳐, 『별과 같이 살다』, 『카인의 후예』에 이르러 삶의 현장을 투시하는 탁월한 묘사로 표현하였다.

인간에 대한 애정과 믿음을 그린 휴머니즘으로 변모한 그의 작품세계는 시적인 감수성을 바탕으로 스토리의 조직적인 전개가 특징이다.

인간의 심리를 세밀하게 묘사하여, 비극적인 현실을 사상이나 종교로서 감싸고 이해하려는 주제 의식이 확대되고 있다.

제6장 1950년대 문학

1) 시대 배경 및 문학적 특징

1950년 6월 25일에 시작된 3년간의 전쟁으로 정치적·사회적 혼란이 극도로 달했다. 이광수, 김억, 박영희, 김동환, 김진섭 등의 문인이 납북했으며 김동인, 김영랑 등이 전쟁의 와중에서 사망하였다.

안수길, 장용학, 이범선, 전광용, 김광식 등이 월남하였으며 분단이라는 상황적 인식과 이데올로기에 대한 비판적인 사고가 창작에 반영되었다.

전쟁 중에 겪은 처절한 참상과 체험들을 작품 속에 표현한 것이 특징이다. 전후의 후유증은 삶의 본질에 대한 관심과 직결되고 문학의 제재 및 주제로 폭넓게 다루었으며 전쟁문학의 대표적인 제재는 역시 실향과 집이 없음을 기반으로 표현하고 있다.

1953년 이후는 산업시설의 파괴로 경제난이 심각하였으며, 피난민의 급증으로 인해 실업문제가 대두되어 사회적 불안이 심화되었다.

문학적 특징은 비극적인 체험과 생존의 어려움을 문학에 반영하여 전쟁체험과 전통성을 문학의 주제로 표현하였다.

전후의 불안한 정서와 분위기 속에서 허무주의와 실존주의적인 경향이 대두된 시기이기도 하였다. 실존주의는 1950년대 작가들에게 큰 영향을 주었다. 패배의식과 자조의식이 만연하였고 서양의 개인주의가 유입되어, 자기보호 본능의 이기주의로 굴절되었다.

전통적인 정신문화가 위기에 처했고 배금주의가 정신을 지배하여 부정적인 현실문제에 고뇌하면서 고발문학의 성격을 보였다. 고발문학은 남북분단으로 인한 민족적 비극 및 소시민적 생활 속에 드러나는 불신 풍조와 현실문제를 비판하고 고발하는 성격으로 표현되었다.

1950년대 문학지를 살펴보면 문예지로 〈文藝〉, 〈文學과 藝術〉, 〈現代文學〉, 〈自由文學〉이 있고 종합지로는 〈新天地〉, 〈思想界〉, 〈새벽〉 등이 있다.

2) 1950년대 시

시에서는 모더니즘과 초현실주의가 주를 이루며 문명의 갈등을 심층적으로 표현하였다. 전쟁시와 모더니즘 계열의 시, 고전적 취향의 시와 휴머니즘 시들이 창작되었다.

전쟁시는 전쟁에 직접 가담하여 생생한 체험을 표현하였으며 모더니즘 시는 〈후반기〉 동인이 중심이 되어 활동하였다. 동인으로는 김경린, 김차영, 조향, 이봉래, 김규동 등이 있다.

고전적 취향의 시는 서정주, 박재삼이 대표적이며 토속적인 서정의 세계와 전통적인 세계가 현대적인 가락으로 적절하게 변용되어 표현되었다.

휴머니즘 시인은 조병화, 전봉건, 김남조 등으로 전쟁 속에서 상실된 인간성을 옹호하면서 종교적인 기원을 통해 인간의 순수한 모습들을 형상화하였다.

박인환(1926-1956)은 강원도 인제에서 출생했으며, 경성제일고보를 거쳐 평양의전을 중퇴하였다. 1940년도에 〈거리〉 등을 발표한 이후 김기림, 오장환, 김광균, 김수영, 김병욱 등과 친분관계를 맺었으며 1945년도에는 5인 합동시집인 『새로운 도시와 시민들의 합창』을 발간하여 본격적인 모더니즘 시인으로 각광받았다.

1940년대의 모더니스트로 알려진 이들의 모더니즘 운동은 김기림이 제창하였으며 〈후반기〉 동인들이 모더니즘 운동을 유지하였다.

시집에는 『박인환 선집』, 그리고 사후에 발간된 『목마와 숙녀』 등이 있으며 〈낙하〉, 〈검은 신이여〉, 〈밤의 노래〉, 〈검은 강〉, 〈고향에 가서〉, 〈살아 있는 것이 있다면〉, 〈목마와 숙녀〉 등을 발표한 모더니즘 시인이다.

박인환 문학관

〈최후의 회화〉라는 시에서는 1950년대의 사회적 불안을 서정화하고 있으며 절망과 불안, 도시의 병든 풍경 등을 형상화하고 있다.

대표작 〈목마와 숙녀〉는 6·25 전쟁 직후의 상실감과 허무 의식을 드러낸 시로, 부서지고 퇴색하며 떠나가는 모든 것에 대한 절망감과 애상을 노래하고 있으며 인생에 대한 허무와 회의를 잘 표현하고 있다. 버지니아 울프의 죽음을 통해 인생의 허무감을 제시하고 있으며 전쟁으로 인한 사랑과 인생, 문학이 죽음이라는 우리 현실과 비유적으로 관련시키고 있다.

버지니아 울프가 절망적인 현대적 상황 때문에 인간에 대한 모든 가치와 신뢰를 상실하고 죽음을 택할 수밖에 없었듯이 시인의 현실 역시 '문학이 죽고 인생이 죽고/ 사랑의 진리마저 애증의 그림자를 버릴' 만큼 절망적이며 이는 곧 전쟁으로 인한 가치상실을 의미하고 있다.

술병이 바람에 쓰러지는 소리, 처량한 목마소리, 버지니아 울프의 서러운 이야기가 서로 어울려 절망적인 상황을 말해준다. 처량한 목마소리, 쓰러지는 술잔 소리와 대비되어 인생의 허무와 버지니아 울프의 죽음에 대한 서러움을 극적으로 강조하고 있고 인생에 대한 절망감, 허무감을 잘 보여주는 시이다.

김수영(1921-1968)은 선린상고(善隣商高)를 거쳐 도일하여, 1941년에 도쿄상대[東京商大]에 입학했으나 학병 징집을 피해 귀국하여 만주로 이주하였다. 8·15광복과 함께 귀국하여 시작(詩作) 활동을 하였으며 김경린(金璟麟), 박인환(朴寅煥) 등과 함께 합동시집 『새로운 도시와 시민들의 합창』을 간행하였다. 초기에는 모더니스트로서 현대문명과 도시생활을 비판했으나, 4·19혁명을 기점으로 현실 비판의식과 저항정신을 바탕으로 한 참여시를 창작하였다. 1945년에 『예술부락』에 〈묘정(廟庭)의 노래〉를 발표한 뒤 마지막 시 〈풀〉에 이르기까지 200여 편의 시와 시론을 발표하였다.

대표작 〈풀〉은 일반대중으로 상징되고 있는 풀과 세력을 암시하는 바람의 상호 역학관계를 형상적으로 표현하고 있다.

'풀은 눕고 드디어 울었다/ 날이 흐려서 더 울다가/ 다시 누웠다'처럼 힘이 센 바람보다 늘 근원적 생명을 지속시키고 있는 풀의 생명을 그린 상징과 함께 삶의 자세를 드러내고 있다.

김경린(1918-)은 1918년 4월 24일 함북 경성에서 출생했으며 경성전기공업학교를 졸업한 후 일본에 유학하여, 1942년 와세다대학(早稻田大學) 고등공업학교 토목과를 졸업하였다. 일본에서 모더니즘 동인지 『바우(VOU)』, 『신기술』 등의 동인으로 참가하여 모더니즘 운동을 전개하였고 국내에서는 1939년 〈차창〉, 〈화안(畵眼)〉 등의 시를 발표하였다. 광복 후 『신시론』, 『후반기』 동인으로 참가해서 〈빛나는 광선이 올 것을〉, 〈너의 목소리는 목관악기〉, 〈분실된 주말을 위하여〉 등의 시를 발표하였고 1950년 〈후반기〉 동인으로 모더니즘 경향의 시를 썼다.

1948년 박인환, 김차영 등과 함께 공동시집 『새로운 도시와 시민들의 합창』을 간행했다. 일본 모더니즘의 영향을 받아 사물을 선명한 회화적 이미지로 형상화하고 있으며, 김기림과 유사하다는 평가를 받았다. 초기에는 참신한 감각미에 주력했고, 후기로 오면서 의식 속의 세계까지 이미지화하려는 경향이 있다.

〈차창〉이라는 시에서 '나는/ 수족관에 온/ 한 마리의 어족/ 미끄러지는/ 바깥 세계가 뿜는 향수로/ 안경은 차웁다'에서는 화자가 기차 여행의 한 단면을 축소화하여 얻은 발상을 표현하였다.

일상적 삶의 한 국면을 새로운 각도에서 포착하여 이질적 감각으로 표현하고 있는데 미처 깨닫지 못하였던 새로운 국면적 의미를 발견하고 있다.

그 밖의 〈의식 속의 나비들〉, 〈태양은 모래알처럼〉 등 현대적 조직사회의 고통과 도시문명의 비정함을 인식하였으며 도시의 고통을 비판하고 있다.

〈후반기〉 동인으로는 김경린, 박인환, 이봉래, 조향, 김규동 등이 있는데 이들의 시적 경향은 현대문명이 안고 있는 문제들을 시로 수용하고 있다. 기교에 있어서 심상들을 무리하게 배치하여 새로운 의미를 탐구하는 실험정신을 추구하고 있으며 대체로 초현실주의 기법을 사용하고 있다.

조향(1917-1985)은 〈매일신보〉 신춘문예에 시 〈첫날밤〉(1941)이 당선되어 문단에 등단하였으며 〈노만파(魯漫派)〉를 주관하였고 〈가이거(Geiger)〉(1956), 〈일요문학〉(1962) 등의 동인지를 주재했다. 모더니즘 시를 주장했으며 〈후반기〉 동인으로 활약하였다.

〈장미와 수녀의 오브제〉(1958), 〈바다의 층계〉(1958) 등의 시는 외래어를 과감하게 도입하고, 상상 속에서 절대적 자유를 부여하여 심리 속의 이미지를 표현하고 있으며 초현실주의 계열의 시풍을 개척하였다. 시 〈바다의 층계〉는 초현실주의 계열 작품으로 서로 연결되기 어려운 단어들이 등장한다.

> 낡은 〈아코오딩〉은 대화를 관뒀습니다./ -----여보세요!/ 〈뽄뽄따리아〉
> 〈마주르카〉/ 〈디이젤 엔진〉에 피는 들국화./ ------왜 그러십니까?
> 모래밭에서/ 수화기/ 여인의 허벅지/ 낙지 까아만 그림자./ 비둘기와 소녀들의 〈랑데.부우〉 (중략)

시 〈바다의 층계〉에서도 작가가 말하고 있듯이 초현실적이며 풍부한 자유연상으로 표현하고 있다. 낡은 아코디언의 연주가 끝나고 하나의 부르는 소리를 삽입시키면서 관련성이 없는 단어를 나열하고 있으며 의미상 매우 먼 거리의 물상들을 임의로 선택하여 각각 독자적 위치에 배치하고 있는 것이다.

자유연상(自由聯想)은 창조적 사고를 하기 위해 필수적으로 필요하고 도움이 되는 사고 연상이다. 자유연상은 정신을 통하여, 의식의 제한 없이 사고(思考)와 인상(印象)을 모아서, 그것을 여러 가지로 결합시키는 사고를 창조시킨다.

김춘수(1922-2004)는 1946년 〈애가〉를 필두로 동인지 〈죽순〉에 시 〈온실〉 외 1편을 발표하였으며 첫 시집 『구름과 장미』를 발간해 문단에 등단하였다. 이후 〈산악〉, 〈기(旗)〉, 〈모나리자에게〉를 발표해 주목을 받았다. 작품으로 〈릴케의 장〉, 〈꽃〉, 〈꽃을 위한 서시〉, 〈샤갈의 마을에 내리는 눈〉, 〈처용〉, 〈라일락 꽃잎〉 등이 있다. 초기 시의 경향은 릴케의 영향을 받았으며, 시가 아니고서는 표현할 수 없는 사물의 정확성과 치밀성, 진실성을 추구하였다.

50년대에 들어서면서 무의미의 시를 쓰게 되었으며 〈처용단장〉에서부터는 설명적 요소를 제시한 이미지 작품으로 변모하였다.

구상(1919-2004)은 천주교 집안의 영향을 받아 소신학교(小神學校)에 다니다가 일본으로 건너가 1941년 도쿄(東京)의 니혼대학(日本大學) 종교과를 졸업하였다.

1942년 귀국해 1945년까지 원산에서 〈북선매일신문(北鮮每日新聞)〉 기자로 활동하였으며 1946년 원산문학가동맹에서 펴낸 동인지 〈응향〉에 〈길〉, 〈여명도〉, 〈밤〉 등을 발표하여 등단하였다. 주요 작품으로는 〈밭 일기〉, 〈초토의 시〉, 〈발길에 채인 돌멩이와 어리석은 사나이〉, 〈유언〉, 〈비롯함도 마침도 없는 임아〉, 〈사랑을 지키리〉, 〈길〉, 〈수난의 장〉, 〈한 알의 사과 속에는〉 등이 있다. 사회의 부정과 부조리를 표현하였으며 기독교 신앙을 바탕으로 존재론적인 기반 위에서 미의식을 추구하는 태도로 일관하였다.

대표작인 〈초토의 시〉에서 시인은 6.25전쟁을 대상으로 하면서도 전쟁의 고통을 이기는 과정을 보여주고 있으며 기독교적 신앙을 바탕으로 광범위한 정신세계를 추구하고 있다.

'하꼬방 유리 딱지에 애새끼들/ 얼굴이 불타는 해바라기마냥 걸려 있다.' 같이 생활상과 혼혈아 문제 등이 고달픈 열차 안에서의 장면에 묘사되고 있다. 6.25전쟁이 빚어낸 비극적 현실을 재제로, 처참한 현실에 대한 절망과 탄식을 극복하고 있다. 전쟁의 비극이나 참회에서, 형제애와 인류애가 이데올로기에 우선함을 강조하고 있다.

한하운(1920-1975)은 1949년에 〈전라도 길〉이라는 시를 〈신천지〉에 발표하였으며 나병환자로서의 고통을 '천형의 罰'로 인식하여 표현하였다. 주요 작품으로는 〈삶〉, 〈파랑새〉, 〈보리피리〉(1955), 〈데모〉 등이 있으며 나병환자의 육체적 고통과 정신적 고통을 시 세계로 승화하였다. 즉 '여기 있는 것 남은 것은/ 갈등(葛藤) 사잇길에 쩔룩거리며 섰다./ 욕(辱)이다 벌이다 문둥이다'를 보면 알 수 있듯이 〈삶〉이라는 시에서 자신의 고통스런 삶의 모습이 시에 그대로 나타나 있다.

조병화(1921-2003)는 1949년 시집 『버리고 싶은 유산』을 발간하며 문단에 등단한 이후 〈하루 만의 위안〉(1950), 〈패각의 침실〉(1952), 〈인간고도〉(1954), 〈사랑이 가기 전에〉(1955), 〈서울〉(1957), 〈석아화(石阿花)〉(1958), 〈기다리며 사는 사람들〉(1959), 〈밤의 이야기〉(1960), 〈낮은 목소리로〉(1962), 〈공존의 이유〉(1963), 〈쓸개 포도의 비가〉(1963), 〈시간의 숙소를 더듬어서〉(1964) 등 다작을 했다.

쉽고 아름다운 언어로 인간의 숙명적인 허무와 고독이라는 철학적인 성찰을 통하여 인생과 사랑의 모습을 형상화하고 있다.

김소월이 전원서정을 바탕으로 민족의 정한을 노래한 데 비하여 조병화

조병화 문학관

는 외로운 도시인의 실존적 모습과 허무와 고독으로서의 인간존재를 노래하였다. 인생과 사랑으로 자아의 완성에 이르는 삶의 아름다움을 이해하기 쉬운 낭만의 언어로 그려내고 있다. 생활의 모습을 폭넓게 담고 있으며 노래시로 부드럽고 서정적인 감각으로 표현하고 있다.

개인과 사회의 관계에서 빚어지는 불협화음이나 고통을 내면적인 시적 자아로 승화시켜 외로움과 그리움, 서글픔, 불확실한 기다림 등의 감정을 잘 형상화시키고 있다.

3) 1950년대 소설

1950년대는 민족사의 최대의 비극이라고 할 수 있는 6.25전쟁으로부터 시작되었고 '전선문학'이라고 할 수 있는 전쟁에의 참여 문학이 주를 이루었다.

종군 작가들은 육·해·공군으로 나뉘어 전쟁의 상황을 기록하거나 참전국의 사기를 진작시키기 위한 문학을 창조해 나갔는데 그 대표적 작품이 『전시 한국 문학선』에 실려 있다. 그러나 이 시기의 소설은 문학적 성취도가 낮을 수밖에 없는데 목적의식이 앞서 있기 때문이다.

전쟁을 통해 형성된 일종의 피해의식이 문학사에서 중요한 주제로 작용하고 있으며 현장을 체험함으로써 인간의 존엄성에 대하여 살피게 되었고 휴머니즘을 추구하게 되어 실존주의적 경향이 나오게 되었다.

전쟁이 남긴 폐허 속에서 고통받는 인간에 대한 모습이 주로 전후에 등장하는 '신세대 작가'들에 의해 묘사되었다.

1950년대 소설의 양상을 보면 전쟁을 고발하는 데 그치지 않고 진정한 휴머니즘을 나타내고 있으며 신분과 계급구조의 변화가 일어나는 과정을 작품화했는데 그 작품이 정한숙의 『고가(古家)』이다.

이 시기에는 전쟁으로 인해서 신체적으로 훼손을 입거나 정신적인 피해와 상처를 입은 사람들을 주인공으로 내세웠다. 작품으로는 손창섭의 『혈서(血書)』와 오상원의 『백지의 기록』이라는 작품이 있다.

전쟁을 겁탈이나 기아와 등가화하는 경향으로는 장용학의 『원형(圓形)의 전설(傳說)』, 오상원의 소설 『황색지대』가 있다.

성장소설이란 어린이나 젊은이를 주인공 삼아 시련을 겪으며 성숙화의 과정을 보여주는 소설, 즉 성장해가며 겪는 일들을 작품 속에서 보여주는 소설이다. 주로 아이들을 작품에 등장시키면서, 그들의 삶이 어떻게 변화하며 전쟁이 이들에게 어떠한 영향을 미쳤는가를 선명하게 보여주고 있다.

휴머니즘을 지향하며, 주인공이 전쟁체험의 주체로 표현된 작품은 황순원의 『학』인데 전쟁을 소재로 하는 작품이면서도 소중한 인간의 가치인 휴머니즘을 서술하고 있다. 이 작품은 후에 1960년대 최인훈의 『광장』이라는 작품으로 이어지며 인간의 모습들을 서술하고 있다.

안수길(1911-1977)은 1953년에 단편 『적십자병원장(赤十字病院長)』이 〈조선문단(朝鮮文壇)〉에 당선되었다. 1936년에 간도일보(間島日報)에 입사하여 그 후 광복 때까지 간도에 머물면서 작품활동을 하였는데 1940년에 중편 『벼』, 단편 『4호실』, 『새벽』 등 재만(在滿) 한국인의 생활상을 그린 작품들을 발표하였다.

1944년에 장편 『북향보(北鄕譜)』를 〈만선일보(滿鮮日報)〉에 연재하였고 1949년에 단편 『여수(旅愁)』, 『풍속』 등을 발표하였다. 그 후 대표작인 『제3인간형(第三人間型)』을 1953년에 발표하였다.

작품의 경향은, 첫째, 망국인의 삶과 통한을 그린 것으로 『새벽』(싹트는 대지, 1940), 『벼』(만선일보, 1940), 『북간도(北間島)』(1959-1967), 『맹아기(萌芽期)』(신태양, 1958), 『삭발(削髮)』(사상계, 1967), 『라자(羅子) 머자니크』(아세아, 1969), 『망명시인(亡命詩人)』(1976) 등이 여기에 속한다.

둘째는, '어떻게 사느냐' 하는 문제를 다룬 것으로 『여수(旅愁)』(백민, 1949), 『제비』(문예, 1952), 『역(逆)의 처세철학(處世哲學)』(문예, 1952), 『제삼인간형(第三人間形)』(자유세계, 1953) 등이 있다.

6·25 전후를 배경으로 지식인들의 삶을 조명하면서 어떤 것이 인간다운 삶인가를 추구한 소설들이다. 전쟁으로 인하여 소시민적 지식인의 의식이 어떻게 변모되고 있는가를 문제 삼은 소설들이다.

세 번째는, 산업사회에서 인간이 점차 왜소해져 가는 과정을 그린 작품들로 『서장(序章)』(1961), 『새』(1968) 등이 있는데 기능과 능률을 강조하는 시대에서 인간이 어떻게 소외되어 가는가를 그린 소설이다.

네 번째는, 이데올로기의 갈등 속에 살고 있는 인간의 피해망상을 그린 것으로 『Iraq에서 온 불온문서(不穩文書)』(1964), 『동태찌개의 맛』(1970) 등이 있다. 이것은 분단시대를 살고 있는 한국인의 아픔과 갈등을 그린 소설들이다.

그의 작품세계는 소설의 배경을 시간적으로는 한말부터 1970년대까지, 공간적으로는 만주 일대까지 문제를 제기하면서 망국인들의 통한을 그린 것과, 어떻게 사느냐 하는 문제를 다룬 것이 주류를 이룬다. 만주를 배경으로 한 초기 작품과 소시민적 지식인의 양심이 현실 속에서 겪는 갈등과 해방 후의 전쟁으로 인해 지식인의 의식이 어떻게 변모되고 있는가를 문제 삼은 단편들이다.

오영수(1914-1977)는 1949년에 〈신천지(新天地)〉에 『고무신』이라는 작품을 발표하였고 1950년도에 〈서울신문〉에 단편 『머루』가 당선되면서 본격적으로 작품활동을 시작하였다.

1954년에 첫 창작집 『머루』, 1956년에는 『갯마을』을 발행하였고, 1958년에 『명암(明暗)』, 1960년에 『메아리』, 1965년 『수련(睡蓮)』 등 잇달아 창작집을 간행하였다.

서민층 생활의 애환을 다룬 그의 작품세계는 현대 사회에서 상실되어가는 인간성의 회복을 제시하고 있으며 가난한 서민들의 애환을 서정적 필치로 묘사하여 훈훈한 인정을 느끼게 하였다.

손창섭(1922-2010)은 1949년 연합신문에 『얄궂은 비』를 발표하였고 1952년부터 〈문예〉에 『공휴일』과 『비오는 날』 등의 단편소설이 추천되어 작가로 등단하였다. 작품으로 『사연기(死緣記)』(1953), 『비오는 날』(1953), 『생활적』(1953), 『혈서』(1955), 『유실몽(流失夢)』(1956), 『치몽(稚夢)』(1957), 『잉여인간』(1958), 『고독한 영웅』(1958), 『흑야(黑夜)』(1970) 등이 있다.

현실의 밑바닥을 어둡고 침통하게 파헤치는 경향으로 주목을 받았다. 1955년에는 『혈서』로 〈현대문학〉 신인상을 수상하였고, 1959년에는 『잉여인간』으로 제4회 동인문학상을 수상하였다.

『잉여인간』은 전후의 사회상과 더불어 사회에 적응하지 못하는 소시민의 유형을 사실주의적인 기법으로 제시하고 있는 단편소설이다.

소설 속의 인물들은 대부분 비정상적인 성격의 소유자이거나 신체장애자로 등장한다. 이러한 인간의 모습은 전후 현실의 상황에서 비롯된 것인데, 사실적인 필치로 그려내 1950년대의 불안한 사회상황을 드러냈다는 평가를 받고 있다.

장용학(1921-1999)은 1949년 12월에 〈연합신문〉에 단편 『희화』를 발표하였고 1950년과 1952년에 단편소설 『지동설』과 『미련소묘』로 〈문예〉지에 추천을 받았다. 1955년에는 『요한시집』을 발표하면서 문제작가로서 각광을 받기 시작하였다.

『요한시집』은 종래의 소설양식과는 다르게 토끼의 우화를 빌어 에세이적인 요소가 있으며 인간의 실존과 자유의 문제를 다루고 있는 작품이다.

『비인탄생(非人誕生)』(1956)은 비인간화 과정을 통해서 현대인의 비극성을 부각시킨 작품이며 『현대의 야(野)』(1960)는 현대사회가 지닌 제도적 횡포를 다룬 작품이다.

『원형의 전설』(1962)은 소외된 인간의 군상, 즉 현대문명으로 파괴되어 가는 인간상을 그린 장편소설이다. 그 밖에 『상립신화』, 『태양의 아들』, 『청동기』 등을 발표하였다.

장용학의 작품은 6.25전쟁으로 인한 상처를 주로 다루었다. 소설적 주제는 현대의 비인간적인 상황에 대한 고발과 인간 존재에 대한 것으로 당시 세계적으로 유행한 실존주의의 영향을 받았다. 1950년대 사회의 모습들을 표현한 대표적인 작가이다.

이범선(1920-1981)은 1955년에 단편 『암표(暗標)』와 『일요일』이 김동리의 추천을 받아 〈현대문학〉에 발표되면서 문단에 등단한 작가이다.

초기에는 주로 소극적이고 평범한 서민의 삶을 다루었는데, 『이웃』(1956), 『학마을 사람들』(1957), 『갈매기』(1958) 등이 그런 작품들이다. 그 후 사회고발성이 짙은 『오발탄』(1959) 등을 발표하였다. 자기 존재의 의미를 상실하고 주인공들의 자의식을 비극적인 모습으로 표현하고 있는 작가이다.

대표작인 『오발탄』은 존재의 의미를 잃어버린 주인공의 자의식을 그려낸 것이며 사무실 서기로 겨우 목숨을 연명해 가는 실향민 일가의 생활을 사실적으로 그린 작품이다.

후기에 발표한 『냉혈동물』, 『돌무늬』, 『삼계일심(三界一心)』 등은 휴머니즘을 바탕으로 인간의 모순과 존재의 허무를 그려내고 있다.

전광용(1919-1989)은 1939년 〈동아일보〉에 『별나라 공주와 토끼』가 당선되었고 1947년에 〈시탑(詩塔)〉 동인으로 활동하였다.

1955년에 단편 『흑산도』가 〈조선일보〉에 당선되었고, 『동혈인간(凍血人間)』, 『충매화(蟲媒花)』 등의 단편이 있다. 1962년에는 세속적 출세주의자를 풍자한 단편 『꺼삐딴리』로 동인문학상(東仁文學賞)을 수상하였다. 그 후 장편 『태백산맥』, 『나신(裸身)』, 『창과 벽』 등의 작품과 단편 『세끼미』를 발표하였다.

대표작 『꺼삐딴 리』는 일제 식민지 시대, 광복, 한국전쟁이라는 역사적인 격동기를 겪으면서 자기 일신만을 위한 처세술로 위기를 넘겨온 의사가 주인공으로 등장한다. 그는 권력 앞에서는 교활한 기회주의자이자 위선적인 개인주의자가 된다. 작가는 이러한 문제의 인간형이 사회에 널리 포진해 있음을 풍자적으로 묘사함으로써 민족의 수난사를 더욱 부각시키고 있다. 장편소설 『나신』은 전후 현실의 혼란과 인간 세태를 그려낸 작품이고, 『젊은 소용돌이』는 4·19혁명의 과정을 통해 혼란기를 극복해 가는 젊은 세대의 의지를 잘 묘사하고 있다.

『창과 벽』은 지식인의 현실 참여 문제를 중심으로, 물질적인 유혹에 매달린 대학교수의 허위의식을 비판적으로 그려낸 작품이다. 4·19에서 5·16에 이르기까지 역사성의 인식뿐 아니라 진정한 삶의 가치에 대한 문제를 제기하고 있다.

『목단강행 열차』는 1970년대에 북한에 두고 온 고향과 어머니를 향한 그리움을 자전적 소설 형식으로 창작한 단편이다.

정한숙(1922-1997)은 1947년에 전광용, 정한모 등과 〈시탑〉, 〈주막〉 동인으로 활동하였으며 1948년에 단편 『흉가』가 〈예술조선〉에 당선되기도 하였다.

1952년에 단편 『아담의 행로』, 『광녀』를 발표하였고, 1953년 중편 『배신』이 〈조선일보〉 현상문예에 당선되면서 본격적인 작품활동을 하게 된다.

1955년에 발표한 단편 『전황당인보기』는 문방사우의 전통적인 미풍을 세속적인 몰이해와 대조하여 그린 초기의 대표적 작품이다.

1956년에 발표한 단편 『고가(古家)』는 한국전쟁을 배경으로 종가제도를 유지하려는 구세대와 신세대와의 갈등을 그린 문제작인데 양반집안인 필재네 일가와 김씨 마을의 변화를 통해 한국의 근대사를 조망한 작품이다.

그 밖에 『금당벽화』, 『이성계』, 『논개』 등은 역사소설의 새로운 지평을 열었다는 점에서 주목을 받은 작품이다.

그 후 『애정지대』(1957), 『묘안묘심』(1958), 『황진이』(1958), 『내 사랑의 편역』(1959), 『암흑의 계절』(1959), 『시몬의 회상』(1959), 『끊어진 다리』(1963), 『우린 서로 닮았다』(1966), 『조용한 아침』(1976) 등 다양한 소재와 수법으로 작품을 창작하였다. 작품에 드러나는 신구 제도 및 세대의 갈등과 현실에 대한 관찰로 작가적 양심을 펼치고 있다.

이봉구(1916-1983)는 처음에는 시를 쓰다가 1935년 일본 메이지대학[明治大學] 청강생이 되면서 소설로 전환한 작가이다.

1936년에 〈광풍객(狂風客)〉, 〈아편(阿片)〉, 〈밤차〉 등을 발표하였고, 1938년 귀국하여 김광균(金光均)·서정주(徐廷柱) 등과 동인이 되어 문단활동을 하였으며, 1943년 〈매일신문〉에 입사하였다.

8·15광복 후에도 서울신문과 태양신문 등에서 기자생활을 하였다. 작품으로는 『언덕』, 『떠나는 날』, 『도정(道程)』, 『속도정(續道程)』, 『명동의 엘레지』 등이 있다.

이 작가의 문학적 특징은 사소설(私小說)의 형태를 취하고 있는데, 작품의 배경은 거의 명동의 선술집이나 다방 등이며 작중의 인물은 실명(實名)의 시인이나 작가들이다. 신변적인 소재를 토대로 서정과 애상을 다루고 있다.

유주현(1921-1982)은 1948년에 〈백민(白民)〉이라는 잡지에 단편 『번요(煩擾)의 거리』를 발표하면서 문단에 등단한 작가이다.

〈신태양(新太陽)〉지(誌) 주간을 역임하였으며, 작품으로는 『태양의 유산』(1958), 『기상도』, 『잃어버린 눈동자』, 『권태』, 『일각선생』, 『장씨일가』가 있다.

중편소설에는 『남한산성』이, 대하역사소설로는 『조선총독부』(1964), 『대원군』(1965), 『대한제국』(1969), 『황녀』(1972) 등이 있다.

이 작가는 종래의 흥미 위주의 역사물(歷史物)에서 벗어나 인간과 역사관의 깊이를 표현한 작품으로 주목받았다.

문학적 특징으로는 역사를 사실주의적으로 분석한 역사소설을 많이 남겼으며 종래의 흥미 위주의 역사물(歷史物)에서 벗어나 역사관에 깊이를 더한 작품으로 주목을 받았다.

즉 과거의 사건 위주의 흥미 본위를 넘어서서 보다 충실한 역사의 재현이라는 관점에서 역사적 사건을 형상화시킨 작가이다.

한무숙(1918-1993)은 1942년에 잡지 〈신시대(新時代)〉의 장편소설 모집에서 『등불 드는 여인』이, 1948년 부산의 〈국제신보〉 장편소설 모집에서 『역사는 흐른다』가 당선된 작가이다.

조선연극협회 작품모집에서도 희곡 『마음』(1943)과 『서리꽃』(1944)이 각각 당선되었다.

1956년 첫 창작집 『월훈(月暈)』을 간행하였고 1957년 단편 『감정이 있는 심연(深淵)』으로 자유문학상(1958)을 수상하였다.

단편소설로 『감정이 있는 심연』, 『축제와 운명의 장소』, 『우리 사이 모든 것이』 등이, 장편소설로 『빛의 계단』, 『석류나무집 이야기』, 『만남』 등이 있다. 『만남』은 정약용의 일생을 주제로 한 작품이다.

수필집에는 『열길 물속은 알아도』, 『이 외로운 만남의 축복』, 『내 마음에 뜬 달』 등이 있다.

이 작가의 작품세계는 심리묘사에 능숙하며 개성적인 정서로 잠재의식을 떠올리며 해석함으로써 인간심리의 측면을 예리하게 그려내고 있다.

강신재(1924-2001)는 1949년 김동리의 추천으로 단편소설 『얼굴』과 『정순이』를 〈문예〉지에 발표하면서 등단하였다.

장편소설로 『임진강의 민들레』, 『파도』, 『오늘과 내일』이, 단편집으로는 『젊은 느티나무』, 『여정』, 『표 선생 수난기』 등이 있다.

1957년에 발표된 『표 선생 수난기』는 아들의 친구와 불륜에 빠진 여인을 그렸으며, 1960년 〈사상계〉에 발표한 『젊은 느티나무』는 부모가 재혼하는 바람에 졸지에 남매가 된 남녀의 사랑을 그려 화제에 오르는 등 1950년대

6·25전쟁과 1960년대 산업화 과정에서 나타나는 애정의 풍속도를 묘사하였다. 작품세계는 주로 불륜과 삼각관계 등 사회적인 인습을 뛰어넘는 애정관계를 통해 사랑과 도덕 사이에서 갈등하는 남녀의 심리를 그려내고 있다. 세련된 감각과 인물 묘사 등이 장점으로 꼽히며 대중소설의 위상을 한 단계 올려놓았다는 평가를 받고 있다.

선우휘(1922-1986)는 1946년 〈조선일보〉 사회부 기자로 입사하여 활동하다가 1959년에 〈한국일보〉, 〈조선일보〉 논설위원과 편집국장을 역임하였다. 1955년 〈신세계〉지에 『귀신』을 발표하여, 문단에 등단하고, 1957년 〈문학예술〉지에 『불꽃』이 당선되어 문단의 주목을 받았다.

작품에는 단편소설 『화재(火災)』, 『망향(望鄕)』, 『싸릿골 신화』 등이 있고, 중편소설에는 『깃발 없는 기수』, 『추적의 피날레』 등이 있다. 장편소설에는 『아아 산하여』, 『성채(城砦)』, 『사도행전』, 『노다지』 등이, 평론집에 『현실과 지식인』 등이 있다. 대표작인 『불꽃』은 역사적 사실을 토대로 휴머니티를 구현시킨 작품이다. 이 작품을 통해 휴머니즘적인 행동주의를 바탕으로 지식인의 고민과 책임 등을 묘사했다.

한말숙(1931-)은 1956년 〈현대문학〉에 『별빛 속의 계절』과 『신화의 단애』가 추천되어 등단했으며 그 후 『어떤 죽음』(1957), 『노파와 고양이』(1958), 『장마』(1959), 『검은 장미』(1959), 『하얀 도정』(1960), 『흔적』(1963), 『신과의 약속』(1968) 등을 발표하였다. 『신화의 단애』는 1950년대 말 실존주의 문학논쟁의 주요 대상 작품으로, 과거도 미래도 없이 오직 현재에만 가치를 두고 있는 여성의 존재의식과 모럴을 추구한 작품이다.

『노파와 고양이』는 가족에게 소외된 고독한 노인의 정신구조를 파헤친 작품이며 『하얀 도정』은 기성세대의 속물과 위선에 대항하는 새 세대의 인간형을 그린 장편소설이다. 『흔적』은 가난 속에서도 따뜻한 인정과 신뢰감을 통한 배금사상의 붕괴를 보여주는 작품이다. 『신과의 약속』은 딸의 병상을 지켜보는 어머니의 심리를 묘사한 작품이다.

이 작가의 세계는 인간심리의 내밀한 양상을 섬세하게 그리고 있다. 특히 기성세대에 대항하여 현대를 살아가는 여성들의 심리와 전후 세대에 따른 다양한 제재와 실험정신을 추구한 작가이다.

오상원(1930-1985)은 1953년 신극협의회의 희곡 현상모집에 『녹스는 파편』이, 1955년에 〈한국일보〉 신춘문예에 단편 『유예(猶豫)』가 당선되어 작가로 등단하였다. 1958년 단편 『모반(謀反)』으로 제3회 동인문학상을 수상했으며 1970년대 이후에는 작품활동보다는 언론계에 열중하였다.

작품으로 『균열(龜裂)』(1955), 『증인』(1956), 『모반(謀反)』(1957)과 장편 『백지의 기록』(1957) 등이 있다.

『모반』은 8·15광복 직후 좌·우익 대립의 혼란 속에서 요인을 암살하고 내적인 방황을 겪는 청년당원들의 상황을 중심으로 진정한 애국과 인간다운 삶이 어떤 것인지를 보여주고 있다. 『백지의 기록』에서는 전쟁으로 인한 정신적·육체적 불구와 그로 인한 문제를 치유하는 과정을 그리고 있다.

작품 세계는 실존주의 문학과 이데올로기의 갈등으로 빚어진 인간문제를 파헤치는 소설을 썼다. 해방과 6·25전쟁이라는 혼란 속에서 적극적으로 행동하는 인물상을 제시하였는데 실존주의 사상과 행동주의적인 휴머니즘의 영향을 입었다고 할 수 있다.

소설의 주인공들은 어려운 상황과 대결하는 의지를 보여주는데 희곡 작품인 『녹스는 파편』, 『이상(裏傷)』(1956), 『잔상』(1956)에서 드러나고 있다. 이데올로기의 갈등으로 빚어진 인간문제를 그려낸 전후작가로 손꼽힌다. 특정인물이나 상황을 설정하여 해방 후의 격동기와 전쟁을 경험한 현대사를 보여준다. 즉 전쟁에서 포로가 되어 죽음을 기다리는 모습을 그린다거나 참전했다가 전상자가 되어 돌아온 후 여자를 통해 현실적 고통을 해소하려는 남자를 등장시키고 있다.

박경리 문학관

박경리(1926-2008)는 1955년에 김동리의 추천을 받아 단편 『계산(計算)』과 1956년 단편 『흑흑백백(黑黑白白)』을 〈현대문학〉에 발표함으로써 문단에 등단하였다.

1957년부터 본격적으로 문학활동을 시작하여 단편 『전도(剪刀)』, 『불신시대(不信時代)』, 『벽지(僻地)』 등을 발표하였다.

1962년 장편 『김약국의 딸들』을 비롯하여 『시장과 전장』, 『파시(波市)』 등 사회와 현실에 대한 비판의식이 있는 문제작들을 발표하였는데 초기 작품에서는 전쟁 미망인의 삶과 그들의 눈을 통해 현실의 훼손된 국면들을 예리하게 파헤쳤다. 1969년 6월부터 집필을 시작하여 1994년에 5부로 완성된 대하소설 『토지(土地)』는, 한국 근・현대사의 전 과정에 걸쳐 인간의 운명과 역사의 상관성을 깊이 있게 다룬 작품이다.

한말에서부터 식민지 시대를 거쳐 광복에 이르는 민족사의 변천을 본격적으로 형상화했으며 작품의 광대한 스케일과 탁월한 역사적 방향에 대한 조망을 보여주는 능력을 발휘하였다.

서기원(1930-2005)은 1957년 〈현대문학〉에 『암사지도(暗射地圖)』가 추천되어 등단하였다. 작품으로 『음모 가족』, 『사지연습』, 『준자유』, 『사금파리의 무덤』, 『반공일』, 『아리랑』, 『오산』 등이 있다.

초기 작품에는 전쟁의 이면에 숨어 있는 젊은이들의 방황과 가치관의 혼란, 세태와 풍속 등을 주로 그렸다. 이 시기의 대표작에는 『암사지도』, 『오늘과 내일』, 『잉태기』(1960), 『이 성숙한 밤의 포옹』(1961) 등이 있다.

1960년대 중반 이후에는 근대 역사와 인물을 소재로 정치와 사회의 변화상과 사회적 비리 등을 풍자하는 작품들을 발표하였다. 이 시기의 작품으로 장편소설 『혁명』(1964), 『조선백자 마리아상』 등이 있다.

작품세계는 전후의 절박한 상황을 고발하고 있으며 현실묘사와 심리묘사를 적절하게 표현했다. 전쟁과 사랑, 우정 등의 소재를 집중적으로 다루면서 부정한 사회에 대한 고발정신과 정신적 파탄을 표현하였다.

하근찬(1930-2007)은 전쟁을 통하여 민족적 수난을 집약한 단편소설 『수난 이대(受難二代)』가 〈한국일보〉에 당선되어 문단에 등단하였다. 주요 작품으로는 『낙뢰(落雷)』(1957), 『산중고발(山中告發)』(1958), 『나룻배 이야기』(1959), 『붉은 언덕』(1965), 『삼각의 집』(1966), 『족제비』(1970), 『일본도(日本刀)』(1971), 『야호(夜壺)』(1971), 『필례 이야기』(1973), 『서울의 개구리』(1973), 『화가 남궁 씨의 수염』(1985), 『은장도 이야기』(1986) 등이 있다.

작품세계는 처음에 농촌을 소재로 하여 창작하였다. 대표작인 〈수난 이대〉는 농촌의 삶과 현실이 역사적 상황의식에 대응하는 문제성을 드러내고 있는 주목받는 작품이다. 인간의 정과 역사적 수난의 아픔을 그렸으며, 그 아픔을 이기고 살아가는 현실의 어두움을 그리면서도 해학적인 묘사를 보여주고 있다.

송병수(1932-2009)는 1957년 〈문학예술〉에 단편소설 『쑈리 킴』이 당선되어 등단하였다. 『한여름의 권태』, 『여백에의 초대』, 『해후』, 『탈환 미수』, 『귀환설』, 『그늘진 양지』, 『몰락』, 『대화』, 『환원기』 등의 단편소설을 발표하였고 장편소설로 『빙하 시대』, 『대한 독립군』이 있다. 주로 부조리한 사회의 현실과 풍속을 사실적 문체로 담아내는 데 주력하였다.

대표작인 『쑈리 킴』은 아이다운 동심을 잃지 않은 소년 쑈리 킴과 양공주

따링 누나를 통해 전쟁의 참상과 왜곡된 가치관, 성 문화를 그린 작품이다. 『잔해』는 조난당한 어느 공군 장교의 이야기를 다루고 있다.

초기 작품에서는 주로 전후 세대의 다양한 삶의 모습을 휴머니즘적인 분위기로 그려냈으며 그 후에는 일상생활의 부조리한 현실을 파헤치는 데 주력하였다. 6.25를 배경으로 한 암담한 현실과 전쟁의 잔혹성을 묘사하면서 그 피해자들을 향한 따뜻한 인간애를 드러내고 있는 것이 특징이다.

제7장 1960년대 문학

1) 시대 배경 및 문학적 특징

1960년대는 4·19혁명, 5·16 군사 쿠테타, 10월 유신 등 자유를 억압하는 독재 정권의 비판과 저항의식 및 정치적 사건이 일어난 사회적 격동기였다.

1960년대부터 전개된 경제 개발 계획과 급속한 산업화의 영향으로 인구의 도시 집중 및 농촌의 궁핍화 현상이 심화되었다.

이러한 현상으로 인간소외와 빈부의 갈등문제 등 근대화로 인한 사회적 문제의식이 심화되기 시작하였다.

1960년대의 문학은 사회적 역할에 대한 관심의 고조로, 사회 부조리에 대한 비판과 저항의식을 형상화한 현실 참여적 성격의 문학이 대두되었다. 1960년대부터 시작된 산업화는 여러 가지 사회 병리 현상이 수반되고 있는데 그중 대표적인 것이 배금주의, 출세주의, 허무주의 경향을 나타내게 된다.

문학의 순수성을 지향하는 서정주의, 민족의 분단이라는 비극성, 전쟁의 상처로 인하여 비참한 삶에 대한 인식이 고조되면서 이를 사실적으로 조명하였다. 그리고 역사에 대한 반성과 비판, 사회 현실에 대한 통찰과 인식을 바탕으로 한 사실적 묘사를 통해서 현실 참여적 문학이 고조되었다.

2) 1960년대 시

4·19혁명이 시적 형태로 표현되었는데 4·19는 3·1운동과 더불어 한국사에서 각각 근·현대를 특징짓는 역사적 계기가 된다고 할 것이다. 이러한 상황에서 시는 한 갈래에 정착하지 못하고 4·19의 혁명적 현실 인식의 중요성이 부각되면서 참여시와 실험시의 영역이 넓어졌다.

또한 동인지의 전성시대로 시단(詩壇) 인구의 급증으로 발표지면이 부족하여 새로운 발표기관으로서의 동인지 성격이 바뀌게 되었다. 시단 등용 후 공동의 발표기관으로서의 동인지와 〈현대문학〉, 〈자유문학〉, 〈문학춘추〉, 〈사상계〉, 〈시단〉, 〈여류시〉, 〈시맥〉, 〈시문학〉, 〈창비〉 등 문예지에 신인이 대량 배출되고 신춘문예에 시인 배출이 증가하였다.

시의 경향을 보면 전통적 서정시를 창작한 시인으로는 유안진, 박용래, 허영자, 신달자가 있으며 동양사상을 탐구하는 시인으로 박제천이 있다.

모더니즘을 지향하는 시인으로 이승훈, 이유경, 오탁번과 '현대시' 동인이 해당되며 인생론적 정신을 모색한 시인으로 김춘수, 이탄, 강우식, 김종해, 박이도 등이 있다.

김해성의 〈영산강〉은 호남평야 강줄기를 따라 역사적으로 벌어지는 민중들의 생활정신을 표현한 장편 서사시이다.

1924년 김동환의 〈국경의 밤〉 이후로 신동엽의 〈금강〉, 김해성의 〈영산강〉, 그리고 1953년 김용호의 〈남해찬가〉가 그 맥을 이어가고 있다.

김수영과 신동엽은 현실 참여와 상황시로 부패한 사회를 고발 및 비판하였다. 사회의식을 직시하고 서민의식을 바탕으로 사회 부조리에 대한 고발을 작품화하였다.

다음으로 서정성을 추구하는 시가 창작되었는데 현실 참여주의에 반대하고 시의 예술성과 자연에 대한 서정성을 추구한 시인으로 서정주, 김광섭, 박재삼, 이동주, 천상병이 있다. 예술성을 추구하는 방향으로 내용은 상징주의적인 방향이지만 시법은 비유나 암시를 강조하였다. 설명이나 직설은 배제되었으며 시의 대상은 현실보다 개인의 내적인 심리를 묘사하였다.

즉 새로운 기법과 정신을 바탕으로 시적 표현과 인식의 방법을 혁신하려는 경향이 있으며 관념적인 주제를 탐구하였다.

김춘수는 순수시의 극단적인 형태로서 무의미 시를 주장하면서 인생론적 정신을 모색하였는데 작품으로는 〈처용단장〉, 〈꽃〉, 〈타령조〉가 있다.

김수영은 〈예술부락(藝術部落)〉에 시 〈묘정(廟庭)의 노래〉를 발표하였고 지적 방황과 번민을 풍자적이며 지적인 언어로 시화하였다.

작품으로는 1959년에 간행된 첫 시집 『달나라의 장난』과 〈풀〉, 〈푸른 하늘을〉, 〈후란넬저고리〉, 〈강가에서〉, 〈거대(巨大)한 뿌리〉 등이 있다.

김수영 문학관

문학이 현실을 떠나서는 성립될 수 없다는 일반론적인 전제가 참여론의 기반인데 시의 현실 참여를 실천적으로 보여준 시인이다. 전후 시단에서 모더니즘 운동의 영향을 받았으며 4·19와 더불어 시대와 현실을 함께 사는 참여 시인으로 자유를 주제로 하고 있다. 한 시대의 정신적인 의미를 대표하는 〈풀〉은 그의 대표작이라고 할 수 있다.

〈우선 그놈의 사진을 떼어 밑씻개로 하자〉, 〈기도〉 〈육법전서와 혁명〉 등에서는 혁명의 감격을 노래하고 완수해 나갈 것을 노래했으며 〈어느 날 고궁을 나오면서〉, 〈절망〉, 〈식모〉 등은 부조리한 세계에 분개하는 자신의 소시민적 모습을 표현하였다.

〈거대한 뿌리〉는 4·19 이후 역사와 전통에 대한 깨달음을 보여주는 시이고 〈아픈 몸이〉는 4·19혁명의 실패로 인한 절망감과 극복을 노래한 시이다.

신동엽은 1958년 조선일보 신춘문예에 〈이야기하는 쟁기꾼의 대지〉가 입선되면서 문단활동을 하였으며 대표적 참여 시인이다. 정치적·경제적인 모순과 궁핍을 결부시켜 보여주고 있다.

〈금강〉은 장편 서사시인데 민족 수난에 대한 초극의지로 일관하면서 민족사관을 통해 저항 정신을 발휘하고 있다. 동학 혁명에 참여한 인물의 일생을 내용으로 하여 민중의 삶의 아픔을 그리고 있다.

〈종로오가〉는 한 시골 소년의 상경 이야기를 통해 1960년대 경제개발정책의 이면을 고발하고 있는 시이며 〈너는 모르리라〉, 〈내 고향은 아니었네〉에서는 역사와 권력의 문제를 보여주고 있다. 민중들에게 핍박과 눈물만을 강요하는 고향은 진정한 고향이 아니며 민중을 억압하고 그들에게 복종을 강요하는 것은 지배자의 행동이지 민중의 역사일 수 없다는 것이다.

신동엽의 대표작인 〈껍데기는 가라〉에서 '껍데기는 가라/ 사월도 알맹이만 남고/ 껍데기는 가라/ 껍데기는 가라/ 동학년 곰나루의 그 아우성만 살고/

껍데기는 가라'는 민족과 민중을 억압하고 착취하는 외세를 껍데기로, 순수한 민족적인 삶과 가치를 알맹이로 형상화시켜 민족, 민중 주체의 새로운 역사의 도래를 염원하고 있다.

3) 1960년 소설

사회의 부조리와 저항의식을 목적으로 하는 현실 참여적 성격의 문학이 강력하게 대두되었으며 분단의 아픔을 소설에서 보여주고 있다.

역사에 대한 반성과 비판, 사회 현실에 대한 통찰과 인식을 바탕으로 사실주의 문학도 등장하였다. 사실주의 문학은 역사와 사회 현실을 객관적으로 묘사하였으며 전통적 서정주의와 문학적 기교를 추구하여 문학의 예술성을 보여주었다. 탈춤, 판소리, 무가, 민요 등 우리 것에 대한 관심을 보이고 그것을 작품에 사용하기도 하였다.

모더니즘적 경향을 보인 작가로는 김승옥, 이청준, 최인호 등이 있고, 리얼리즘적 경향의 작가에는 신상웅, 이문구, 정을병 등이 있다.

농민의 문제를 다룬 작품에는 이문구의 『장한몽(長恨夢)』이 있는데 산업화로 인한 인간성 말살에 대한 대응책의 일환으로 농민소설을 창작하였다.

신세대 작가로는 김승옥과 이청준 작가가 있는데 김승옥은 〈무진기행〉을 창작한 신세대의 선두주자라고 할 수 있다.

이청준은 『병신과 머저리』라는 작품에서 심리주의적 경향으로 6·25의 상처를 가진 '형'과 아픔의 원인을 모르는 '나'의 모습을 통해 4·19의 좌절이 남긴 개인의 내면적 상처를 보여주고 있다.

민족의 비극과 분단 현실에 대한 인식으로 6·25전쟁의 아픔과 인간의 비참한 삶 등 분단이라는 비극을 사실적으로 표현하였다.

60년대 전반기는 전·후 소설이 만개한 시기로, 전쟁소설, 역사소설, 심리소설, 이념소설, 실험소설 등 다양한 소설 유형이 나왔다. 작가로는 안수길, 강신재, 손창섭, 이호철, 서기원, 박경리의 작품이 두드러진다.

60년대 후반기에는 최인훈, 김원일, 김승옥, 이청준이 이끄는 새로운 감수성의 소설이 나오기 시작하였으며 전후의 소재를 가지고 전쟁과 허무감 등을 표현하였다.

최인훈은 1959년 〈자유문학〉에 단편 『그레이 구락부 전말기』와 『라울전(傳)』을 써 안수길(安壽吉)의 추천으로 등단하였고, 그 후 『9월의 다알리아』, 『우상의 집』, 『가면고』를 거쳐 〈새벽〉 11월호에 중편 『광장』을 발표하였다. 『광장』은 60년대 대표작이며 남북한의 이데올로기를 동시에 비판한 최초의 소설이자 뛰어난 소설로 꼽힌다. 이명준이란 지식인의 삶에서 민족의 비극을 이끌어내고 있다.

김승옥은 1962년 신춘문예에 단편소설 『생명연습』이 당선된 후, '감수성의 혁명'이라는 찬사를 받았다. 감각적인 문체가 뛰어난 60년대를 대표하는 작가이다. 작품활동이 주로 60년대에 이루어졌고 『서울, 1964년 겨울』이나 『60년대식』 등의 제목에서부터 '60년대'를 이야기하고 있음을 나타내고 있다. 김승옥의 문체는 개인의 내면을 잘 보여주고 있으며 신선한 언어 감각을 보여주고 있다.

대표적인 『무진 기행』은 1964년 10월 〈사상계〉에 발표된 단편소설로, 도시에 갔던 주인공이 고향인 무진에 왔다가 서울로 돌아가기 전까지 겪는 일들을 서술하고 있다.

이 작품은 배경의 기능을 잘 살린 소설로 평가되고 있다. 소설 속에는 두 개의 공간이 나오는데, 하나는 아내가 있는 서울로 현실적인 세계이며, 다른 하나는 무진으로 나른하고 축축한 몽환의 세계이다. 서울은 일상의 공간이고 무진은 탈일상의 공간이며 아내가 있고 직장이 있는 서울은 세속적이고 현실적이다. 무진은 안개와 바다가 있고 자살한 여인의 시체와 하인숙의 노래가 있는 몽환적 공간이다.

무진은 서울보다 아름답지만, 사람은 몽환 속에서 살 수 없으며 이러한 여정 속에서 '나'는 어두운 과거와 현재의 비슷한 삶을 뒤돌아보고 심한 부끄러움을 느낀다. '나'는 아내에게 전보를 받고 '한 번만, 마지막으로 한 번만, 이 무진을, 안개를, 외롭게 미쳐 가는 것을, 유행가를, 술집 여자의 자살을, 배반을, 무책임을 긍정하기로 하자. 마지막으로 한 번만이다. 꼭 한 번만. 그리고 나는 내게 주어진 한정된 책임 속에서만 살기로 약속한다.'라고 무진에 집착하려 한다. 하지만 결국 '나'는 무진을 떠나기 전 하인숙에게 쓴 편지를 찢어 버림으로써 무진은 또다시 추억의 공간으로 사라지고, '나'는 현실로 회귀하게 된다. 1960년대의 허무의식을 잘 보여주고 있으며 일상을 벗어나고 싶어 하는 인간의 심성을 기본으로 주인공인 '나'가 서울을 떠나 무진으로 갔다가 다시 서울로 돌아온다는 내용이다.

이 작품에서 주목할 것은 자연적 배경의 하나인 '안개'가 지닌 의미인데 여기서의 '무진(霧津)'이란 지명이 지닌 안개는 기후로서의 안개가 아니라 사물로서의 안개를 의미한다. 즉 '안개'는 출구가 막힌 듯한 답답한 상황과 함께 자기 존재의식이 희미한 상황을 나타내고 있다. 안개 속에서 벗어나려고 하는 주인공의 의식과 안타까운 행동들은 진정한 자아를 찾으려는 현대인의 전형적인 모습이다.

이청준은 1965년에 〈사상계〉 신인상에 『퇴원』으로 당선되어 등단하였다. 『병신과 머저리』(1966), 『굴레』(1966), 『석화촌』(1968), 『매잡이』(1968) 등의 초기작에서 현실과 관념, 허무와 의지를 묘사하고 있다.

1970년대에 들어서면서 『소문의 벽』(1971), 『조율사』(1972), 『들어보면 아시겠지만』(1972), 『떠도는 말들』(1973), 『이어도』(1974), 『낮은 목소리로』(1974), 『자서전들 쓰십시다』(1976), 『서편제』(1976), 『불을 머금은 항아리』(1977), 『잔인한 도시』(1978), 『살아있는 늪』(1979) 등의 무게 있는 작품을 발표하였다.

『잔인한 도시』에서는 닫힌 상황과 그것을 벗어나는 자유의 의미를 보다 정교하게 그려내기도 하고, 『살아있는 늪』에서는 현실의 모순과 문제점을 보여준다.

이호철은 1955년 황순원(黃順元)에 의해 추천받아 단편소설 『탈향(脫鄕)』과 『나상(裸像)』으로 등단하였다.

분단의 아픔을 그린 『탈향』을 비롯해 『나상』, 『소묘』, 『파열구』 등 전쟁의 상처를 섬세한 필치로 묘사한 초기 작품들은 작가의 체험을 바탕으로 한 서정적 리얼리즘의 세계를 보여준다.

1960년대에 들어서면서 분단문제를 역사적인 감각을 통해 사실적으로 그려냄으로써, 초기의 서정적 차원에서 벗어나 현실세계를 포용하는 객관적 리얼리즘의 모습을 보여주고 있다.

특히 1961년 〈사상계〉에 발표한 단편소설 『판문점』은 초기의 개인적 체험에서 사회적 현실로 관심의 영역을 확대해 가는 작품으로 작가의 문학적 변모를 가늠할 수 있는 중요한 소설로 평가된다.

분단으로 인해 삶의 터전을 상실하고 정착하지 못하는 월남민의 왜곡된 삶과 현실을 풍자적으로 그려낸 장편소설 『소시민』(1964)은 작품세계의 변화를 보여준다. 『닳아지는 살들』(1962)과 『무너앉는 소리』(1963)는 실향민 세대와 젊은 세대의 갈등이 분단의 비극에서 비롯됨을 그려내고 있다.

전쟁이 가져다준, 가족의 내면적인 모습들이 파탄나는 비극을 보여주며 전후(戰後)의 현실에 적응하지 못하는 가족의 비극도 보여준다. 분단 상황의 사회적 모순과 인간의 역사적 소외의식을 잘 표현하고 있다. 『서울은 만원이다』는 도시에 거주하는 소시민의 삶을 그린 작품이다.

그 밖에 사회성이 강한 풍자적 경향을 보인 것으로 『퇴역 선임하사』, 『자유만복』, 『부시장 부임지로 안 가다』, 『어느 이발소』, 『탈사육자회의』 등이 있다.

제8장 1970년대 문학

1) 시대 배경 및 문학적 특징

경제성장과 도시의 확대로 도시와 농촌의 격차가 심화되었으며 광공업, 제조업에 비해 농수산업이 낙후되어 대규모 이농이 발생하였다.

산업화로 인하여 생활수준이 향상되자 권리에 대한 요구가 고조되어 노사간의 대립과 갈등이 본격화되었다. 1970년 11월 전태일 분신 사건이 발생했으며 시식인, 학생, 야당, 각종 사회단체들은 저항운동을 시작하였다.

10월 유신과 독재 정권으로 인권탄압이 심화되었고 민주화에 대한 열기와 민주화를 둘러싼 정치적 갈등의 문제로 인한 작품도 등장하게 되었다.

산업화의 과정에서 소외된 농촌과 민중, 그리고 도시빈민의 삶에 대한 문학적 관심이 고조되면서 '민중문학'이 표면화되기 시작하였다. 도시 영세민과 노동자의 삶을 다양한 시각에서 표현한 작품이 등장하였으며 소시민적 삶의 허위성을 고발한 작품과 참여문학이 민중적인 성격으로 발전하였다. 따라서 농촌 공동체의 붕괴와 도시 빈민의 문제, 소외의 문제와 분단의 문제 등을 작품에 다루었다.

2) 1970년대 시

노동자와 도시 영세민의 문제를 다양한 시각으로 다룬 시와 도시를 중심으로 소시민의 허위의식을 비판하거나 반성하는 시가 창작되었다.

도시 문명과 인간의 소외를 다룬 시와 서정양식을 계승하려는 시가 나왔으며 종교적 상상력을 표현하려는 시와 분단 문제 등을 다룬 시가 등장하게 되었다.

〈반시〉, 〈자유시〉, 〈육시(六詩)〉, 〈시법〉, 〈말〉, 〈육성〉, 〈신감각〉 등의 동인지가 다수 발간되었다. 모더니즘적인 경향을 보인 시인으로는 전봉건, 김춘수, 송욱, 이승훈, 황동규, 오규원 등이 있다.

70년대는 민중시의 창작이 활발했는데 60년대 참여시보다 더 투쟁적이며 시대정신과 저항정신을 표현하였다. 대표적 시인으로 김지하, 양성우, 고은, 신경림, 조태일, 이성부 등이 있다.

순수시의 방향으로 서정시와 모더니즘 경향으로 작품을 창작한 시인으로는 박재삼, 정현종, 황동규, 이승훈 등이 있다.

황동규의 시로는 〈어떤 개인 날〉, 〈비가〉, 〈평균율1〉, 〈평균율2〉, 〈삼남에 내리는 눈〉 등이 있는데 초기에는 모호하고 추상적인 내면세계로부터 시작하여 구체적이고 보편적인 삶의 현장을 표현하고 있다. 〈삼남에 내리는 눈〉은 상상력의 역동성을 강조하였으며 정치적 폭력을 암시하는 가혹한 시적 상황을 설정하고 그것이 인간의 정신과 꿈을 얼마나 황폐화시키고 있는가를 보여주는 데 주력하고 있다.

이승훈의 시로는 〈환상의 다리〉, 〈당신의 초상〉 등이 있는데 초기 시는 어두운 의식의 내면세계를 그리고 있다.

〈환상의 다리〉에서는 외부의 대상 세계를 지향하는 것이 아니라 자유 연상에 의한 상상력을 표현하고 있다.

김지하의 〈오적〉은 당대의 지배세력을 비판한 담시로 전통적인 운문 양식인 가사와 타령, 판소리 사설 등을 변용함으로서 새로운 시의 기능성을 보였다. 〈오적〉이라는 시에서 민중의 삶과 한을 노래했으며 당대의 지배세력을 비판한 담시 형태로 묘사하였다. 민중적인 가락으로 하고 싶은 이야기를 형식에 구애받지 않고 자유롭게 담고 있다.

'시(詩)를 쓰되 좀스럽게 쓰지 말고 똑 이렇게 쓰랏다./내 어쩌다 붓끝이 험한 죄로 칠전에 끌려가/ 볼기를 맞은지도 하도 오래라 삭신이 근질근질/ 방정맞은 조동아리 손목댕이 오물오물 수물수물/ 뭐든 자꾸 쓰고 싶어 견딜 수가 없으니, 에라 모르것다/ 볼기가 확확 불이 나게 맞을 때는 맞더라도/ 내 별별 이상한 도둑이야기를 하나 쓰것다.'며 자신이 하고 싶은 이야기를 사심 없이 표현하고 있다.

이성부는 〈벼〉라는 시에서 벼를 민중의 상징으로 제시하고 있으며 민중시인으로 활동하였다. 개성과 생기 있는 향토색과 저항적인 현실의식을 기조로 〈우리들의 양식〉, 〈백제행〉, 〈전야〉, 〈빈 산 뒤에 두고〉 등의 작품을 썼다.

정현종의 시집으로는『사물의 꿈』,『나는 별 아저씨』가 있는데 초기 시는 실존주의적 허무주의라 부를 수 있는 불안, 우울 등의 감정으로 출발하였으며 관념적 지향성을 보이고 있다. 〈사물의 꿈〉에서는 언어의 의미 표상과 감각성을 토대로 시적 정서를 표현하고 있다.

오규원의 〈순례〉에서는 언어를 되살리기 위한 방법으로 일상적인 감각을 거부하고 역설을 구사하고 있다. 〈현대시〉 후기 동인으로 참여하였으며 시집『반란하는 빛』을 1970년에 간행하였다. 초현실주의적 기법을 구사하여 삶의 존재론적인 비극에 대한 아픔이 주조를 이루고 있다.

강은교는 주지적 서정성을 추구하는 작품을 창작했으며 시집으로 『허무집(虛無集)』, 『풀잎』, 『빈자일기』가 있다. 『허무집』은 허무의식과 죽음이 주조를 이룬 비극적이고 아이러니한 세계를 형상화하고 있다.

감태준은 〈몸 바뀐 사람들〉에서 변두리 소외 계층의 삶을 비애와 울분으로 표현하였으며 비관적이고 부정적인 현실인식을 뿌리로 삼고 있다. 시에 등장하는 인물들은 고향을 떠나 서울에서 뿌리내리지 못한 도시 빈민들이다.

김광규의 〈우리를 적시는 마지막 꿈〉이라는 시에서 등장하는 인물들은 중산층 소시민이다. 소시민의 안이함과 속물근성, 무기력한 모습들을 제시하고 있다. 산업화 시대를 살아가는 노동자, 농민, 도시 빈민, 중산층을 포함하는 광범위한 소시민의 생활을 비판적으로 탐구하고 있으며 알레고리적 표현을 통해 간접적으로 암시하고 있다.

최승호는 〈대설주의보〉에서 탄광촌 사북에서의 경험과 사북 사태와 관련된 사건들을 제시하면서 허무주의를 비관적으로 표현하고 있다. 문명 비판적 시각을 표출하고 있으며 개, 구더기들, 통조림 속의 살코기, 쥐치포, 게, 거미, 북어, 잠자리, 박쥐 등을 등장시키고 있다. 이를 도시문명의 쓰레기들로 표현하고 있으며, 자연과학도와 같은 냉철한 시각으로 묘사하며 현실비판적으로 형상화시키고 있다.

이성복은 〈뒹구는 돌은 언제 잠깨는가〉에서 한 가족의 비극적인 가족사를 표현하고 있다. 개인적 비극을 넘어 역사적이며 사회적인 삶의 비극을 묘사하고 있다.

김혜순의 작품으로는 『또 다른 별에서』라는 시집이 있다. 초기 시는 세계화에 따른 좌절과 소외로 인한 왜소화, 욕망으로 인한 현대인의 심리, 타자와의 단절된 상황을 재담, 유머, 아이러니의 어조로 표현하고 있다.

신경림의 〈농무〉는 농민계급의 문제와 산업화의 과정에서 철저히 소외된 농촌 현실과 농민들의 절망과 분노를 표현하였다. 즉 산업화 과정에서 피폐해진 농촌현상을 직시하고 여기서 파생된 문제들에 깊이 고뇌하여 쓰인 연작시이다. 민중의 삶에 애정을 갖고 한과 슬픔을 형상화하고 있다.

〈농무〉에서 '징이 울린다 막이 내렸다/ 오동나무에 전등이 매어달린 가설무대/ 구경꾼이 돌아가고 난 텅 빈 운동장/ 우리는 분이 얼룩진 얼굴로/ 학교 앞 소줏집에 몰려 술을 마신다/ 답답하고 고달프게 사는 것이 원통하다'라며 1970년대 초반 산업화로 붕괴되어 가는 농촌 공동체의 모습을 농무의 신명으로 표현하고 있다.

사회적인 변화를 객관적으로 형상화하고 있으며 신명나지 않는 농촌생활과 이를 안타깝게 지켜보는 농민들의 모습을 사실적으로 전달하고 있다.

정희성은 〈저문 강에 삽을 씻고〉라는 시에서 노동자 삶의 비애감을 노래하였는데 도시변두리에서 살아가는 일용노동자의 문제를 서정적인 필치로 형상화하였다. 구체적 삶의 현장을 형상화한 작품으로, 참여시가 지니는 한계를 극복하고 시적 형식의 자유로움과 감성의 역동성을 보이는 대표작이다.

세상을 향한 시선과 인생에 대한 통찰이 절제된 시어로 형상화되고 있다. 1960년대에 참여시를 개척한 김수영(金洙暎)・신동엽(申東曄)의 뒤를 이어 민중의 일상적 삶을 살아가는 모습을 구체적으로 표현한 1970년대의 대표적인 참여시인이라고 할 수 있다.

대표시 〈저문 강에 삽을 씻고〉에서 '일이 끝나 저물어/ 스스로 깊어가는 강을 바라보며/ 쭈구려 앉아 담배를 피우고/ 나는 돌아갈 뿐이다.//삽자루에 맡긴 한 생애가/ 이렇게 저물고 저물어서/ 샛강 바닥에 썩은 물에/ 달이 뜨는구나./ 우리가 저와 같아서/ 흐르는 물에 삽을 씻고/ 먹을 것 없는 사람들의 마을로/ 다시 어두워 돌아가야 한다'라며 화자인 중년의 노동자는 흐르는 강에서 삶을 보고 있다. 삽을 씻으며 자기가 살아온 인생에 대해 성찰하고 있다. 중년 노동자의 고단한 삶을 통해 민중의 아픔을 묘사하고 있으며 절제된 감정을 통해 시인 스스로가 시적 화자에 다가가고 있다.

김준태의 시 〈참깨를 털면서〉는 노동이 갖고 있는 건강한 가치와 현실 변혁의 가능성을 암시하였으며 최하림의 시 〈우리들을 위하여〉는 현실 비판적인 의식과 민중들의 삶에 대한 애정을 묘사하고 있다.

조태일의 〈식칼론〉은 시퍼렇게 날이 선 '식칼'의 이미지를 빌려 시대 현실에 대한 비판과 저항의 정신을 형상화하고 있다. 〈국토〉는 분단된 현실과 그 속에서 이루어지는 민중의 삶에 대한 관심을 연작시로 표현한 작품이다.

고은의 〈문의 마을에 가서〉는 민중의 이상을 노래하였는데 부정과 불의에 가득찬 현실에 대한 저항과 투쟁의 의지로 형상화하고 있다.

전통적인 서정양식으로 자연과 아름다움을 표현한 시인으로는 박재삼, 박용래, 이동주, 나태주, 이성선 등이 있다.

종교적 서정양식으로 창작한 시인 중 불교적 상상력으로 창작한 시인에는 고은, 김달진, 박제천, 임성조 등이 있으며 기독교적 상상력으로 창작한 시인으로는 박두진, 김현승, 구상, 박이도, 김남조 등이 있다.

그 밖에 여성시인들이 등장했는데 강은교, 고정희, 김승희, 최승자, 김혜순 등이 대표적이라고 할 수 있다.

3) 1970년대 소설

1970년대 작가들 대다수는 도시 영세민과, 농민, 그리고 노동자 등을 대상으로 쓴 소설 창작에 주력하였다.

산업화의 문제를 다룬 황석영의 『객지』와 조세희의 『난장이가 쏘아 올린 작은 공』, 이문구의 『관촌 수필』, 그리고 이념과 분단문제를 다룬 윤흥길의 『장마』, 김원일의 『노을』, 전상국의 『아베의 가족』 등이 있다.

70년대는 인권탄압이 심화되었으며, 억압적인 세계에 대한 인식과 굴절된 자아의 모습이 다양하게 표현되었다. 여기에 해당되는 작품으로는 조해일의 『매일 죽는 사람』과 윤흥길의 『아홉 켤레의 구두로 남은 사내』가 있다.

조해일의 『매일 죽는 사람』이라는 작품을 살펴보면 "일요일인데도 그는 죽으러 나가려고 구두끈을 매고 있었다"라는 구절에서 영화 엑스트라로 매일 죽는 연기를 해야 하는 이 주인공이 구두끈을 정성껏 매는 것은 이 세상을 대충 편리하게 살아가지 않겠다는 강한 의지의 모습을 보여준다.

편리한 방식을 자기 자신에게만은 허용하지 않을 것이라고 말하듯이 그의 현실은 성의 없고 무표정한 얼굴을 한 임신 7개월의 아내가 내미는 온갖 고지서들에 의해 찌들어 있지만 정성을 다해 구두끈을 매며 하루를 시작하려는 의식만은 지속되었다. 이것은 70년대를 당당하게 살아가려는 의지의 표현이라고도 할 수 있다.

윤흥길의 『아홉 켤레의 구두로 남은 사내』라는 작품을 살펴보면 출판사에 근무하던 지식인 권기용은 철거민 입주권을 산 계기로 광주 대단지 사건에 연루되어 감옥살이를 하고 직장을 잃어 마침내 도시 빈민으로 전락해 버린 처지이지만 그의 신발장에는 늘 번쩍거리며 외출할 주인을 기다리는 구두가 아홉 켤레씩이나 준비되어 있다. 그의 현실과 구두의 부조화는 아픔과 연민을 자아낸다. 부인의 병원비를 마련하기 위해 강도짓까지 하게 되는 현실이지만 신발장에 남아 있는 구두는 70년대 소시민의 꿈이자 희망인 것이다.

70년대 소설의 또 다른 특징은 해체되는 농촌 사회의 모습과 민중의식을 보여준다. 농업 중심의 사회에서 공업 중심의 사회로의 이동을 의미하는 산업화 과정은 농촌 공동체 사회의 해체를 초래하고 있다.

산업화 초기의 이농과 도시 전출로 고향을 떠나 서울에서 날품팔이나 일용직 노동을 하는 도시 빈민계층이 급증했다.

농촌 공동체의 해체와 토속적인 풍경, 농민들의 저항의식을 표현한 작가로는 이문구, 송기숙, 한승원 등이 있다.

이문구의 『관촌수필』은 풍부한 어휘와 해학적인 문체가 돋보이는데 농촌 현실과 농민의 삶을 여러 측면에서 조명하고 비판하고 있다. 유년기 농촌 체험과 귀향 후의 생활을 바탕으로 창작한 것이라고 할 수 있다.

송기숙의 『재수 없는 금의환향』은 서울 가서 출세했다고 으시대는 복만이를 내세워 의병비를 세우는 데 기부금을 내는 시골 동창들의 모습에서 느껴지는 해학과 더불어 민중의식의 모습을 보여주고 있다.

또 『자랏골의 비가(悲歌)』는 전라도 벽지의 한 마을 자랏골에서 묘지를 둘러싸고 벌어진 3대의 비극적인 이야기를 다룬 작품인데 고유의 토착어와 격언, 속담 등과 풍자, 익살 등이 작품 속에 드러난다. 1918년부터 4·19혁명까지의, 3대에 걸친 한 촌락의 비극적 운명을 집약하고 있는데 일정한 주인공이 없는 마을 전체가 주인공이라고 할 수 있다. 자랏골의 우매하고 소박하고 가진 것이 없는 촌민들은 외부로부터의 무시와 희롱을 당하고 대를 이어 고통을 겪는다. 특정한 공간에만 국한되지 않는 나라 전체의 서민층을 대변하는 지역으로 숙명적인 비극을 보여준다.

황석영의 『삼포 가는 길』에서 떠돌이 노동자인 영달과 갓 출소한 정씨, 열여덟에 가출해서 험난한 삶의 지친 모습인 백화가 처한 현실은 작품 첫 부분의 배경묘사로 이 작품을 미리 암시하고 있다. 작품에서 '영달은 어디로 갈 것인가 궁리해 보면서 잠깐 서 있었다. 새벽의 겨울 바람이 매섭게 불어왔다' 등 새로운 일을 찾아 나서야 하는 겨울이 되니 정씨의 고향인 '삼포'를 찾아 나서는 세 사람이 등장한다.

더 이상 빼앗길 것도 없고 아무런 미래의 희망도 보장받지 못한 이들은 순수한 연대감을 느끼고 있다. 이들에게 삼포는 더 이상 아름다운 고향이 아니라서 마음의 정처를 잃게 되었지만 새로 벌어진 공사판은 새 일터로 다가오게 된다. 척박한 현실 속에서도 따스함을 간직한 등장인물들의 모습은 타오르는 톱밥 난롯가에서 연착하는 열차를 기다리는 노동 현실을 보여준다.

그 밖에 황석영의 작품인 『객지』, 『한씨연대기』 등도 리얼리즘 미학을 보여주는 대표작들이다.

『객지』는 서해안 간척지에서 일하는 일급(日給) 노동자들의 삶을 다룬 것으로 비인간적인 노동 조건과 패배의식을 잘 보여주고 있다. 간척 사업의 현장을 무대로 그곳에서 일하는 떠돌이 노동자들의 삶을 나룬 작품이다. 읍내로 나가도 육십 리 길을 가야 내륙으로 이어지는 철도를 탈 수 있는 바닷가의 공사 현장은 떠돌이 노동자들에겐 생활의 공간이 아니라 처절한 생존 투쟁의 공간일 수밖에 없다. 그곳에서 혹독한 노동의 대가로 손에 쥐게 되는 일당 130원짜리 맘보 한 장으로 세 끼 밥과 합숙소에서의 숙박비를 제하고 나면 고작 10원이 남는다.

노동자들은 비록 자신에게 주어진 노동 조건이 불합리한 것이라 하더라도 순응하며 살아간다. 이것은 오랜 기간 눌려 살면서 적극적인 삶의 의지를 포기하는 하층 노동자들의 모습을 보여주는 것으로 『객지』는 70년대 민중문학의 뛰어난 작품으로 평가되고 있다.

조세희의 『난장이가 쏘아 올린 작은 공』은 기층민의 삶의 풍경과 그 풍경을 제시한 독특한 연작소설이다. 아버지 난장이는 초기 산업화 시대의 뿌리 뽑힌 집단에 대한 묘사이고 그가 자살한 후 은강으로 이주하여 공장 노동자가 되는 자식들의 삶은 노동자 계급에 속한 것으로 70년대 후반의 노동 집단의 전형을 잘 형상화시키고 있다. 기층민중의 비인간적인 모습을 고발했으며 동화 같은 환상성과 독특한 노동소설의 묘미를 보여주고 있다.

다음은 세태소설로, 1970년대 서울의 모습을 표현한 작품으로는 최일남의『서울 사람들』과『타령』, 박완서의『도시의 흉년』,『휘청거리는 오후』와 이청준의『소문의 벽』이 있다. 상상력보다는 자신이 직접 체험한 것으로 친근감을 보여주고 있으며 서민층의 삶의 애환과 세태를 묘사하고 있다.『서울 사람들』이라는 작품은 시골 출신의 동기생들이 고향 정서를 느끼기 위해 여행을 떠나 겪게 되는 사건인데 급속도로 산업화된 도시 문화에 길들여지고 그리운 고향은 불편하고 초라한 곳이 된 세태를 묘사하고 있다.

박완서의『도시의 흉년』은 서울을 다각적으로 탐색하고 있으며 작품의 공간은 정릉, 금호동, 한강변, 화곡동, 수색 등의 광범위한 지역에 걸쳐 있다. 주거지역 또한 고급 주택가, 신흥 주택가, 산동네, 아파트 단지 등으로 세분하여 묘사하고 있다. 이 작품에 포착된 도시의 모습은 추하고 더러운 내장을 가진 게으르고 아둔한 괴물이며 밤이면 살벌하고 파렴치한 모습으로 변한다.

『휘청거리는 오후』는 중산층 소시민의 물질주의적 욕구와 허위의식을 묘사하고 있으며 타락한 현실에 대한 비판을 보여주고 있다. 허영심 많고 극성스런 어머니로 인해 실패하는 세 딸의 결혼 과정을 통해 물질적인 욕망에 의해 훼손되고 파괴되는 삶의 모습을 비판적으로 보여주고 있으며 여성의식을 획득하지 못한 현대 여성의 자각을 작품 속에서 묘사하고 있다.

도시 속의 인간소외를 표현한 작품으로는 한수산의『사월의 꿈』, 이청준의『소문의 벽』,『잔인한 도시』등이 있다.

이청준의『소문의 벽』은 현실세계의 부조리와 불합리를 냉정하게 포착해 진실이 거부되는 당대의 억압된 상황을 포착하고 있으며『잔인한 도시』에서는 인간이 추구하고 누려야 할 자유의 문제에 대해 다루고 있다. 한수산의

『사월의 꿈』은 죽음 앞에서 인간의 연약한 모습과 실존에 의미를 부여하고 있다.

1970년대에는 소설이 대중화되었으며 소설적 모티프 중 하나로 '호스티스'라는 여성 주인공을 등장시켰다. 최인호의 『별들의 고향』, 조해일의 『겨울여자』, 조선작의 『영자의 전성시대』 등이 있다.

소비적 향락 문화의 주인공들로 물질주의와 사회적 타락의 단면을 보여주고 있는데 소설의 대중화에 성공하였고, 베스트셀러라는 개념에 일조한 인기 작가였다.

1970년대 대중적인 인기를 얻은 최인호 소설가는 급속도로 도시화되고 있는 삶의 공간에서 소외된 개인의 존재를 다양한 기법으로 묘사하였는데 작품으로는 『술꾼』, 『타인의 방』, 『돌의 초상』 등이 있다.

특히 신문에 연재한 대중소설인 『별들의 고향』, 『바보들의 행진』, 『적도의 꽃』 등은 당대 최고의 대중소설 작가로서의 명성을 날렸다.

도시의 감수성, 섬세한 심리묘사와 극적인 사건의 설정 등으로 소설의 대중화를 이루어 독자기반을 확대한 작가이다.

소설의 대중화로 영화로도 만들어져 흥행에도 큰 성공을 거두었는데 『바보들의 행진』, 『고래사냥』 등을 통해 당대의 '청년문화'를 형성하기도 하였다.

다음으로 분단 문제를 가지고 소설로 형상화한 작품으로는 김원일의 『어둠의 혼』, 『노을』, 윤홍길의 『장마』, 이병주의 『지리산』, 조정래의 『황토』, 오정희의 『중국인 거리』, 이동하의 『장난감 도시』, 전상국의 『아베의 가족』, 홍성원의 『남과 북』 등이 있다.

윤홍길의 『장마』는 혈연과 관련된 이데올로기의 대립과 갈등을 보여주었으며 유년기 화자의 한국전쟁 체험을 소설화하였다. 분단의 현실을 다룬 소설은 자신이 소년시절에 직접 경험한 것을 토대로 한 것이 대부분이다.

다음으로 역사소설에 중점을 둔 소설이 있는데 서기원의 『혁명』, 류현종의 『들불』, 문순태의 『타오르는 강』, 김주영의 『객주』, 황석영의 『장길산』, 박경리의 『토지』, 유금호의 『만적』 등이 있다.

제9장 1980년대 문학

1) 시대 개관 및 문학적 특징

1980년대는 정치와 사회, 문화 등이 급변하는 상황이었으며 5.18 광주항쟁과 10.26사태, 12.12 등의 사건들이 일어났다. 1980년 5월 18일 광주민주화 운동에서부터 80년대의 민족문학이 시작되었으며 민주화의 열기가 뜨거워졌다. 80년대 중반에 월북작가의 해금과 반미운동이 일어났으며 80년대 후반부에는 반공 이데올로기가 나타났다. 반면에 사회주의 국가들이 붕괴되거나 동요하는 사태가 나타났으나 국내에서는 산업화, 근대화, 도시화가 계속 추진되었다. 또한 정치, 사회, 문화 등 여러 측면에서 뒤바뀌는 해체의 시대가 도래하였다.

1980년대 노동자의 삶을 형상화한 노동문학이 나왔으며 후반기는 민중문학 주체논쟁이 벌어진 시기이다. 1983년에 박현채의 '문학과 경제', 이재현의 '문학의 노동화와 노동의 문학화'가 나오면서 민중문학에 관련된 논의가 활발하였다.

민중문학론이라는 개념은 민중의 요구와 광주민주화 운동을 필두로 민주화 운동을 겪으면서 성장한 민중의식이 문학적 형상화를 통해 나타난 것이다.

다음으로 80년대는 무크 운동(Mook 運動)이 활발한데 의식을 같이하는 작가들이 모여 소책자를 통해 자신들의 문학적 입장을 밝히는 운동이다.

주로 젊은 작가나 비평가들에 의해 주도된 무크 운동은 문학 대중화에 기여했으며 검열에 맞서기 위해 출판해냈던 양식으로 잡지(Magazine)의 영문 'M'자와 책(book)의 영문표기 뒷부분을 합성하여 만든 말이다. 외형상 단행본이지만 내용은 잡지 식의 연계성을 갖도록 하여 판매한 양식이라고 할 수 있다.

무크지로는 〈실천문학〉, 〈문학예술운동〉, 〈노동해방문학〉 등이 있고 동인지로는 〈시운동〉, 〈시와 경제〉, 〈시인〉, 〈5월시〉, 〈삶의 문학〉, 〈분단시대〉, 〈민중시〉, 〈시힘〉 등이 있다.

80년대의 문학에서는 전반적으로 농민과 농촌, 노동자와 노동환경, 사회모순과 부조리, 환경문제, 분단 극복과 통일에 대한 의지 등을 주로 표현하였다. 해체문학은 시에서 많이 나타나게 되었고 문학의 전반에 사회의식의 전환이 나타나기도 했다. 이러한 80년대 문학을 가리켜 소시민적 민족운동, 민중적, 또는 민족문학, 민주주의 민족문학 등으로 부르기도 하였다.

2) 1980년대 시

노동자 계층의 문제를 본격적으로 다룬 노동문학이 발전하였다. 80년대의 억압된 상황을 고발하고 비판하는 저항시가 민중시의 중요한 형식으로 대두되었는데 투쟁적인 민중시라고 할 수 있다.

80년대의 시는 민중항쟁의 현장에서 쓰였던 시들과 노동자들의 시, 그리고 통일을 염원하는 시와 해체시 등으로 살펴볼 수 있다.

80년대 노동시로 대표되는 시인으로는 박노해, 김남주, 곽재구, 양성우 등이 있다.

박노해의 시집 『노동의 새벽』(1984)에 수록된 〈어쩌면〉, 〈바겐세일〉, 〈진짜 노동자〉 등은 상품화된 노동의 실상을 리얼하게 형상화하고 있으며 노동의 생활을 직접 겪는 노동자들의 생생한 현장을 묘사한 시들이 발표되었다.

박노해의 〈노동의 새벽〉이라는 시를 살펴보면 '전쟁 같은 밤일을 마치고 난/ 새벽 쓰린 가슴 위로/ 차거운 소주를 붓는다/ 아/ 이러다간 오래 못 가지/ 이러다간 끝내 못 가지/ 설은 세 그릇 짬밥으로/ 기름투성이 체력전을/ 전력을 다 짜내어 바둥치는/ 이 전쟁 같은 노동일을'라고 표현하고 있다.

〈노동의 새벽〉은 우리 문학사에 있어 하나의 충격으로 받아들이는 작품으로 현장의 구체성과 체험의 진실성 등이 드러난다는 평가를 받았다.

노동자의 노동 현장인 일상적 삶이 노동자의 언어로 형상화되었다는 점에서 더욱 충격적으로 다가온 것이다.

문학뿐만 아니라, 건축, 음악, 문화에서도 다양하게 나타나고 있는 포스트모더니즘은 과거에 갖고 있던 일관된 획일성이나 전통, 관습 등을 해체시키며 과거의 이분법적 사고를 초월하고 있다.

모더니즘 시에서 개성을 억제하고 압축적 형식성을 강조한 데 대하여 포스트모더니즘은 개성과 자율성, 다양성, 대중성을 중시하고 있다.

다음으로 환경문제를 다룬 생태시를 비롯하여 문명 비판적이고 풍자적인 시가 나타났는데 이성복, 황지우, 김광규, 오규원, 장정일, 민용태, 이승훈, 유하, 최승호 등이 이에 해당된다.

다음으로 황지우 시 〈무등〉을 살펴보기로 한다.

산
절망의 산
대가리를 밀어버
린, 민둥산, 벌거숭이산
분노의산, 사랑의산, 침묵의
산, 함성의산, 증인의산, 죽음의산
부활의산, 영생하는산, 생의산, 희생의
산, 숨가쁜산, 치밀어오르는산, 갈망하는

〈무등〉은 시의 언어를 나열하여 시각적인 산의 모습을 보여주고 있다.

그 밖에 서사시, 장시, 연작시, 공동 창작시가 성행했으며 고은 시인은 장편 서사시 〈백두산〉과 연작 장시 〈만인보〉 등을 창작하였다.

해체적 상상력으로 해체시를 창작한 시인으로는 이성복, 황지우, 박남철 등이 있는데 전통시의 형태를 파괴한 일련의 전위적 실험시라고 할 수 있다.

낯선 소재와 표현 양식을 제시하고 있으며 시의 소재로 신문기사나 광고 벽보, 사진, 만화 같은 것이 채택되기도 하였다.

표현양식에 있어서도 문맥의 유기적인 상관성을 해체하고 의도적으로 이미지나 문장들을 나열하는가 하면 비어, 욕설 등을 고의적으로 구사하여 고정관념을 파괴하여 독자들에게 충격을 주고 있다.

박남철의 시 〈독자놈 길들이기〉를 살펴보면

> 내 詩에 대하여 의아해 하는 구시대의 독자놈들에게/ 차렷, 열중쉬엇, 차렷, 이 좆만한 놈들이……/ 차렷, 열중쉬엇, 차렷, 열중쉬엇, 정신차렷, 차렷,, 차렷, 헤쳐모엿!/ 이 좆만한 놈들이……헤쳐모엿, (야 이 좆만한 놈들아, 느네들 정말 그 따위로들밖에 정신 못 차리겠어, 엉?)

차렷, 열중쉬엇, 차렷, 열중쉬엇, 차렷……(중략)

라고 교정부호를 사용하거나 거꾸로 글자를 쓰는가 하면, 부호나 도표도 과감히 시에 도입하고 있다. 이러한 형식 해체로 우리 문화의 이면에 감추어져 있는 위선을 철저히 해체시키고 있다. 고정된 틀로부터 자유로워질 것을 사고하고 있으며 그의 시에 나타나는 거침없는 비속어 역시 해체정신에 충실하고 있다고 보여진다. 기존의 시와 전혀 다른 시적인 문법을 보여주고 있으며 시적 화자는 독자에게 '이 좆만한 놈들이' 하고 욕설을 퍼붓고 시적 화자는 독자를 길들이겠다고 하면서 '차렷, 열중쉬엇, 차렷, 열중쉬엇, 정신차렷, 차렷,, 차렷, 헤쳐모엿!'이라고 구령을 붙이고 있는데, 이것 역시 시인이 독자에게 미칠 수 있는 영향을 철저히 부정하는 것이다.

전통적인 서정시와, 언어적 순수성으로 창작한 시인들도 등장하였는데 서정의 세계를 형상화한 시인으로 도종환, 정호승, 안도현 시인과 조정권의 〈시편〉, 송수권의 〈산문에 기대어〉, 최두석의 〈대꽃〉 등이 있다.

1980년대 베스트셀러 시집으로는 도종환의 『접시꽃 당신』과 서정윤의 『홀로서기』가 있다.

3) 1980년대 소설

1980년대 소설의 문학적 특징으로는 리얼리즘 문학론으로, 광주민주화운동을 소재로 한 소설이 등장하였다.

광주의 비극을 직접 체험한 작가인 임철우의 『봄날』, 『동행』, 『사산하는 여름』, 『아버지의 땅』, 홍희담의 『깃발』, 5·18을 문제화시킨 대표적인 작품인 최윤의 『저기 소리없이 한점 꽃잎이 지고』 등이 있다. 광주 문제를 보도하며 직접적으로 재현한 소설로는 윤정모의 『밤길』 등이 있다.

광주의 비극을 직접 체험한 임철우는 『봄날』(1984), 『동행』(1984), 『사산하는 여름』(1985) 등의 작품을 통해 폭력에 대해 표현하고 있다.

살아남은 자의 죄의식을 상징적 장치를 통해 간접적인 방식으로 드러내고 있다. 이들 소설에는 충격과 폭력으로부터 벗어나지 못하는 현실 부적응의 인물들이 제시되고 있는데, 상처받은 사람들의 연민을 반영시켰다고 볼 수 있다.

비인간적 실상을 극명하게 고발한 작품들도 등장하였다. 김영현의 『벌레』에는 인간을 벌레 같은 존재로 만드는 감옥생활의 모습들이 표현되고 있으며 『별』이라는 작품은 강제 징집된 군대 시절에 목격한 삼청교육대의 실상을 보여주고 있다. 『그해 겨울로 날아간 종이 비행기』라는 작품은 멀쩡했던 인간을 정신질환자로 만드는 고문의 체험을 서술하고 있다.

정도상의 『친구는 멀리 갔어도』는 강제 징집된 운동권 학생이 군대에서 겪는 육체적・정신적 고문을 작품 속에 투영시켜 폭력을 고발하고 있다.

이 시기에 분단소설이 등장하였는데 전쟁과 분단의 경험이 초래한 비극적인 가족사로 인해 고통당하는 모습들이 표현되고 있다.

박완서의 『엄마의 말뚝』, 『그해 겨울은 따뜻했네』라는 작품과 이창동의 『소지』, 『용천뱅이』, 임철우의 『아버지의 땅』 등은 비극적 가족사를 형상화시키고 있다. 김원일의 『불의 제전』, 『겨울 골짜기』 등의 소설에서는 객관적인 시각으로 좌익의 인물과 활동을 그려내고 있다.

장편 대하소설도 등장하였는데 조정래의 『태백산맥』이 대표작이다. 『태백산맥』은 여순(麗順) 반란 사건의 실패로 인해 지리산으로 퇴각하는 1948년 10월 24일부터 그 서막이 전개된다. 총 4부로 구성되었으며 제1부와 제2부는 여순 반란의 실패와 그로 인한 입산(入山), 빨치산의 유격전과 군경의 토벌 작전을 중심으로 전개되고 있다. 제3부는 6·25전쟁의 발발과 빨치산의 하산(下山), 미군의 참전과 빨치산의 재입산(再入山), 그리고 좌·우익의 극한의 투쟁을 보여주고 있다. 제4부는 휴전 협정의 조인을 다루고 있으며 투쟁의 방향을 역사 투쟁으로 바꾼 후, 중심인물인 염상진의 죽음으로 이 대하소설을 종결짓는다.

이문열의 『영웅 시대』는 이데올로기 자체의 허구성과 이로 인한 비극을 다룬 작품이다. 『우리들의 일그러진 영웅』은 권력의 허구성과 부조리한 현실에 이기적으로 적응하는 소시민적 행동을 비판하고 있으며 부정한 권력과 독재에 맞서는 주인의식을 보여주고 있다. 황석영의 『무기의 그늘』, 이상문의 『황색인』 등은 분단의 실상을 우회적으로 드러낸 작품이다.

산업화 과정에서 소외 계층과 노동 계급을 보여주는 작품도 등장했다. 이문구의 『우리동네』라는 작품은 환경오염과 자본주의적 소비 문화 등으로 황폐화되어 가는 농촌의 현실을 제시하고 있는데 도시화에 따른 무너져가는 농촌의 모습을 충청도 사투리로 표현하고 있다.

박영한의 『왕릉일가』는 도시 근교의 농촌 마을이 물질주의적 통속 문화에 물들어 가는 과정을 적나라하게 묘사하고 있으며 도시의 통속적 문화 유입으로 인해 갈등하고 있는 모습을 보여주고 있다. 최일남의 『고향에 갔더란다』는 도시에서 성공한 주인공을 맞이하는 고향의 모습이 옛날 같지 않음을 통해 출세한 졸부들의 허위의식을 풍자함과 동시에 도시만큼이나 빠르게 속물화되어 가고 있는 농촌 현실을 그려내고 있다.

양귀자의 『원미동 사람들』은 원미동이라는 부천의 한 동네를 통해 사무직 노동자, 생산직 노동자, 소상인, 가내 수공업자 등 다양한 직업을 가진 서민의 일상을 묘사하고 있다.

이 외에도 80년대 노동문제를 들고 일어난 조세희의 『난장이가 쏘아올린 작은 공』과 방현석의 『새벽 출정』, 정화진의 『쇳물처럼』과 해고 노동자의 체험을 그린 방현석의 『내딛는 첫발』 등이 있다. 방현석의 『새벽 출정』은 단순히 상상적 산물로서의 소산이 아니고 인천 세창물산의 노동운동과 그 과정에서 목숨을 잃은 실화를 다루었다는 것에 의의가 있다.

형식 파괴, 자아의 분열과 통합으로 창작한 소설에는 이인성의 『낯선 시간 속으로』, 『한없이 낮은 숨결』, 『공중누각』 등이 있다.

부조리한 상황에 의해 피해받은 개인의 심리적 상처로 창작한 소설로는 이동하의 『장난감 도시』, 김향숙의 『부르는 소리』, 임철우의 『개도둑』, 복거일의 『비명을 찾아서』 등이 있다.

제2부 참고문헌

김열규, 『한국 문학사의 현실과 이상』, 새문社, 1996.

김용직, 『한국문학을 위한 담론』, 푸른사상사, 2006.

김윤식, 『한국문학사』, 민음사, 2000.

김종회 · 신덕룡 · 심상교, 『문학의 이해』, 한울 아카데미, 2009.

조남철 외, 『한국현대문학의 이해와 감상』, 방송대, 2010.

조동일, 『한국문학사상사시론』, 지식산업사, 2005.

조연현, 『韓國文學概論 作家作品解說』, 어문각, 1984.

조윤제, 『韓國文學史』, 탐구당, 1987.

제3부 백석 시의 민속적 상상력

제1장 서론

본 연구는 한국 현대시에 나타난 민속의 수용 양상을 밝히는 데 목적이 있다. 한국 현대시가 서구 예술의 영향을 받으면서 발전한 것은 주지의 사실이다. 그러나 한국의 현대시는 서구 정신의 영향 못지않게 전통적 사상과 정서의 영향을 받으면서 오늘에 이르렀다. 따라서 한국 현대시의 전체적인 면모를 살피기 위해서는 서구 정신의 수용은 물론 전통과의 관계에 대한 연구가 절실히 요구된다. 그럼에도 불구하고 이제까지 현대시 연구는 주로 서구 사상과의 관계에만 편중되어 진행되었다. 따라서 본 연구에서는 현대시와 민속의 상관성에 주목함으로써 한국 현대시의 전통 관련성을 집중적으로 고찰하려 한다.

현대시에 나타난 전통성의 문제는 우선 전통을 어떻게 이해할 것인가의 문제를 제기한다. 본고에서는 전통의 개념을 단선적인 시간의 문제에서 벗어나 다원적이고 포괄적인 전승의 측면에서 접근하려 한다. 전통에 대한 이러한 태도는 궁극적으로 전통이 불변의 고정체가 아니라 주체적이고 능동적인 수용의 과정 속에서 동적으로 변모할 수 있음을 전제한다. 전승 문화란 시·공간의 계기적 과정 속에서 이어지면서 민족 구성원 전체에게 영향을 미쳐 온 민중 문화이다. 그러므로 전승 문화는 의·식·주를 비롯하여 사회적 관습이나 관행, 세시 풍속, 통과 의례, 민간신앙, 민속 놀이, 민속 예술 등을 포괄한다. 전승 문화는 민족의 정신적 핵과 결부되어 있다고 볼 수 있다. 따라서 그 민족의 민족적 특성은 이러한 전승 문화의 연구를 통해 전체적으로 파악할 수 있다.

민속은 대표적인 전승 문화인데, 이는 민중의 역사와 함께 성장하고 발전한다. 그것은 민족 성원 누구나 일상적으로 누려온 민중 문화이기도 하다. 민중의 일상 문화, 즉 민속이 민족의 기층 문화로 자리 잡기 위해서는 무엇보다 먼저 오랜 역사와 전통이 전제되어야 한다. 왜냐하면 기층 문화란 한 민족이 보편적으로 공유하고 있는 생활 양식이며, 단순한 과거의 유물이 아니라 과거는 물론 현재와 미래까지도 좌우할 근원적이며 주체적인 역량이기 때문이다. 이와 같은 민속과 기층 문화는 개인이 아니라 집단의 소산이다. 민족은 인류를 형성하는 종족적 운명 공동체의 기본적 집단이므로, 민족적인 특성에 대한 연구만이 전통의 구체적인 내용이 될 수 있을 것이다.

이상과 같은 문제의식에서 출발하는 본 연구는 한국 현대시에 민속이 어떻게 수용되어 왔는가를 확인하는 것을 목적으로 한다. 한국문학의 심화와 확대는 이러한 전통적 요소들을 탐구할 때 비로소 가능하며, 그것만이 우리 문학의 주체성을 확립하는 유일한 길이기 때문이다.

제2장 연구목적 및 배경

한국 현대시와 민속의 관련 양상에 주목하는 연구는 그다지 많지 않다. 그것은 20세기 초에 시작된 한국의 현대문학이 지나치게 서구에 의존하여 진행되어 왔기 때문이다. 이러한 사정 때문에 현대시에 대한 연구는 대부분 서구 이론의 무분별한 수용과 단순한 적용에 그치고 있다. 현대시 연구가 지나치게 서구 추수적으로 흐른 또 하나의 이유는 일제 암흑기 때문이다. 36년간에 걸친 일제의 한반도 지배는 우리 문학의 성격은 물론 우리 민족의 감수성마저도 왜곡시키는 결과를 낳았다. 당시 일본은 서구 문명의 수용으로 인해 급속한 서구화가 진행 중이었고, 이러한 영향은 그들의 한반도 지배에도 결정적인 역할을 했다. 또한 일본 제국주의는 1930년대 중반 중일전쟁을 계기로 우리의 민족적 연구를 전면 금지시켰다. 당시 일본은 초기의 형식적 지배와는 달리 한반도 전체를 전쟁의 군수기지로 활용하기 시작했다. 이러한 정세의 변화는 창씨개명이나 조선어 사용 금지 등의 정책으로 구체화되었다. 이는 민족주의에 대한 연구가 민족성의 고취는 물론 일제에 대한 저항으로 쉽게 전이될 수 있다고 판단했기 때문이다. 일제는 한반도의 지식인들에게 일본화와 동시에 서구화를 강요했다. 일제 시대에 등장한 대부분의 문학적 이념들이 서구 지향적이었던 까닭은 바로 여기에 있다.

현대시와 민속의 상관성에 대한 연구는 여전히 미흡하다. 그것은 민속과 현대시의 상관성이 아직 현대문학의 중요한 문제의식으로 자리 잡지 못했기 때문이다. 단편적이나마 민속과 현대시의 관계에 주목한 연구들을 정리하면 다음과 같다.

김열규[1)]는 무속적인 관점에서 미당의 시를 해석했다. 그는 미당의 자서전에 등장하는 유년 시절의 여성들이 영매자인 무당의 역할을 한다고 주장했다. 또한 이몽희[2)]도 한국의 현대시 속에 용해되어 있는 무속적 요소를 분석하여 현대시가 지닌 무속적 구조를 밝혀내고 있다. 그의 연구는 무속을 시 속에서 구체적으로 조명하여 무속의 위치와 의의를 규명해내고 있다. 그는 무속의 신화성에 입각하여 신화 비평의 방법을 수용하면서 시의 내용은 종교학, 신화학, 분석심리학적으로, 구조와 형식은 사회인류학, 민속학적인 시각으로 대비시켜 분석하였다. 그러나 그의 연구가 김소월, 이상화, 이육사, 서정주의 네 시인으로 한정되어 진행된 것은 아쉬운 점으로 남는다. 김복순[3)]은 시적 이미지로서의 무속 신앙에 대해 주목하고 있는데, 특히 그는 미당의 시에 나타난 신라 정신과 무속 신앙의 상관관계에 주목했다. 그러나 그는 그것들의 상관성만을 밝혔을 뿐 문학 연구의 측면에서 심도 깊은 해석에 도달하지는 못했다. 이들의 연구 외에 고소설과 민간신앙 연구나 고전문학 일부에서 민속이 다뤄지지만 현대시와의 상관성에 대한 연구는 거의 전무한 편이다. 이에 본고는 민속을 시적 소재로 하여 전통적 정서를 계승하고 있는 백석시를 연구의 주요 대상으로 삼았다.

백석에 대한 연구는 80년대를 기점으로 나눌 수 있다. 80년대 이전에는

1) 김열규, 「속신과 신화의 서정주론」, 『서강어문』(서강대학교, 1982).
2) 이몽희, 『한국 현대시의 무속적 연구』(집문당, 1990).
3) 김복순, 「서정주시에 나타난 무속 신앙적 특성」, 『한영여전논문집』 8집, 1985.

대부분의 연구들이 단편적인 연구에 그쳤는데, 그것은 그때까지도 한국 현대문학의 연구가 서구 이론에 깊이 침윤되어 있었기 때문이다. 현대문학 연구에서 민속과 백석을 중심으로 한국 현대시의 민속 수용 양상에 대한 그동안의 연구를 보면. 초기 백석에 대한 당대의 평가로는 김기림[4], 박용철[5], 오장환[6] 등의 논의를 들 수 있다. 당시 김기림과 박용철은 백석을 긍정적으로 평가한 반면 오장환은 그에 대해 부정적인 평가를 내리고 있다. 김기림은 백석 시에 나타난 모더니티에 집중하고 있는데, 특히 그는 백석 시에서 고향을 다루는 시적 자아의 태도가 객관적이라는 사실에 주목하고 있다. 그러나 그는 백석 시의 창작방법론에 대한 분석까지는 미치지 못하고 있다. 백석 시의 방법적 특징에 대해 주목한 것은 시문학파의 박용철이다. 박용철은 시어의 탁마가 시단의 주류적 경향인 가운데 정제되지 않은 방언과 진술적 문장을 사용한 백석 시의 차별성에 주목하고 있다. 한편 김기림이나 박용철과는 달리 오장환은 백석에 대해 시종일관 부정적 태도를 견지했다. 그는 전통적 가치를 부정하는 자신의 입장에서 백석의 전통 지향성을 비판했다. 그럼에도 불구하고 그는 백석 시의 특징을 정확하게 짚어낸다.

해방 이후 백석에 대한 논의는 백철, 유종호, 김현 등으로 이어지는데 이들은 대개 백석 시의 소재적인 측면에 주목하고 있다. 백철[7]은 백석의 시 속에서 "눌박(訥樸)한 민속담(民俗譚)을 듣고 소박한 시골 풍경화를 보고 구수한 흙냄새를 맡을 수 있다"며 그의 민속 취미를 지적한다. 또한 그는 "백석에게 있어 민속(民俗)은 결코 파생적인 것이 아니다. 그에게 있어 이 민속은 그의 시학의 출발점이요, 다시 그 결론이었다. 그것은 그의 시 정신에까지 앙

4) 김기림, 「〈사슴〉을 안고」, 〈조선일보〉, 1936. 1. 29.
5) 박용철, 「백석 시집 〈사슴〉 평」, 『박용철 전집 II』(동광당 서점, 1940), pp. 122-123.
6) 오장환, 「백석론」, 〈풍림〉 통권 5호, 1937. 4.
7) 백철, 『조선신문학사조사 : 현대편』(백양당, 1949), pp. 291-292.

양(昂揚)된 것이다. 우리가 백석의 시를 읽고 단순한 민속화(民俗畵)를 보는 이상 깊은 감격을 갖게 되는 것은 그 때문이다. 그 지방적이고 민속적인 것에 집착하여 백석은 특수한 일경지를 개척하였고 그것으로 성공한 사람이다"[8]라며 의미를 부여하고 있다.

유종호[9]는 백석 시를 가리켜 "한국인의 생활 철학과 인생 철학을 집약한 사상시"라고 설명하고 있다. 그는 「남신의주 유동 박시봉방(南新義州 柳洞 朴時逢方)」을 중요하게 취급하는데, 이는 그가 백석의 시정신보다는 소재적인 차원에 주목하고 있음을 보여주는 대목이다. 한편 김현[10]은 백석이 '샤머니즘이 지배적인 산골 마을의 풍경' 묘사를 통해 독자들을 민담의 세계로 인도하고 있다고 평가한다. 그는 백석이 민속 자체를 시적 대상으로 삼은 시인이며, 그러므로 그의 시는 방언을 통해 한국인의 상상력의 원초적 장을 드러내고 있다고 보았다.

민족주의·리얼리즘 관점에서의 연구에서는 1980년대 초반에 들어서면서 백석에 관한 학위논문들이 쓰이기 시작했다. 백석에 대한 연구는 이때부터 본격적으로 진행되었다고 말할 수 있는데, 고형진과 박태일, 최두석과 김명인이 대표적인 연구자들이다. 최두석[11]은 음식 이름이나 방언, 민속이나 민담, 유희 등이 고향을 재현할 수 있게 되는 것은 서사적 골격을 통해서라고 평가하면서 이러한 서사적 골격 속에 민속이나 민담이 드러나는 것이라고 강조하고 있다. 어린이 화자가 자신의 이야기를 하는 백석의 시는 외형적으로 산문시 형식을 취하지만, 그것은 산문시가 서사를 가장 자연스럽게 구사할 수 있는 형식이기 때문이라고 평가한다. 또한 그는 시적 화자가 사투

8) 같은 책, pp. 540-541.
9) 유종호, 『비순수의 선언』(신구문화사, 1962).
10) 김윤식·김현, 『한국 문학사』(민음사, 1979), p. 218.
11) 최두석, 「백석의 시 세계와 창작 방법」, 고형진 편, 『백석』(새미, 1996), p. 145.

리의 토속성과 어린이와 같은 언어 구사의 서투름을 보임으로써 동화적인 세계 속에서 진실성을 확보하는 데 성공하고 있다고 평가한다.

박태일[12]은 백석 시의 공간의 현상학에 주목하면서 친족적 동일성을 높이 평가한다. 그는 백석의 시가 민속 체험이라 부를 만한 전형적 사건들에 대한 기억들로 짜여져 있다고 고찰하고 있는데, 이러한 민속 체험은 놀이 체험과 명절, 음식 체험과 무속 체험과 어울리면서 더 한층 다양한 표현으로 전개되고 있다고 평가한다. 고형진[13]은 백석이 독자적인 작품활동으로 개성적인 시적 세계를 창조함으로써 토속적인 풍물과 정취를 환기시키는 데 기여하고 있다고 평가하고 있다. 김명인[14]은 백석이 소재적 측면에서 우리의 고유한 전통 세계와 향토적 정서를 통해 모더니즘의 새로운 경지를 개척했다는 점을 높이 평가한다. 즉 전통 세계를 다루는 데 있어서 백석이 우리 고유의 삶의 세계를 생생히 재구해냄으로써 독창적으로 세계를 열어 보이고 있다는 평가이다.

김재홍[15]은 백석의 시가 유년 회상과 과거적 상상력을 바탕으로 하고 있다고 평가한다. 그에 의하면 백석의 시는 한국적 삶의 다양성으로 확대・심화됨으로써 민중시로서의 한 전형을 지니게 되었다. 또한 그는 무속신앙에 바탕을 둔 생활 경험과 농경사회적인 생활상이 뼈대를 이루어 민속적인 내면 공간을 풍부하게 마련하고 있다는 점에서 백석의 시가 민족적 삶의 보편성을 지니고 있다고 긍정적으로 평가한다.

신범순[16]은 백석이 민담과 신화의 차원으로 공동체 의식을 고양시켰다고

12) 박태일, 『한국 현대시의 공간 현상학적 연구』(부산대 박사논문, 1991).
13) 고형진 편, 『백석』(새미, 1996).
14) 김명인, 「백석 詩考」, 『전병두 박사화갑기념논총』, 1983, p. 107.
15) 김재홍, 「민족적 삶의 원형성과 운명애의 진실미, 백석」, 〈한국문학〉 1989년 10월호, p. 179.

평가한다. 그는 백석의 초기 시에 나타나는 동화적 세계가 후기에 이르러 민족적인 설화의 세계로 이동했다고 지적하고 있다. 이동순[17]은 백석의 시에서 방언학, 민속학, 조리학, 식물학, 생태학의 놀라운 자료들과 풍부한 북방 정서의 실체를 포착해내고 있다. 그는 백석의 시를 통해서 잃어버린 고토(古土)와 민족 주체성의 세계에 도달해 볼 수 있다고 설명하고 있다.

김은자[18]는 백석 시에 나타난 동물 심상에 주목하고 있다. 그에 의하면 백석의 초기 시에서 동물은 친화의 대상인 가축으로 향토적 배경의 일부를 이루지만, 〈수라〉, 〈절간의 소〉 등에서는 시적 주체, 즉 40년대를 전후해서는 시적 자아와 동일시의 대상으로 나타남으로써 존재나 현실에 대한 인식을 드러내는 중요한 문학적 장치가 된다. 그는 동물 상징이라는 방법적 대응을 통해 백석이 비인간적인 세계와 대결하며 근원적인 생명에 대한 지향을 잃지 않고 있다고 설명한다.

곽봉재[19]는 백석 시에 나타난 유년과 고향의 이미지가 과거지향을 통한 현재의 부정이라는 시간 의식에 주목하고 있다. 그리고 그는 과거 지향적 현재의 부정이 존재가 몸담고 있는 현실은 물론 도시와 문명에 대한 총체적 부정으로 확대된다고 보았다. 한편 박주택[20]은 백석의 시에 나타난 토속적인 이미지들을 민족의식의 회복에 대한 의지로 해석하는 한편, 그러한 경향이 궁극적으로 낙원의식에 대한 지향으로 집중되고 있다고 평가한다. 그에 의하면 백석의 유년과 고향은 민족의식과 동일한 외연을 가지므로 공간으로서

---

16) 신범순,「백석의 공동체적 신화와 유랑의 의미」,『한국현대 리얼리즘 시인론』(태학사, 1990), pp. 174-176.

17) 이동순,「민족시인 白石의 주체적 시 정신」, 고형진 편,『백석』(새미, 1996), p. 166.

18) 김은자,「생명의 시학 : 백석 시에 나타난 동물상징을 중심으로」, 고형진 편,『백석』(새미, 1996), p. 261.

19) 곽봉재,『백석 문학 연구』(경희대 박사논문, 1991).

20) 박주택,『백석시 연구』(경희대 박사논문, 1999).

의 고향과 시간으로서의 유년이 민족은 물론 유토피아를 지향하려는 주체의 의지로 맞닿아 있다.

모더니즘 관점에서 김윤식[21]은 백석의 시를 가리켜 '허무의 늪 건너기'라고 명명한다. 그는 백석 시 정신의 골격이 '허무'라고 지적하고, 그것을 극복하기 위한 방법으로서 이야기체가 등장했다고 주장한다. 현실의 고독과 허무를 견디기 위해 주변의 사물과 끊임없이 이야기를 나누는 것이 백석의 시이며, 그러므로 말 건넴의 대상이라는 측면에서 보면 고향이나 풍물 등은 차이가 없다고 논한다. 이는 결국 백석의 시가 고향을 묘사한 것으로는 민족주의적이라는 판단을 내릴 수 없다는 것을 의미한다. 김윤식에 의하면, 백석은 '허무'를 통해 근대에 대한 철저한 인식을 가질 수 있었으며, 그렇기 때문에 그의 시는 모더니티를 획득하고 있다고 평가할 수 있다. 그는 백석 시의 형식에 있어 풍물 묘사의 정확성과 이야기 형식의 정신을 강조하고 있다.

김용직[22]은 역사주의적 입장에서 백석의 시를 이해하는 논의들을 비판하는 가운데 모더니즘의 관점이 필요함을 역설한다. 그에 의하면 백석을 리얼리스트로 규정할 수 없는 이유는 백석이 고향을 탈역사화된 공간으로 다루고 있으며, 동시에 '폭력적인 언어 사용'을 특징으로 하기 때문이다. 그는 백석의 시에는 관습적인 세계와 동시에 근대적 의미체계가 형태 구조상에서 확보되어 있어 분명한 모더니스트로서의 면모를 보인다고 보았으며, 이것이 백석 연구의 중요한 연구 방향이 되어야 한다고 주장한다.

정효구[23]는 토속적 서민 정신과 모더니즘의 기법을 융화시킨 것이 백석 시의 특징이라고 본다. 그는 백석이 일상의 정신 세계에서 사물을 바라봄으

21) 김윤식, 「백석론 : 허무의 늪 건너기」, 고형진 편, 『백석』(새미, 1996).
22) 김용직, 「토속성과 모더니티」, 고형진 편, 『백석』(새미, 1996).
23) 정효구, 「진솔한 삶의 공간」, 『현대시』, 1990년 5월호.

로써 대상을 있는 그대로 드러내는 객관주의자로서의 면모를 보인다고 파악하고, 이것이 열거식 병렬이라는 기법적 특징 속에서 드러난다고 밝혔다. 그러나 중기 시에 이르러 그런 면모는 낭만주의적 성향으로 바뀌고 있다고 지적한다. 그는 그 변화의 원인을 방랑생활이 가져온 비일상적인 감정에서 찾고 있으며, 백석이 이것을 다스리기 위해 감정의 자연스러운 유출을 통해 자기해소라는 방법적 선택을 하게 된 것이라고 해석한다.

심재휘[24)]는 '회상 위로의 반성'과 '회상 안으로의 반성'이라는 술어를 사용하여 백석시의 시간의식을 고찰한다. 전자는 회상하는 시적 화자에 현실적 자아가 개입하는 유형의 시에서 나타나며, 후자는 현실적 화자가 배제되거나 은폐된 경우를 말한다. 그의 방법론은 백석의 시가 과거를 중심으로 한 반성의 시임을 지적하지만 그 반성의 동력을 구체적으로 지적하지 못하고, 백석이 취하는 시적 공간과 시간이 지방적 협애성과 체험의 주관성을 어떻게 벗어나는가를 주로 설명하는 데 그친다.

오문석[25)]은 30년대 후반 문학의 특징이 계몽에 대한 반성적 사유가 이루어진 시기라는 데서 찾는다. 계몽성이라는 외부의 타자에 대해 갖는 주체의 자기 반성이 이루어짐으로써 외적인 규범이 아니라 내적인 규범에 의해서 자신의 동일성을 찾으려 했다고 보고, 대표적 시인으로 이상과 오장환, 윤동주와 백석을 꼽았다.

이상의 연구 경향에서 미비한 점을 정리하면 다음과 같다. 첫째, 시의식의 변모를 형식상의 변화와 구체적으로 관련시킨 설명이 부족하다. 또한 시적 변모의 내적 동인을 분명히 밝히지 못하고 문학 외적인 상황에 맞춰 설명

---

24) 심재휘, 『한국 현대시와 시간』(월인, 1998).
25) 오문석, 「1930년대 후반 시의 '새로움'에 대한 연구」, 상허문학회 편, 『1930년대 후반 문학의 근대성과 자기 성찰』(깊은샘, 1998), pp. 19-54.

하려는 경향이 지배적이다. 둘째, 여러 형식적 특징들이 맺는 유기적 관련성에 대한 해명이 부족하다. 방언의 사용이나 이야기체, 유년기 화자의 설정이 시의 구성상 담당하는 기능과 그 관련성이 충분히 검토되지 않았다. 셋째, 방언이나 재래의 풍속이 단순히 소재적인 차원에서만 접근되고 있다. 풍속이나 민속은 민족의 고유한 관념을 표상한다. 그러므로 백석 시의 올바른 이해를 위해서는 한국 현대시사의 흐름 속에서 백석이 갖는 위치와 그의 시에 나타난 민속의 사상적 기반을 동시에 밝혀야 한다.

제3장 연구내용 및 방법

백석은 1912년 7월 1일 평북 정주군 갈산면 익성동에서 수원 백씨 백용삼의 장남으로 태어났다. 본명은 기행(夔行)이며, 필명이 백석(白石)이다. 부친은 한국 사진사의 초창기 인물로 조선일보 사진반장을 지냈으나, 퇴임 후에는 낙향하여 정주에서 하숙을 경영하며 생활했다. 이 점으로 미루어 집안 환경은 개화된 집안이었음을 알 수 있다. 백석은 1918년(7세)에 오산 소학교를 거쳐 1924년(13세)에 오산 학교에 입학했다. 당시 오산 학교의 교장이 조만식 선생이었던 점으로 미루어 가치관의 형성기인 이 시기에 민족주의 정신이 형성되었을 것으로 짐작된다. 이후 같은 학교를 다닌 선배 시인인 김소월을 몹시 동경하였다고 한다. 오산 학교를 졸업하고 1929년(18세)에 조선일보가 후원하는 장학생 선발에 합격하여 일본으로 유학, 동경의 아오야마(靑山學院)에서 영문학을 수학한다. 1930년(19세)에 〈조선일보〉 신춘문예에 단편소설 〈그 母와 아들〉이 당선되어 등단했다. 따라서 동경 유학 시절부터 창작에 상당한 관심을 기울인 듯하다. 그러나 동경 유학 시절의 구체적인 행적에 대해서는 알려진 바가 없다.

1934년(23세)에 귀국하여 〈조선일보〉에 입사, 출판부 일을 보면서 계열 잡지인 〈여성〉지의 편집을 맡는다. 이때 그의 부모는 이미 서울에 옮겨와 살고 있었다. 이후 〈조선일보〉와 밀접한 관계를 맺게 되어, 1934년에 산문 「이설(耳說) 귀고리」(5월 16일-19일)를 연재하였고 역시 「불당의 터골의 십과집(拾果集)」(5월 16일 발표), 그리고 번역서간 「임종(臨終) 체홉의 6월-그 누이 매라에게 한 병중 서간」(6월 20일-26일까지 6회 연재), 번역 논문인 T.S 밀스키의 글을 번역한 「조이스와 화란문학(和蘭文學)」(8월10일-9월 12일까지 8회 연재) 등을 연재한다.

1935년(24세) 8월 30일 시 「정주성(定州城)」을 〈조선일보〉에 발표하는 것을 시작으로 「산지(山地)」, 「주막」, 「비」, 「나와 지렝이」, 「여우난곬족」, 「통영」, 「힌밤」 등을 〈조광〉 1권 1호와 2호에 각각 발표한다. 이때부터 백석의 시인으로서의 면모가 뚜렷이 부각된다. 또한 1936년 1월 20일 시집 『사슴』을 발간하게 된다. 그 후 신문기자 생활을 그만두고 1936년 4월에 함흥 영생고보에 부임하게 되는데, 3년 동안의 교직 생활을 청산하고 다시 1939년 1월에 〈조선일보〉에 재입사하여 출판부에 근무하면서 〈여성〉지의 편집일을 하였으나 다시 그만두고 만주의 신경으로 옮겨 新京市 東三馬路에서 살게 된다. 만주에서 생계유지를 위해 측량보조원, 측량서기, 또 만주의 안동에서 세관업무에 종사하기도 한다. 해방과 더불어 귀국하여 신의주에 거주하다 고향 정주로 돌아오게 된다. 이처럼 자신의 독특한 시 스타일을 고집한 채 유랑생활을 전전한 백석은 비타협적인 성격으로 어떠한 문학 동인이나 유파에도 소속되지 않고 독자적으로 작품활동을 전개시켜 나간 비문단적인 시인이었다.

백석은 해방 이후 1947년 10월에 열린 문학예술총동맹 제4차 중앙위원회의 개편된 조직에서 외국문학 분과에 소속되어 활동하였는데, 주로 번역 출판을 하여 시 창작에는 전념하지 않았다. 1956년 10월에 열린 제2차 작가대회에서는 〈문학신문〉의 편집위원 겸 부장의 직책을 맡아서 아동문학에 관한 평론을 발표하며 아울러 동시를 발표하기에 이른다. 그러나 백석은 아동문학에 대한 의견에 비판을 받아 1958년에는 창작을 중단하고 삼수군 관평리에 있는 국영협동조합 축산반에서 일하게 된다. 그 이후 1960년도에 〈조선문학〉에 시를 발표하지만 1962년에 다시 창작 활동[1]을 중단하게 된다.

첫 시집 『사슴』에 실린 대부분의 시들은 유년체험을 어린 화자의 시점으로 서술하고 있다. 백석은 방언을 사용하여 토속적 세계를 가장 잘 표현한 시인으로 평가된다. 또한 백석 시에는 유년의 토속적인 세계가 잘 나타나 있다. 유년에 비쳐진 세계는 가장 순수하고 아름다운 심상으로 표출되며 시에 등장하는 인물들도 토속적인 인물이다.

따라서 이 장에서는 토속적 세계의 시적 형상화로 고향의식과 주체성 인식, 공동체적 삶에 투영된 민간신앙, 놀이를 통한 민중성의 탐구, 인간과 자연의 친화로 나누어서 고찰하고자 한다.

1) 고향의식과 주체성 인식

백석은 주로 30년대 중반에서 40년대 중반에 작품을 발표하였다. 그 당시는 일제 말기의 혹독한 시련기로 모국어의 사용 금지와 신사 참배 강요, 창씨개명 등 황국 신민화 정책으로 민족성이 박탈당하는 시기였다. 백석의 시는 이러한 당대 현실을 인식하고 전통을 찾아내고 계승하려는 주체성 인식을 보이고 있다. 따라서 우리 것을 지키려는 백석의 시는 매우 의미가 크다고 할 수 있다. 즉 세시풍속이나 전통적인 놀이, 민간신앙 등을 시 속에 담아내고 있는 것이다. 이처럼 백석은 당대의 현실을 반영하여 우리 민족의 전

---

1) 졸고, 「백석시 연구」(숙명여대 석사논문, 1993), pp.11-13.

통을 계승한 독특한 고향의식을 전개시켜 나갔다. 더구나 1935년 카프 해산 무렵에 등단한 이래 점차 사라져 가는 민족적인 삶의 모습을 집중적으로 탐구하였으며, 소외된 계층으로서 민중적인 삶의 양식에 깊은 관심과 애정을 기울였다. 특히 평북 방언을 적극 활용함으로써 민족혼의 상징으로서 민족어와 민족 주체성을 확립[2]하고 있다. 백석은 민속 그 자체를 시의 대상으로 삼는 시인이며 북쪽의 산골 마을을 시작(詩作)의 중심으로 삼기 때문에 북방언어가 노골적으로 드러나 있다. 그 방언을 통해 현대 도시인들에게는 망각되어 있는 한국인의 상상력의 원초적 장이 드러난다. 김영랑의 그것과는 다르게 폐쇄된 사회의 민속을 되살려내는 데[3] 쓰이고 있다. 이처럼 백석 시는 방언을 바탕으로 유년기의 고향과 전통, 공동체적 의식을 상기시키고 있다. 또한 백석의 시는 거의 전적으로 상실된 고향 그 자체를 묘사하는 데 바쳐져 있다. 여느 시인들처럼 감출 길 없는 향수에 잠기거나, 헤어나기 어려운 그리움에 시달리거나 하지 않고 바로 고향 그것을 시적 대상으로 삼는다. 이러한 시적 노력의 근본적 계기는 향수에서 시작되었다 하더라도 향수라는 감정에 기인하여 대상을 주관적인 소망에 따라 채색하지는 않는다. 있는 그대로의 고향을 그리는 데 전심[4]하고 있는 것이다.

유년시절의 몽상의 세계는 오늘날의 몽상을 가능케 하는 세계만큼이나 큰데 유년시절이 대단한 경치의 원천에 있는 것은 어린애의 고독은 우리에게 원초적인 거대함을 주기 때문이다. 고독한 어린애가 이미지에 유숙하듯이 우리가 세계에 유숙한다면, 그만큼 더 잘 세계에 유숙한다. 어린애의 몽상 속에서는 이미지가 모든 것에 우선하며 크게 보고 아름답게 본다. 유년시

2) 김재홍,「민족적 삶의 원형성과 문명애의 진실미, 백석」,『백석』(새미, 1996), p. 171.
3) 김윤식 · 김현,『한국문학사』(민음사, 1993), pp. 217-219.
4) 김종철,『시와 역사적 상상력』(문학과 지성사, 1978), p. 40.

절을 향한 몽상은 우리를 원초적인 이미지의 아름다움으로 데려간다.[5] 어린 시절의 고향은 생동감 있으며 민족적인 공동체적 삶의 모습을 환기시키고 있다. 이처럼 백석은 전통적인 민족적 삶의 원형성을 제시하고 민중적 삶의 전형성을 보여주고 있는 것이다.

> 명절날나는 엄매아배따라 우리집개는 나를따라 진할머니 진할아버지가있는 큰집으로가면
>
> 얼굴에별자국이 솜솜난 말수와같이눈도껌벅거리는 하로에베한필을 짠다는 벌하나건너집엔 복숭아나무가많은 新理고무 고무의딸李女 작은李女
> 열여섯에 四十이넘은홀아비의 후처가된 포족족하니 성이잘나는 살빛이매감탕같은 입술과젖꼭지는더깜안 예수쟁이마을가까이사는 土山고무 고무의딸承女 아들承동이
> 六十里라고해서 파랗게뵈이는 山을넘어있다는 해변에서 과부가된 코끝이빩안 언제나힌옷이정하든 말끝에설게 눈물을짤때가많은 큰곬고무 고무의딸洪女 아들洪동이 작은洪동이
> 배나무접을잘하는 주정을하면 토방돌을뽑는 오리치를잘놓는 먼섬에 반디젓담그려가기를 좋아하는삼촌 삼촌엄매 사촌누이 사촌동생들
>
> 이그득히들 할머니할아버지가있는 안간에들뭏여서 방안에서는 새옷의내음새가나고
> 또 인절미 송구떡 콩가루차떡의내음새도나고 끼때의두부와 콩나물과 뽂운잔디와 고사리와 도야지비계는모두 선득선득하니 찬것들이다
>
> 저녁술을놓은아이들은 외양간섶 밭마당에달린 배나무동산에서 쥐잡이를하고 숨굴막질을하고 꼬리잡이를하고 가마타고 시집가는놀음 말타고 장가가는놀음을하고 이렇게 밤이어둡도록 북적하니논다

---

5) Gaston Bachelard, 김현 역, 『몽상의 시학』(기린원, 1993), pp. 116-117.

> 밤이깊어가는집안엔 엄매는엄매들끼리 아르간에서들웃고 이야기하고 아이들은 아이들끼리 웋간한방을잡고 조아질하고 쌈방이 굴리고 바리깨돌림하고 호박떼기하고 제비손이구손이하고 이렇게 화디의사기방등에 심지를몇번이나돋구고 홍게닭이몇번이나 울어서 졸음이오면 아릇목싸움 자리싸움을하며 히드득거리다 잠이든다. 그래서는 문창에 텅납새의그림자가치는아츰 시누이동세들이 욱적하니 홍성거리는 부엌으론 샛문틈으로 장지문틈으로 무이징게국을 끄리는맛있는내음새가 올라오도록잔다.

– 〈여우난골族〉 전문

이 시는 유년의 화자가 명절날 엄마와 아빠를 따라 간 할머니 집에서의 경험을 사실적으로 그리고 있다. 명절 전날의 흥겨운 분위기와 풍성함은 유년의 시적 화자에게는 행복감 그 자체로 다가온다. 이처럼 이 시는 명절날의 풍속을 시간적 경과에 따라서 서술하고 있으며 개를 데리고 큰집으로 떠나는 모습과 일가 친척들에 대한 인물 소개, 아이들이 모여 노는 이야기와 즐겁게 지내는 가족의 화목한 모습을 모두 그리고 있다. 1연에서 화자는 명절날에 진할머니, 진할아버지, 즉 친할머니, 친할아버지가 계시는 큰집으로 간다. 화자가 큰집으로 명절 나들이를 떠나는 모습과 명절의 유쾌하고 들뜬 분위기가 생생하게 그려지고 있다.

2연에서는 친척들의 외양과 특징, 삶의 모습이 시각적으로 형상화되고 있다. 이러한 형상화는 얼굴 모습과 표정에 대한 묘사는 물론 그들의 성격, 취미, 행동, 삶의 내력까지도 낱낱이 보여주고 있어 총체적 인물 묘사라고 할 수 있다. 이 시는 이처럼 친척들 개개인에 대한 성격을 창조하면서 그들의 인생 역정과 삶의 정황을 압축된 서사로 표출함으로써 평탄치 못한 친척들의 삶을 보여준다. 특히 그것은 '얼굴에 별자국이 솜솜난', '하로에 베 한필을 짠다'는 신리(新里)고무나 '열여섯에 사십이 넘은 홀아비의 후처가 된 포족족하니 성이 잘나는', '예수장이 마을 가까이 사는' 土山고모, 또 '해변에서 과부가 된', '언제나 힌옷이정하든 말끝에설게 눈물을짤때가많은' 큰골고무와 '배나무접을잘하는 주정을하면 토방돌을 뽑는' 삼촌 등 네 인물에 초점이 맞춰져 있다. '고무'는 고모를, '말수'는 남자 아이의 이름을 지칭한다. 그리고 '李女 작은 이녀'는 평북 지방에서 아이들을 지칭할 때 쓰는 애칭으로 아버지가 이씨일 경우 딸은 이녀, 아들은 이동이라고 부른다. 따라서 '承女, 洪女'는 그러한 성을 가진 여자아이들을 말하며 '承동이, 洪동이'는 남자아이들을 가리킨다. 이러한 인물들은 현실을 살아가는 평범한 서민이다. '매감탕'은 엿을 고아낸 솥을 가셔낸 물이나 또는 메주를 쑤어낸 솥에 남아 있는 진한 갈색의 물을 뜻하며, '토방돌'은 집채의 낙수고낭 안쪽으로 돌려가며 놓은 돌, 즉 섬돌을 뜻한다. '오리치'는 평북지방에서 동그란 갈고리 모양으로 된 야생 오리를 잡으려고 만든 그물로 오리가 잘 다니는 물가에 세워놓는 삼베로 노끈을 해서 만든 올가미이며 '반디젓'은 밴댕이젓을 말한다.

3연에서는 일가 친척들이 안방에 모여 있는 모습과 풍성하게 장만된 음식물에서 느껴지는 유년의 정서가 감각적인 묘사를 통해 그려지고 있다. 화자는 명절날 설빔으로 입은 옷의 느낌을 '새옷의 내음새가 나고'라고 함으로써 시각을 후각으로, '또 인절미 송구떡 콩가루 차떡의 내음새도 나고'에서는 후각적 이미지로 표출한다. 이러한 심상은 명절날 특유의 신선한 분위기와 정서를 전달하고 있다. 화자는 인절미, 송구떡, 콩가루 찰떡과 두부, 콩나물, 볶은 잔디와 고사리와 돼지비게 등 명절음식을 열거하고 있다. '송구떡'은 떡의 한 가지인 송기떡을 말하는 것으로 소나무의 속껍질을 삶아 우려내어 멥쌀가루와 섞어서 절구에 찧은 다음 익반죽하여 솥에 쪄낸 떡이다.

4연에서는 저녁을 먹고 노는 이야기가 주요한 이야기로 등장한다. 아이들의 놀이로 명절의 분위기를 역동적으로 그려내는가 하면 어른들의 화목한 모습이 풍요로운 공간과 잘 결합되어 있다. 여기에서 화자는 저녁밥을 먹고 난 후 아이들끼리 흥겹게 노는 모습을 제시하고 있다. 저녁을 먹은 아이들은 동산에서 쥐잡이와 숨바꼭질과 꼬리잡이와 가마 타고 시집가는 놀음과 말 타고 장가가는 놀음을 하면서 밤이 깊어 가도록 논다. 밤이 깊어갈 때까지 '엄매'들은 아랫방에서 웃고 이야기하며 어린아이들은 '웋간한방', 즉 아랫방 옆에 딸린 윗방에서 논다. 이렇게 놀다가 졸음이 와서 홍게닭이 몇 번 울고 나서야 아이들은 잠이 든다. '홍게닭'은 새벽닭을 말하는데 옛부터 닭은 민간에서 영물(靈物)이나 길조(吉鳥)로 여겨져 왔다. 한마디로 말하자면 이 시에서 화자는 무이징게국 냄새가 나는 촌락의 소박한 풍경을 민속적이며 토속적인 삶을 배경으로 하여 그리고 있다. 이 시에 등장하는 '텅납새'는 턴납새, 즉 처마 끝을 말하는 것으로 처마의 안쪽 지붕이 도리에 얹힌 부분인데, 부고장 같은 것이 오면 안방에 들이기를 꺼려 이곳에 끼워 놓은 풍속이 있었다. '무이징게국'은 징게미, 즉 민물새우에 무를 넣고 끓인 국을 말한다. 이러한 토속적 삶의 형상을 통해 화자는 명절의 풍성한 분위기와 민족성을 일깨워 주고 있다.

> 아배는타관에가서오지않고 山비탈외따른집에 엄매와나와단둘
> 이서 누가죽이는듯이 무서운밤집뒤로는 어늬山곬작이에서
> 소를잡어먹는노나리꾼들이 도적놈들같이 쿵쿵걸이며다닌다
>
> 날기멍석을져간다는 닭보는할미를차굴린다는 땅아래 고래같은
> 기와집에는언제나 니차떡에청밀에 은금보화가그득하다는 외
> 발가진조마구 뒷山어늬메도 조마구네나라가있어서 오줌누러
> 깨는재밤 머리맡의문살에대인유리창으로 조마구군병의 새깜

안대가리 새깜안눈알이들여다보는때 나는이불속에자즈러붙어
숨도쉬지못한다

또이러한밤같은때 시집갈처녀 망내고무가 고개넘어큰집으로
치장감을가지고와서 엄매와둘이 소기름에쌍심지의 불을밝
히고 밤이들도록 바느질을하는밤같은때 나는아릇목의 샅귀
를들고 쇠든밤을내여 다람쥐처럼밝어먹고 은행여름을 인두
불에구어도먹고 그러다는이불 웋에서 광대넘이를뒤이고 또
눟어굴면서 엄매에게웋목에두른 병풍의 샛빩안천두의이야
기를듣기도하고 고무더러는 밝는날 멀리는 못난다는 뫼추라
기를 잡어달라고조르기도 하고

내일같이명절날밤은 부엌에쩨듯하니 불이밝고 솥뚜껑이놀으며
구수한내음새 곰국이무르끓고 방안에서는 일가집할머니도와서
마을의소문을펴며 조개송편에 달송편에 죈두기송편에 떡을빚는
곁에서 나는밤소팟소 설탕든콩가루소를먹으며 설탕든 콩가루소
가 가장맛있다고생각한다
나는 얼마나 반죽을주물으며 힌가루손이되여 떡을빚고싶은지모른다

섯달에 내빌날이들어서 내빌날밤에눈이오면 이밤엔쌔하얀할미
귀신의 눈귀신도 내빌눈을 받노라못난다는말을 든든히 녁이며
엄매와나는 앙궁웋에 떡돌웋에 곱새담웋에 함지에버치며 대냥
푼을놓고 치성이나들이듯이 정한마음으로 내빌눈약눈을받는다
이눈세기물을 내빌물이라고 제주병에 진상항아리에 채워두고는
해를묵여가며 고뿔이와도 배앓이를해도 갑피기를앓어도 먹을물이다

– 〈古夜〉 전문

이 시는 다양한 토속적 음식과 지역적 민담을 소재로 하여 명절의 분위기를 환기시키고 있다. 민담, 전설 등의 설화적인 세계와 속신 등 샤머니즘 세계가 유년의 화자에게는 명절에 대한 향수를 불러일으키는 그리움의 의미로 나타난다. 1연에 등장하는 '노나리꾼'은 농한기에 소나 돼지를 잡아 나누어 가지는 사람을 말한다. 화자는 이러한 노나리꾼을 공포의 대상으로 기억하고 있다. 2연의 '날기멍석'은 곡식을 널어 말리는 멍석이며, '니차떡'은 이차떡, 인절미를 말한다. 그리고 '조마구'는 키가 작은 난장이로 외발로 다니는 도깨비인데, 여기서 마구는 마귀나 도깨비의 애칭으로 사람을 나타낼 때도 간혹 쓰인다. 가령 '땅달마구'는 키가 작은 사람을 나타낸다. 화자는 민담과 전설 등의 설화적인 세계가 들려주는 이야기를 공포의 대상으로 인식하고 있다.

3연의 '쇠든밤'은 말라서 새들새들해진 밤을 말한다. 여기에서는 유년의 회상이 구체적으로 그려지고 있다. 유년의 회상 속에서 명절은 무엇보다도 음식의 풍요로움이 나타난다. 화자는 조개송편, 달송편, 죈드기송편 등을 나열하면서 설탕이 든 콩가루소가 가장 맛있다고 어린 시절의 행복한 마음을 고백하고 있다. 이 시는 특히 다양한 음식명의 등장으로 유명한데, 니차떡, 쇠든밤, 은행여름, 천두, 곰국, 조개송편, 달송편, 죈드기송편, 밤소, 팥소, 설탕든콩가루소, 떡 등이 바로 그것이다. '니차떡'은 인절미를 말한다. 백석의 시에는 특히 떡과 국수가 가장 많이 등장하는데, 이러한 음식들은 시각적인 동시에 미각적인 이미지를 제공하며, 나아가 과거를 보다 친밀하고 생생하게 복원시켜 재현하는 기능을 한다. 4연에 등장하는 '앙궁'은 아궁이며, '눈세기 물'은 눈 섞인 물을, '갑피기'는 염소똥처럼 배설하는 배가 아픈 병치레를 말한다.

선달은 납월이라고도 하는데, 동지로부터 세 번째 미일을 특히 납일이라고 한다. 그리고 이때의 제사를 납향이라고 한다. 정주지방에서는 섣달에 '내빌날'이 들어서 그날 밤에 눈이 오면 이 눈을 받아 두었다가 먹는 풍습이 있었는데, 이 눈세기물은 눈이 녹아서 된 물로 내빌물이라고도 한다. '눈세기물'의 풍속은 동지 뒤의 셋째 미일 밤에 내리는 눈을 받아두었다가 감기, 이질 등을 앓을 때 먹는 전통적인 민간 풍속이었다. 화자는 엄마와 함께 섣달 내빌날이 되어 밤에 눈이 오면 앙궁, 떡돌, 곰새담 위에 함지와 버치, 대냥푼 등을 놓고 치성을 드리듯 눈을 받는다. 이 시에는 눈세기물을 받는 분주한 풍속이 사실적으로 그려져 있다. 납일에 내린 눈을 녹여 그 물을 약으로 쓰며 그 물에다가 물건을 적셔두면 벌레가 생기지 않는다.[6] 또 그 눈으로 눈을 씻으면 안질이 예방되고 눈도 밝아진다. 이처럼 화자는 감기나 배탈, 또는 이질 등을 앓으면 약용으로 복용하기 위해 항아리에 눈세기물을 채워둔다. 여기에 나오는 민간요법은 속신적 믿음으로 여러 대에 걸쳐 내려온 지방 풍습이다.

이날 의원에서는 여러 종류의 환약을 만드는데, 이것이 납약(臘藥)이다. 시에서 화자는 이러한 내빌날에 얽힌 속신의 세계로서 병을 치료하는 전통적인 민간요법을 들려준다. 여기에서 속신의 세계는 무의미한 인습적 생활상이 아닌 전통적으로 이행되어 온 삶의 실체로서 제시되고 있다. 눈세기물(눈을 녹인 물)을 받아 '고뿔'과 '배앓이', '갑피기(이질)'라는 병을 치료하는 속신의 모습은 매우 절실한 생활상이었을 것이다.

백석은 토속적이고 민속적인 삶의 소재들을 끌어들여 민족의 생활과 내면세계를 형상화했다. 시에 등장하는 민속적・토속적 모티프들은 바로 민족성 상실의 현실을 초월하여 삶의 원초적 세계로 향하려는 화자의 의지를 보

6) 최대림 역, 『동국세시기』(홍신문화사, 1993), p. 127.

여준다. 이러한 시적 인식의 세계는 백석에게 있어서 평북지방을 중심으로 하는 고향의 토속적 공간에 한정된다. 토속적 인물들과 방언 구사, 민속적 삶의 원초적 소재들은 낭만적 정서를 자아화하는 모티프가 아니라 민족의 원초적 정서를 환기하는 리얼리티를 담고 있기 때문이다. 이처럼 백석의 시에는 토속적인 음식과 방언, 놀이 등의 민속과 무속적인 체험이 다양한 이야기와 어우러져 등장한다. 이러한 유년의 회상은 과거에 대한 상상력이라기보다는 한국인의 민족적 삶의 현장성, 민중의 삶의 원형성을 드러낸다.[7] 그리고 이러한 민속의 세계야말로 나와 이웃, 과거와 현재를 이어줄 뿐 아니라, 겨레가 한결같이 이어오고 있는 삶의 양식의 영속적 가치라고 할 수 있다. 백석 시가 지닌 아름다움은 바로 토착 현실과 정서를 되살려낸 데 있다.

> 낡은 질동이에는 갈 줄 모르는 늙은 집난이같이 송구떡이 오래도록
> 남어 있었다
>
> 오지항아리에는 삼촌이 밥보다 좋아하는 찹쌀탁주가 있어서
> 삼촌의 임내를 내어가며 나와 사춘은 시큼털털한 술을 잘도 채어 먹었다
>
> 제삿날이면 귀머거리 할아버지 가에서 왕밤을 밝고 싸리꼬치에
> 두부산적을 께었다
>
> 손자아이들이 파리떼 같이 뫃이면 곰의 발같은 손을 언제나 내어
> 둘렀다
>
> 구석의 나무말쿠지에 할아버지가 삼는 소신같은 집신이 둑둑이
> 걸리어도 있었다

7) 김재홍, 「민족적 삶의 원형성과 운명애의 진실미」, 고형진 편, 『백석』(새미, 1996), p. 179.

넷말이 사는 컴컴한 고방의 쌀독 뒤에서 나는 저녁 끼때에
부르는 소리를 듣고도 못 들은척 하였다

- 〈고방〉 전문

'고방'은 세간이나 잡동사니를 보관하는 장소이다. 이러한 잡동사니가 쌓여 있는 곳에서 화자는 어린 시절의 행복했던 추억을 묘사하고 있다. 제삿날에 왕밤을 까고 두부 산적을 끼웠던 추억, 그것은 곧 유년 기억을 되살려주는 매개체이다. 어두컴컴한 고방은 풍족하고 즐거웠던 과거가 그대로 살아있는 공간이다. '송구떡'은 송기떡으로 소나무의 속껍질을 삶아 우려내어 멥쌀가루와 섞어 절구에 찧은 다음 반죽하여 여러 가지 모양으로 만드는 엷은 분홍색의 떡이다. 이 시에서 송구떡은 늙은 집난이로 유추되어 독특하게 표현되고 있다. '임내'는 흉내이며, '나무말쿠지'는 나무로 만든 옷걸이다. '둑둑이'는 많이 있다는 뜻이다.

이처럼 백석의 시에는 방언을 구사한 이야기의 요소와 도속적이고 공동체적인 내용들이 많다. 또한 그는 시의 소재에 있어서도 유년에 대한 기억과 민속적인 측면에 많은 관심을 보인다. 이러한 백석시에 내재된 기대는 공동체적인 삶과 원형 공간의 회복[8]이다. 유년체험으로 구체화되는 세계는 토속적인 지명과 방언들, 전통적인 음식 등과 어울려 혈연적 유대감으로 상승하고 있다.

오늘은 正月보름이다
대보름 명절인데

8) 심재휘, 『1930년대 후반기 시 연구』(고려대 박사논문, 1997), p. 48.

나는 멀리 고향을 나서 남의 나라 쓸쓸한 객고에 있는 신세로다
넷날 杜甫나 李白 같은 이 나라의 詩人도
먼 타관에 나서 이 날을 맞은 일이 있었을 것이다
오늘 고향의 내집에 있는다면
새 옷을 입고 새 신도 신고 떡과 고기도 억병 먹고
일가친척들과 서로 모여 즐거이 웃음으로 지날 것이연만
나는 오늘 때묻은 입든 옷에 마른물고기 한 토막으로
혼자 외로히 앉어 이것저것 쓸쓸한 생각을 하는 것이다
넷날 그 杜甫나 李白 같은 이 나라의 詩人도
이날 이렇게 마른물고기 한 토막으로 외로히 쓸쓸한 생각을
한적도 있었을 것이다
나는 이제 어늬 먼 외진 거리에 한고향 사람의 조고마한 가업집이
있는 것을 생각하고
이 집에 가서 그 맛스러운 떡국이라도 한 그릇 사먹으리라 한다
우리네 조상들이 먼먼 넷날로부터 대대로 이 날엔 으레히 그러하며
오듯이
먼 타관에 난 그 杜甫나 李白같은 이 나라의 詩人도
이 날은 그 어늬 한고향 사람의 주막이나 飯館을 찾어가서
그 조상들이 대대로 하든 본대로 元宵라는 떡을 입에 대며
스스로 마음을 느꾸어 위안하지 않었을 것인가
그러면서 이 마음이 맑은 넷 詩人들은
먼 훗날 그들의 먼 훗자손들도
그들의 본을 따서 이 날에는 元宵를 먹을 것을
외로히 타관에 나서도 이 元宵를 먹을 것을 생각하며
그들이 아득하니 슬펐을 듯이
나도 떡국을 놓고 아득하니 슬플 것이로다
아, 이 正月대보름 명절인데

거리에는 오독도기 탕탕 터지고 胡弓소리 뺄뺄 높아서
내 쓸쓸한 마음엔 자꼬 이 나라의 녯 시인들이 그들의 쓸쓸한
마음들이 생각난다
내 쓸쓸한 마음은 아마 杜甫나 李白같은 사람들의 마음인지도
모를 것이다
아모려나 이것은 녯투의 쓸쓸한 마음이다

－〈杜甫나 李白같이〉 전문

이 시에서 화자는 타향에서 보내는 명절을 무척 쓸쓸하게 생각하고 있다. '나는 멀리 고향을 나서 남의 나라 쓸쓸한 객고에 있는 신세'라는 구절이 바로 그것이다. 이처럼 화자는 남의 나라에서 명절을 쓸쓸하게 맞이하며 고향을 생각하고 있다. 화자가 지금 거주하고 있는 곳은 만주의 수도 신경(新京)이다. 이 시에서 '객고'는 객지에서 당하는 고생을 말한다. 그리고 '억병'은 술을 매우 많이 마시는 모양이며, '반관'은 음식점이고, 원소는 원소절에 먹는 떡을 말한다. 화자는 '오늘 고향에 내집에 있는다면 새 옷을 입고 새 신도 신고 떡과 고기도 억병 먹고 일가친척들과 서로 모여 즐거이 웃음으로 지날 것이연만' 고향에 있지 못하고 타향에서 명절을 맞이하고 있다. 이처럼 낯선 곳으로의 유랑은 고향의 소중함을 더욱 간절하게 만든다.

대보름은 한자말로는 상원(上元), 상원절(上元節), 원소(元宵), 원소절(元宵節)이라고도 하며 줄여서 대보름, 또는 대보름날[9]이라고도 한다. 보름날이란 음력 초하룻날부터 열다섯째 날을 가리키는데, 대보름의 '대'는 그해에 맨 처음으로 제일 큰 달이 뜨기에 붙인 말이다. 대보름의 전승 행사를 유형

9) 최대림 역, 앞의 책, p. 43.

별로 살펴보면 무병식재속(無病息災俗)과 기풍요속(祈豊饒俗), 농점속(農占俗), 오신(娛神) 및 경기(競技) 등[10]으로 구분할 수도 있다. 무병식재속은 자신의 건강을 유지하고 모든 재액(災厄)을 물리치기 위한 것인데 대보름의 민속으로 무엇을 깨물거나 먹어서 그해의 무병(無病)을 하려는 것이다. 즉 부럼과 나물, 귀밝이술 등을 마시거나 먹어서 건강을 기원하는 민속이다. 즉 음력 1월 15일인 정월대보름 아침에 일찍 일어나 땅콩이나 호두를 깨무는 것을 '부럼 깐다'라고 하는데, 호두나 잣, 땅콩 같은 것들이 대표적이다. 부럼은 부스럼의 준말로 피부에 생기는 종기를 가리키는 말이기도 하다. 일 년 동안 무사태평하고 종기나 부스럼이 나지 않게 해달라고 축수하며 깨문다. 또 아침에 웃어른께 데우지 않은 청주를 드시게 하여 귀가 밝아지길 바라며 일 년 내내 좋은 소리를 듣기를 기원하는 것이 귀밝이술이다. 그리고 늦가을 갈무리해 두었던 호박, 가지, 박오가리, 곰취, 갓잎, 무청, 버섯, 순무 등을 말리거나 묵혀 두었던 것을 나물로 하여 먹는다. 이것들을 먹으면 일 년 내내 더위를 타지 않았다[11]고 한다. 또 보름날에 취나물이나 배춧잎, 혹은 김에 밥을 싸먹는 것을 복쌈이라고 하는데 이것을 먹으면서 무병장수를 기원하였다. 인용시에 등장하는 '元宵'는 작고 동그란 떡인 상원날 절식이다. '조상들이 대대로 하든 본대로 元宵라는 떡을 입에 대며 스스로 마음을 느꾸어 위안하지 않었을 것인가'에서처럼 조상들은 원소를 통해 고향을 떠올리면서 외로움을 달래는데, 이러한 떡은 고향 이미지와 연관이 되며 고향에 대한 향수를 환기하는 매개체이기도 하다.

정월대보름날 한 마을의 여러 사람들이 모여 떡을 쪄서 그 떡의 됨됨이를 보고 그해의 신수를 알아보기도 했다. 이것이 떡점인데 '모돔떡점'[12]이라고

---

10) 박계홍, 『한국민속학개론』(형설출판사, 1994), pp. 383-386.
11) 위의 책, p. 46.

도 한다. 한 동네의 여러 집에서 각각 쌀을 가지고 오면 모두 합하여 가루를 만든다. 그런 다음 제각기 자기 몫의 떡가루 밑에 자기의 이름과 나이를 적은 종이를 깔고 한 시루에 찐다. 이렇게 하여 시루떡을 찌면 전체가 잘되는 수도 있으나 누구 몫의 떡은 잘 익고 누구의 떡은 설익는 결과가 나타나게 된다. 떡이 잘 익은 사람은 그해의 운수가 좋고 그렇지 않은 사람은 불길하다고 한다. 이때 떡이 설은 사람은 그 떡을 먹지 않고 세 갈래가 난 길바닥 한복판에 버리면 다소 액운이 면해질 수 있다[13]고 한다. 경우에 따라서는 무당을 불러다가 미리 액땜을 하기도 한다. 정월대보름 전에 붉은 팥으로 죽을 쑤어 먹으며 정월대보름날 문에 제사를 지내는데, 먼저 버들가지를 문에 꽂은 뒤 팥죽을 숟가락으로 떠서 끼얹고 제사를 지낸다.[14] 붉은색이 악귀를 쫓는 색이기 때문이다. 오늘날 보름에 음식을 대문 밖이나 길에 놓는 것은 여기에서 유래한 것이다. 그 밖에 주술적 행위에는 14일 밤에 나무조롱이나 제웅을 만들어 길에 버리는 행위들도 무병을 위해 행해지고 있다.

기풍요속(祈豊饒俗)은 풍작을 이룩하고 재물(財物)을 획득하기 위한 것인데 농작을 풍작으로 이끌기 위한 주술적인 의식들이 이루어져 왔다. 시골 농가에서는 보름 전날 짚을 묶어 깃대 모양으로 만들어 그 안에 벼, 기장, 조 등의 이삭을 집어넣어 싸고 목화를 그 장대 위에 매다는데 화적(禾積)이라고 해서 풍작을 기원하는 행위로[15] 여겨진다. 위 시에서 '오독도기'는 화약을 점화하면 터지는 소리를 자꾸 내면서 불꽃과 함께 떨어지게 만드는 것인데 역시 풍년을 기원하는 의미가 있다.

그리고 농점속(農占俗)은 그해의 풍흉(豊凶)을 미리 점쳐 보려는 것으로

12) 한국정신문화연구원,『한국민족문화대백과사전』(웅진출판사, 1994), p. 483.
13) 위의 책.
14) 최대림 역, 앞의 책, p. 43.
15) 최대림 역, 앞의 책, p. 43.

달빛으로 풍흉(豊凶)점을 본다거나 계점(鷄占)으로 새벽에 닭이 첫 번 우는 소리를 기다려 우는 횟수를 세어서 열 번 이상 울면 그해는 풍년이 든다고 믿었다. 즉 일 년의 첫 보름이라 특히 중요시하고 그해의 풍흉(豊凶)과 신수의 길흉화복을 점쳤다. 대보름날을 보고 일 년 농사를 점치기도 하는데 달빛이 붉으면 가물 징조이고 희면 장마가 질 징조라고 여겨진다. 또 달이 뜰 때의 모양, 크고 작음, 출렁거림, 달이 뜨는 곳의 높고 낮음으로 점을 치기도 하였다. 달의 둘레를 가지고도 점을 쳤는데 달의 둘레가 두터우면 풍년이 들고 얇으면 흉년이 들 징조이며 차이가 없으면 평년작이 될 징조이다. 또 달이 남으로 치우치면 해변에 풍년이 들 징조이고 북으로 치우치면 산촌에 풍년이 든다[16]고 한다.

그 밖에 신(神)을 즐겁게 하고 그 신의(神意)를 예지(豫知)하고자 하는 오신(娛神) 및 경기(競技)로는 석전(石戰) 놀이가 행해졌다. 지역에 따라 횃불싸움과 차전놀이, 놋다리밟기를 하였는데 오늘날의 놀이들에서는 종교성보다도 유희성이 강하게 나타나고 있다.[17]

강원도 지방에서는 14일 저녁이나 15일 아침에 마당을 쓸어 한 곳에 모으고 쓰레기를 얹어 그 속에 아주까릿대, 깻대, 청죽이나 헌 대비를 함께 태운다. 그러면 연기가 많고 요란한 소리를 내서 마치 폭죽 터트리는 것과 비슷한데 이때 요란한 소리가 연속해서 크게 날수록 그해의 콩농사와 보리농사가 잘된다고 한다. 또한 대보름날에 저고리의 일종인 등거리를 종이로 해서 입었다가 보름날 저녁에 남몰래 불에 태우면 액을 면하는데, 어른이 등거리를 벗겨 달집 속에 감추어 두어 달집 태울 적에 함께 타도록 하면 여름에 더위를 먹지 않으며 병이 나지 않는다.[18]

16) 최대림 역, 앞의 책, p. 52.
17) 박계홍, 앞의 책, pp. 383-386.

마을에서는 세불 김을 다 매고 들에서
개장취념을 서너 번 하고 나면
백중 좋은 날이 슬그머니 오는데
백중날에는 새악시들이
생모시치마 천진푀치마의 물팩치기 껑추렁한 치마에
쇠주푀적삼 항라적삼의 자지고름이 기드렁한 적삼에
한끝나게 상나들이옷을 있는 대로 다 내입고
머리는 다리를 서너 켜레씩 들여서
시뻘건 꼬둘채댕기를 삐뚜룩하니 해꽂고
네날백이 따배기신을 맨발에 바꿔 신고
고개를 멫이라도 넘어서 약물터로 가는데
무썩무썩 더운 날에도 벌 길에는
건들건들 씨언한 바람이 불어오고
허리에 찬 남갑사 주머니에는 오랜만에 돈푼이 들어 즈벅이고
광지보에서 나온 은장두에 바늘집에 원앙에 바둑에
번들번들하는 노리개는 스르럭스르럭 소리가 나고
고개를 멫이라도 넘어서 약물터로 오면
약물터엔 사람들이 백재일치듯 하였는데
붕가집에서 온 사람들도 만나 반가워하고
깨죽이며 문주며 섶가락 앞에 송구떡을 사서 권하거니 먹거니 하고
그러다는 백중 물을 내는 소내기를 함뿍 맞고
호주를하니 젖어서 달아나는데
이번에는 꿈에도 못 잊는 붕가집에 가는 것이다
붕가집을 가면서도 七月 그믐 초가을을 할 때까지
평안하니 집살이를 할 것을 생각하고
애끼는 옷을 다 적시어도 비는 씨원만 하다고 생각한다

–〈七月백중〉 전문

---

18) 고려대민족문화연구원, 『한국민속의 세계 5』(고려대출판부, 2001), pp. 74-76.

'七月백중'은 음력 7월 15일을 이르는 말로 백종일(白種日), 백중절, 망혼일, 중원이라고도 한다. 『우란분경』에 의하면 이날 목련비구(目蓮比丘)가 백 가지 음식과 다섯 가지 과일을 쟁반에다 갖추어서 시방대덕(十方大德)을 공양했다고 하며 백종(百種)은 백 가지 음식을 말하는 것이다. 망혼일이라고 하는 이유는 이날 망친의 혼을 위로하기 위해 술, 음식, 과일을 차려놓고 그해 새로 난 과일이나 농산물을 신에게 먼저 올리는 일인 천신(天神)을 한 데서 유래한다. 각 가정에서는 익은 과일을 따서 조상의 사당에 천신(天神)을 올린 다음에 천신 차례를 지냈다.

인용시에서 언급되고 있는 '개장취념'은 각자가 얼마씩의 비용을 내어 개장국을 끓여 먹는 놀이 모임을 말한다. '취념'은 추렴(出斂)에서 온 말이며, '세불'은 일정한 기간을 두고 세 번이라는 말이다. 충청북도에서는 '복다림'이라고 불렀는데, '복날 개 패듯이'라는 속담은 복날 개를 잡아먹는 풍속[19]에서 형성된 것임을 알 수 있다. 개장국 풍속은 『동국세시기』에 구장(狗醬)으로 표기[20]하고 있어 6월의 시절음식으로 정착되어 있음을 알 수 있다. 복날에 개장을 먹고 땀을 흘리면 더위를 잊게 하고 질병을 쫓을 수 있으며 보신이 된다고 믿어왔다. 『史記』에 보면 진덕공(秦德公) 2년에 처음으로 복(伏) 제사를 지내는데, 성 안 사대문에서 개를 잡아 충재(蟲災)를 막았다고 했다. 또 붉은 팥으로 죽을 쑤어 무더운 복중에 먹는 경우도 있었는데, 이는 악귀를 쫓으려는 데서 나온 것이다.[21]

'생모시치마'는 아직 누이지 않은 누런 모시를 말하며, '천진푀치마'는 중국 천진산에서 생산된 고급 천(베)으로 만든 치마이다. '물팩치기'는 무릎 자

19) 김종대, 『대문 위에 걸린 호랑이』(다른 세상, 1999), p. 181.
20) 최대림 역, 앞의 책, p. 101.
21) 최대림 역, 앞의 책, p. 101.

락이며, '껑추렁한'은 키 큰 사람이 짧은 옷을 입어서 유난히 껑충해 보이는 치마를 입은 모습을 표현한 말이다. '쇠주피적삼'은 중국 소주(蘇州)에서 생산된 고급 베로 만든 적삼이며, '항라적삼'은 명주, 모시, 무명실 등으로 짠 피륙인 항라로 만든 적삼을 말한다. '자지고름'은 자줏빛의 옷고름이며, '한끝나게'는 한껏 할 수 있는 데까지라는 말이며, '상나들이 옷'은 최고로 좋은 나들이옷을 의미한다. '꼬둘채 댕기'는 머리의 다래를 얹는 데 쓰이는 빨간 댕기로 가늘고 길게 만들어 빳빳하게 꼬드러진 감촉의 댕기이다. '무썩무썩'은 매우 더운 날씨를 묘사한 말이며, '광지보'는 광주리 보자기를, '붕가집'은 친척, 친구네 집을, '문주'는 빈대떡이나 부침개를 말한다. '집살이'는 급한 일에 쫓기지 않고 집에서 편히 쉴 수 있는 생활을 말한다. '섶가락'은 풀섶가락, 풀들이 곱게 나서 잔디처럼 깔린 자리를 말하며, '호주를 가니'는 물기에 촉촉이 젖어 몸이 후줄근하게 되는 모양을 말한다. '백재일'은 백차일(白遮日)을 말하는데 '백재일치듯'은 백일재를 지내듯 붐비는 모습을 비유한 말이며 흰옷 입은 사람들이 많이 모인 모양을 이르는 말이다. '백중 물을 내는 소내기를 함뿍 맞고 호주를 하니 젖어서'처럼 물기에 촉촉이 젖어 몸이 후줄근하게 된 것이다. 백중날 물을 맞으면 피부병도 낫고 속병도 고치며 더위도 먹지 않는다[22]는 믿음이 있다.

'네날백이'는 세로줄로 네 가닥 날로 짠 짚신이며, '따백이 신'은 고운 짚신을 말한다. 이날이 되면 남녀가 서로 모여 온갖 음식을 갖다놓고 노래하고 춤추며 즐겁게 놀았다. 지방에 따라서는 씨름대회 등의 놀이로 내기를 하며 승려들은 각 사원에서 재를 올렸다. 신라와 고려시대에는 우란분회를 베풀어 승려와 속인이 모두 공양을 했으나 조선시대에 들어와서 주로 승려들만

22) 한국민속대사전편찬위원회,『한국민속대사전1권』(민족문화사, 1991), p. 631.

의 행사가 되었다.[23] 불가에서는 불제자 목련이 어머니의 영혼을 구하기 위하여 7월 15일에 오미백과를 공양하는 고사에 따라 우란분회를 열어 공양하는 풍속이 있다. 즉 오미(五味) 및 백 종(百種)의 과실을 갖추어서 십방대덕(十方大德)에 공양한다는 것이다. 우란분이란 범어의 음역으로서 거꾸로 매달린 것을 구원한다는 뜻이다. 즉 7월 15일 백미의 음식을 분에 담아 제부처에게 공양하고 이로써 명계에 있어 망령이 거꾸로 매달린 괴로움을 구제한다[24]는 뜻이다.

농촌에서는 백중날을 전후해서 시장이 서는데 이를 백중장이라 하였다. 머슴을 둔 집에서는 이날 하루를 쉬게 하여 백중장에서 벌어지는 씨름, 농악, 경연, 그네 대회를 즐겼다. 충북 괴산[25]에서는 머슴이나 농사꾼들이 백중 한 달 전부터 밤이 되면 동네 큰 사랑방이나 동구나무 밑에 모여 그 집에 필요한 멍석, 동구녁, 삼태미 등을 만들기 시작하여 백중 아침이 되면 만든 멍석 등을 안마당에 던지면서 '멍석 사시오'라고 외친다. 그러면 주인집에서는 술과 떡을 해주고 새 옷 한 벌과 백중 돈을 태워준다. 돈을 탄 동네 머슴들과 농사꾼들은 풍장을 치면서 동네 큰 마당에 모두 모여 흥겹게 논다. 백중날을 전후하여 농사일이 거의 끝나 호미가 필요 없게 되어 호미를 씻어 둔다고 하여 '호미씻이'라 하며, 농악을 치며 하루를 즐긴다. 또 이날은 마을에서 농사를 가장 잘 지은 머슴을 상머슴으로 뽑아 얼굴에는 환칠을 해주고 머리에 버드나무로 만든 관을 만들어 씌우고 도링이(도롱이)를 입힌 후 황소에 태워 농악대와 같이 집집마다 돌아다니며 상머슴을 판다. 집 앞에서 '상머슴 사시오' 하면 집주인은 자기 형편대로 음식을 대접하거나 쌀과 돈을 주어 축

---

23) 김성원 편,『한국의 세시풍속』(명문당, 1987), p. 109.
24) 위의 책, p. 110.
25) 청주문화원 편, 『충청북도지』(충청북도지 편찬위원회, 1992), p. 2062.

하해 준다. 그 상머슴이 노총각이거나 홀아비인 경우에는 적당한 혼처를 구하여 장가를 보내주기도 하는데 '백중날 머슴 장가간다'라는 속담이 있다.

금기로는 7월 백중날에 일을 하지 않는다. 이것은 산신이 곡식의 수확을 마련하고 있을 때 사람들이 들에 나가 일을 하면 산신의 일에 방해가 되기 때문이다. 또 이날 삼(麻)을 삼지 않고 쉰다. 그것은 광제단에 모시는 주인 없는 외로운 혼령들이 7월 백중날부터 9월 중양일까지 돌아다니며 얻어먹는데 마당에 줄을 메고 삶은 삼단을 걸어두게 되면 이 귀신들이 못 돌아다니기 때문[26]이라고 한다. 전라도 지방에서는 이날 찬물이 잘 흐르는 곳을 찾아 소금을 싸서 매달고 소원을 말한다. 물을 맞으러 갈 때는 특히 개고기 등 비린 것과 제사 음식 등을 먹지 않고 근신하며 물 맞으러 가는 도중에 뱀을 보거나 궂은 일을 보면 가던 길을 되돌아온다. 제주도에서는 백중날 살찐 해물들이 많이 잡힌다고 해서 모두 바다로 나간다. 밤에는 횃불을 들고 늦도록 해산물을 딴다. 이날 산신에게 제사를 지내는데 한라산에는 농사와 수풍과 번성을 맡고 있는 백중와살이라는 산신이 있다. 이 산신은 백중을 고비로 오곡과 과일들이 익어 가면 바람과 구름을 일으키는 조화를 부린다고 해서 이날 산신에게 제를 지낸다.

박을 삶는 집
할아버지와 손자가 오른 지붕 우에 한울빛이 진초록이다
우물의 물이 쓸 것만 같다

마을에서는 삼굿을 하는날
건넌마을서 사람이 물에 빠져 죽었다는 소문이 왔다

---

26) 고대민족문화연구원, 『한국민속의 세계 5』(고려대출판부, 2001), p. 238.

노란 싸릿잎이 한불 깔린 토방에 햇츩방석을 깔고
나는호박떡을 맛있게도 먹었다

어치라는 山새는 벌배 먹어 고흡다는 골에서 돌배 먹고 알픈 배를
아이들은 열배 먹고 나었다고 하였다.

– 〈여우난골〉 전문

이 시에서 '삼굿'은 삼의 껍질을 벗기는 공정으로 삼밭에서 베어낸 삼대는 가지런히 단을 묶어서 웅덩이에 세워둔다. 삼구덩이는 경사지에 3단으로 만든다. 남자들은 장작을 베어다가 최하층에 가지런히 쟁이고 그 위층에 자갈을 부어놓으며 맨 위에 삼단을 쌓아두고 흙을 덮는다. 밑에서 불구멍을 내어 장작을 태우면 자갈이 달구어지는데, 일정한 온도에 도달했을 때 갑자기 찬물을 붓는다. 뜨거운 돌에 닿은 물이 수증기로 변하면서 위로 올라와 세워둔 삼대가 익게 된다. 이렇게 물을 부어도 증기가 일어나지 않을 정도가 될 때까지 삼을 익혀서 흙을 헤치고 삼을 꺼내어 껍질을 벗긴다. 하얗게 껍질이 벗겨진 삼대를 '저릅대'라고 부르며 길쌈의 원료가 된다. 삼굿은 길쌈공정의 가장 중요한 초입과정으로 남자들이 참여해 마을 공동으로 이루어진다. 삼구덩이에 넣은 삼단들도 개별적으로 넣는 것이 아니라 모두 모아서 함께 넣는다. 간혹 개인 단독으로 삼구덩이를 하는 경우도 있다. 삼굿에는 삼굿고사도 하는데 삼이 잘 쪄져야 길쌈일이 순조롭게 되기 때문에 부정을 가리고 간단한 고사상을 차려서 정성을 올린다. 삼굿이 끝나 삼이 완전히 쪄질 때까지는 모두 입조심을 하며 일이 잘되기를 기원한다.

인용시에 등장하는 '햇츩방석을 깔고'는 돗자리와는 다른 작은 크기로 혼자 깔고 앉게 만든 방석이다. 이것은 그해에 새로 나온 칡덩굴을 엮어 만든

방석을 말한다. 그러나 전통적인 방석은 볏짚, 왕골, 부들, 줄, 죽피(竹皮) 같은 재료로 엮었다. 모양은 원형이나 사각으로 만들었는데 재료에 따라 짚방석, 왕골방석, 부들방석, 줄방석, 죽피방석이라 불렀다. 방석은 방이나 마루에 까는 것이어서 두께가 얇고 너비가 제법 넓은 것이나 두께가 두텁고 좁은 부엌방석도 있다. 화자는 새로 나온 방석을 깔고 호박떡을 맛있게 먹는 모습을 묘사하고 있다.

승냥이가 새끼를 치기 전에는 쇠메든 도적이 났다는 가즈랑 고개

가즈랑집은 고개 밑의
山너머 마을서 도야지를 잃은 밤
즘생을 쫓는 깽제미 소리가 무서웁게 들려오는 집
닭 개 즘생을 못 놓는
멧도야지와 이웃사촌을 지나는 집

예순이 넘은 아들없는 가즈랑집 할머니는 중같이 정해서 할머니가
마을을 가면 긴 담뱃대에 독하다는 막써레기를 멫대라도 붙이라고 하며

간밤엔 섬돌 아래 승냥이가 왔었다는 이야기
어느메 山골에선간 곰이 아이를 본다는 이야기

나는 돌나물김치에 백설기를 먹으며
녯말의 구신집에 있는듯이
가즈랑집 할머니
내가 날 때 죽은 누이도 날 때
무명필에 이름을 써서 백지 달어서 구신간시렁의 당즈깨에 넣어
대감님께 수영을 들였다는 가즈랑집 할머니

언제나 병을 앓을 때면
신장님 단련이라고 하는 가즈랑집 할머니
구신의 딸이라고 생각하면 슬퍼졌다

토끼도 살이 오른다는때 아르대즘퍼리에서 제비꼬리 마타리 쇠조지
가지취 고비 고사리 두릅순 회순 山나물을 하는 가즈랑집 할머니를 따르며
나는 벌써 달디단 물구지우림 둥굴네우림을 생각하고
아직 멀은 도토리묵 도토리범벅까지도 그리워한다

뒤울안 살구나무 아래서 광살구를 찾다가
살구벼락을 맞고 울다가 웃는 나를 보고
밑구멍에 털이 몇자나 났나 보자고 한 것은 가즈랑집 할머니다
찰복숭이를 먹다가 씨를 삼키고는 죽는 것만같어 하로종일 놀
지도 못하고 밥도 안 먹는 것도
가즈랑집에 마을을 가서
당세먹은 강아지같이 좋아라고 집오래를 설레다가였다

– 〈가즈랑집〉 전문

유년의 경험세계를 배경으로 묘사되는 가즈랑 고개와 국수당 고개는 토속적 삶의 세계를 담고 있다. 유년의 화자는 가즈랑집 할머니댁에 가서 즐겁게 놀던 경험세계를 진술하고 있으며, 설화와 민간신앙의 세계와 현실세계를 교차시켜 독특한 시적 분위기를 자아내고 있다. 시인은 가즈랑 고개와 가즈랑집 할머니를 중심으로 자신의 유년 체험을 무속적 신비와 설화적 환상 속에서 이야기하고 있다. '승냥이가 새끼를 치기 전에는 쇠메 든 도적이 났다는 가즈랑고개', 그 고개 밑에는 승냥이, 도야지, 깽제미, 거위, 닭, 개 등

다양한 동물이 인간과 자연 속에 어울려 생활한다. 이 고개에 사는 무녀인 가즈랑집 할머니와 화자인 나는 '간밤에 섬돌 아래 승냥이가 왔었다는 이야기'와 '山골에선간 곰이 아이를 본다는 이야기'처럼 원시적인 내면 공간으로서 삶의 원형 속에 내재하는 무속신앙의 설화성을 지니고 있다. 이런 공동체적 신화 속에 무녀로써 묻혀 사는 할머니의 삶이 서술자 시점을 통해 생생히 묘사되고 있다. 자손도 없이 늙은, 담배를 많이 피우는 무녀는 친밀감과 두려움을 동시에 느끼게 한다. 그녀는 개인적인 인간사보다 공동체적인 믿음의 세계에 살고 있기에 아이에게 설화를 들려주고 이웃에 어려움이 있을 때 치성을 드리는 것이다.

가즈랑집 할머니는 인간에게 닥치는 재앙을 막아주고 생명의 탄생을 도울 수 있는 초월적 존재로, 또 사람들의 병을 낫게 해주는 '구신의 딸'로서 역신과 싸운다. 이런 초월적 삶은 시적 대상으로서의 자연과 행위의 주체로서의 인간이 결코 분리될 수 없이 하나라는 신화 세계의 특징[27]이라 할 수 있다. 이 시는 시어도 토속적인데 '쇠메'는 쇠로 된 커다란 망치이며, '깽제미'는 징, 꽹과리를 이르는 말이고, '막써레기'는 거칠게 썬 엽연초를 말한다. '구신간시렁'은 귀신을 모셔놓은 시렁이며 물건을 얹을 수 있도록 벽에 붙여서 건너지른 두 개의 장나무를 말한다. '아르대즘퍼리'는 아래쪽에 있는 진창으로 된 펄이라는 뜻의 평안도식 지명이다. '물구지우림'은 물구지(무릇)의 알뿌리를 물에 담가 쓴맛을 우려낸 석이며, '둥굴네 우림'은 둥굴레풀의 어린잎을 물에 담가 쓴맛을 우려낸 것이다. '당세'는 좁쌀이나 술찌꺼기로 만든 달디단 죽인 곡식 가루에 술을 쳐서 미음처럼 쑨 음식을 말하는 당수이고, '집오래'는 집의 울 안팎, 즉 집 근처를 말한다. 시적 화자는 유년 시

27) 이동순, 「민족시인 백석의 주체적 정신」, 『백석』(새미, 1996), p. 160.

절 산나물 캐는 할머니를 따르며 먹을 것을 그리워했던 추억과 다정했던 할머니를 회상하고 있다. 이처럼 유년의 화자는 가즈랑집 할머니 댁에 가서 즐겁게 놀던 경험세계를 진술하고 있는데 설화와 민간신앙의 세계와 현실세계를 교차시켜 독특한 시의 분위기를 자아내고 있다.

백석은 토속적이고 민속적인 삶의 소재들을 끌어들여 민족의 내면세계를 형상화하였다. 그의 시에 등장하는 민속적・토속적 모티프들은 바로 민족성 상실의 현실을 초월하여 삶의 원초적 세계를 지향하는 의지의 표명이다. 그는 이러한 시적 인식의 세계를 평북지방을 중심으로 하는 토속적 공간에서 찾고 있다. 그렇기 때문에 토속적 인물들과 방언 구사, 민속적 삶의 원초적 소재들은 낭만적 정서를 자아화하는 모티프가 아니라 민족의 원초적 정서를 환기하는 리얼리티[28]를 담고 있다.

> 봄철날 한종일내 노곤하니 벌불 장난을 한 날 밤이면 으례히
> 싸개동당을 지나는데 잘망하니 누어싸는 오줌이 넓적다리를
> 흐르는 따근따근한 맛 자리에 평하니 괴이는 척척한 맛
>
> 첫여름 이른 저녁을 해치우고 인간들이 모두 터앞에 나와서
> 물외포기에 당콩포기에 오줌을 누는데 터앞에 밭마당에 샛길에
> 떠도는 오줌의 매캐한 재릿한 내음새
>
> 긴긴 겨울밤 인간들이 모두 한잠이 들은 재밤중에 나 혼자
> 일어나서 머리맡 쥐발같은 새끼오강에 한없이 누는 잘 매럽던
> 오줌의 사르릉 쪼로록 하는 소리

---

28) 김수복, 『상징의 숲』(청동거울, 1999), p. 125.

그리고 또 엄매의 말엔 내가 아직 굳은 밥을 모르던 때 살갗퍼런
막내고무가 잘도 받어 세수를 하였다는 내 오줌빛은 이슬같이
샛말갛기도 샛맑았다는 것이다

-〈童尿賦〉 전문

위 시에서 화자는 '오줌'에 얽힌 경험을 감각적으로 묘사하고 있는데, 특히 계절 감각에 맞게 표현하고 있는 점이 인상적이다. 1연은 봄이라는 시간적 배경에서 유년의 체험이 등장한다. 여기서 '벌불'은 들불인데 들에서 불을 놓는 장난 속에서 밤에 오줌을 싸는 모습이 '따근따근한 맛'이나 '칙칙한 맛'처럼 촉각적 이미지로 표현되고 있다. '싸개동당'은 싸개동장, 즉 오줌싸개의 왕 내지는 오줌을 기어코 싸는 장소, 즉 안방에서 오줌을 싸는 모습이다. '잘망하니'는 잘박하게 얕은 물이나 진창을 밟거나 치는 소리가 나는 모양을 말한다. 샛맑은 오줌을 이슬로 비유해 유년의 천진난만한 세계를 투명한 감각으로 비유하고 있다. 2연에서는 여름에 오줌이 주는 '매캐한 재릿한 내음새'처럼 후각적 이미지로 묘사된다. '물외'는 오이를 이르는 말이고, '당콩'은 강남콩을 말한다. 3연에서는 겨울에 '사르릉 쪼로록 하는 소리'처럼 청각적 이미지로 묘사되고 있다. '재밤중'은 한밤중을 뜻하며, '쥐발같은'은 쥐발같이 앙증맞은 것을 말한다. 4연에서는 전통적인 민간요법의 세계가 보이는데, 어린아이의 소변을 받아 세수하면 피부병이 낫는다는 믿음의 세계가 그것이다. 어린이의 오줌은 민간요법에서 영약(靈藥)으로 사용되었다. 평북 지방에서 임병(淋病)에 처녀의 오줌에다 유황을 섞어 하룻밤 재운 후 햇볕에 말려 눌어붙은 고약을 가루 내어 식후에 먹는다든지 또는 산후(産後)에 기침이 심한 산모가 2살-3살 된 아이의 오줌을 마시는 경우이다. 그리고 천식에

는 한 살 이상 다섯 살 미만의 동뇨(童尿)에 생강을 타 마신다. 평남지방에서는 폐병에 자기 적출(嫡出) 아들 중 두 살에서 일곱 살까지의 어린아이의 오줌을 마시기도 한다. 그 외 지방에서도 다양하게 오줌을 민간요법으로 사용해왔음을 알 수 있다.

세시풍속의 하나로 오줌에 삶은 달걀 먹기가 있다. 섣달 그믐날 저녁에 달걀을 오줌에 삶아 먹거나 오줌에 담갔다가 꺼내서 먹는 풍속인데 이렇게 하면 잔병치레를 하지 않으며, 혹은 부스럼이 나지 않는다[29]고 한다. 또 민간에 전하던 풍속의 하나로 오줌으로 귀신 쫓기[30]가 있다. 병에 오줌을 담아 거꾸로 걸어 놓으면 전염병이 그 문 안을 들어서지 못한다고 여겼다. 이 풍습은 병인(病因)을 여귀(女鬼)라 생각한 데서 연유한 것이다. 남자의 오줌이 담긴 유리병은 남근(男根)의 상징으로 귀신을 환대하여 문 안으로 들어오지 못하게 한 발상이었다.

이처럼 백석의 시에는 방언을 구사한 이야기의 요소와 토속적이고 공동체적인 내용들이 많다. 또한 그는 시의 소재에 있어서도 유년에 대한 기억과 민속적인 측면에 많은 관심을 보인다. 이러한 백석 시에 내재된 기대는 공동체적인 삶과 원형 공간의 회복[31]이다. 유년 체험으로 구체화되는 세계는 토속적인 지명과 방언들, 전통적인 음식 등과 어울려 혈연적 유대감으로 상승하고 있다.

---

29) 한국민속대사전편찬위원회, 앞의 책, p. 1070.
30) 위의 글.
31) 심재휘, 『1930년대 후반기 시 연구』(고려대 박사논문, 1997), p. 48.

2) 공동체적 삶에 투영된 민간신앙

백석은 어릴 적부터 무속적인 환경에서 성장했다. 백석의 어머니가 몸이 허약한 아들의 무병장수를 기원하려고 열심히 치성을 드렸다[32]는 일화에서도 그것은 분명하게 드러난다. 이처럼 토속적인 산골 마을에서는 우리 민족의 원형적인 삶의 모습으로서의 무속과 풍속이 그대로 살아 있었다. 백석은 이러한 산골 마을에서 면면히 이어져 내려오는 우리 민족의 원형적인 삶의 모습[33]을 보며 자랐고, 그 역시 시 속에서 이러한 원형적 삶을 보여주고자 노력했다.

민간신앙은 종교적 체계를 갖추지 못한 채 민간에서 전승되는 여러 가지 신앙을 지칭한다. 민간신앙은 기층문화를 형성하는 마을신앙, 집안신앙, 무속신앙을 포함하며 한국인의 심층에 가장 오래 존속해온 정신세계이다. 민간신앙은 단군신화에서부터 시작되는데, 단군신화에는 신의 종류로서 환웅(桓雄), 동물신, 식물신, 자연신, 지신(地神) 등이 등장한다. 곰이 인간으로 변화하는 장면에서 백일의 금기와 주술이 행해졌으며 기자(祈子), 이구(異媾), 천부인(天符印) 등의 기록[34]이 있다. 그리고 부여에서는 정월에 하늘에다 제사를 지내고 노래와 춤을 추는 영고(迎鼓)가 있었고, 마한에서는 10월에 귀신과 하늘에 제사를 지내면서 춤을 추는 천신제가 있었다. 또 예(濊)에서는 무천(舞天)이라 하여 10월이면 밤낮을 가리지 않고 술을 마시고 가무를 즐겼다. 고구려에서도 동맹(東盟)이라 하여 주몽(朱蒙)의 모신(母神)인 수신(隧神)에게 제사를 지냈고 백제는 하늘과 오제(五帝)의 신에게 제사를 지내는 의식이 있었다.

---

32) 김자야,「백석: 내 가슴에 지워지지 않는 이름」,『창작과 비평』1988년 가을호, p. 232.
33) 고형진 편,『백석』(새미, 1996), p. 51.
34) 위의 책, p. 677.

민간신앙은 자체의 독특한 신앙 체계도 갖고 있지만 외래의 고등 종교가 침입해 올 경우 여기에 습합되어 상보적인 관계를 유지하면서 전개된다. 그 구체적인 예가 오늘날의 불교, 유교, 기독교 등이다. 그리고 민간신앙은 고유의 상징 체계[35]를 지니고 여러 문학작품 속에도 자리 잡고 있다. 따라서 무속사상이 국문학의 전통에 있어서 하나의 맥을 이루어 왔다는 사실은 구지가, 처용가, 도솔가 등의 작품을 통해서 예증될 수 있다.

민간신앙의 특징은 크게 여섯 가지로 설명할 수 있다. 첫째, 신앙의 대상이 되는 신이 매우 다양하다. 천신, 귀신, 산신 등에서부터 사령(死靈) 등의 귀신까지를 포함하고 있다. 민간신앙은 산이나 바다, 우물, 들 등 자연에 존재하는 수많은 정령을 비롯하여 동식물의 영혼과 집안의 여러 곳에서도 모두 신이 있다고 본다. 둘째, 민간신앙은 개인신앙이라기보다 공동체의 신앙이다. 즉 가정의 신앙이거나 마을 전체의 신앙이지 개인 단위의 신앙이 아니다. 개인이 병이 나서 굿을 하면 집 전체, 가족 전체를 위한 굿을 했는데 동제의 경우에도 마을 전체 또는 집 전체를 위한 것이라는 데 의미가 있었다. 셋째, 민간신앙은 외래 종교와 부단한 습합을 통해서 상호 영향을 주고받았다. 불교나 유교와 서로 영향을 주고받았고 상호 보완적인 입장에서 이중적 기능을 해 왔다. 넷째, 민간신앙은 구체적 생사화복(生死禍福)에 집중되어 있다. 예에서 나타나듯이 추상적인 신앙의 대상이라기보다는 기능신에 가깝다. 다섯째, 민간신앙은 윤리의식의 결여라는 점이다. 지연이나 혈연을 중심으로 한 생활공동체의 신앙이라는 점에서 민간신앙은 지연이나 혈연이 없는 사람에게는 매우 폐쇄적인 성질을 갖는다. 예를 들어 남의 집 부뚜막의 흙을 훔쳐서 자기 집으로 가져오면 자기 집은 부자가 된다고 하는 것이다.

---

35) 김열규, 『한국민속과 문학연구』(일조각, 1982), p. 54.

다른 마을의 것을 훔쳐서라도 우리 마을이 부자가 되겠다는 것은 자기 위주의 심리를 표현하고 있다. 여섯째, 민간신앙은 사회적 모순이나 사회적 제도에 대한 원한, 한 많은 인생의 복수심을 해결하는 등 사회적 통합기능 등을 가지고 있다. 즉 민족의 신, 마을의 신, 가정의 신을 모시고 존경하며 집단의식을 가지는 것은 사회협동체제의 유지에 크게 이바지한다는 점이다.[36] 이와 같은 민간신앙의 세계관에 있어서는 어떤 초월적인 힘이 생사화복을 결정짓는다고 믿는 것이며, 인생관에 있어서는 부귀장수와 같은 생존적 가치, 즉 현실주의에 집중되어 있다는 것이다. 종교관에 있어서는 초월적인 힘이 자연계나 인생관을 좌우하고 있지만 종교적인 의례로써 이들 운명을 조절할 수도 있다는 신념[37]을 지니고 있다.

민간신앙은 학자마다 다양하게 분류하고 있다. 김태곤[38]은 ㉠ 계절제(신년제, 단오제, 공동제, 안택굿), ㉡ 가신신앙(성주신, 조상, 삼신, 조왕신, 터주, 기타 가신들), ㉢ 동신신앙(산신, 서낭신, 국수신, 장군신, 용신, 부군신, 장승, 솟대), ㉣ 무속신앙(무신제, 가제, 동제), ㉤ 독경신앙(안택축원, 고사축원, 귀신잡이, 동토잡이, 길닦음, 홍수맥이, 살풀이), ㉥ 자연물신앙(산신제, 용신제, 지신제), ㉦ 영웅신앙(왕신, 장군신, 대감신), ㉧ 사귀신앙(사령, 역신, 도깨비, 정귀, 호구신), ㉨ 풍수신앙, ㉩ 점복, 예조, ㉪ 금기, 주부, 주술, ㉫ 민간의료 등으로 분류하고 있다.

장주근[39]은 ㉠ 무속, ㉡ 부락제, ㉢ 가정신앙(터주, 성주), ㉣ 점복, 주술, ㉤ 지리풍수 등으로 분류하며 최인학과 최길성[40]은 ㉠ 무속신앙(샤머니

---

36) 한국정신문화연구원, 앞의 책, p. 685.
37) 류동식, 『한국민속 사상연구』(삼성출판사, 1983), p. 11.
38) 김태곤, 『한국민간신앙연구』(집문당, 1983), pp. 17-32.
39) 장주근, 『고대한일양국의 민간신앙』(한국문화, 1977), p. 67.
40) 최인학 외, 『한국민속학』(새문사, 1988), p. 172.

즘), ㉡ 가정신앙과 공동체 신앙(솟대, 장승, 동제), ㉢ 풍수신앙, ㉣ 속신신앙(금기, 금줄, 점, 성기신앙, 도깨비, 유령) 등으로 분류하고 있다. 이러한 분류를 토대로 민간신앙을 크게 분류하면 가신신앙과 마을신앙, 무속신앙으로 나눌 수 있다. 그러나 가신신앙과 마을신앙, 무속신앙 등의 신관(神觀)이 다신다령적(多神多靈的)인 성격[41]을 띠고 있어 구분이 어려운 경우가 발생한다. 즉 가신신앙인 조상신이나 성주나 터주 등은 굿에서 조상거리, 성주거리, 대감거리의 신들이 된다. 따라서 가신신앙과 무속신앙이 서로 겹치는 면이 많은 것이 사실이다. 가신신앙은 원칙적으로 집안에 위치하는 신적 존재들에 대한 신앙이다. 따라서 가정단위의 신앙이지만 유교적인 제례와 다르다. 유교적인 제례는 남성들이 주가 되지만 가신신앙은 여성들이 주가 되며 소박하고 현실적이며 정적인 것을 특징[42]으로 한다. 가신신앙의 종류를 살펴보면 안방의 조상신과 삼신, 마루의 성주신, 부엌의 조왕신, 뒤켵의 택지신(宅地神)과 재신(財神), 출입구의 수문신, 뒷간의 측신, 우물의 용신 등이 있다.

마을신앙은 한 마을이 단위가 되어 행해지는 신앙형태이다. 집의 차원을 떠나서 사람이 생활하는 공간으로 가신신앙의 확대 연장이 마을신앙이다. 마을의 경계나 중심에는 서낭당이 있어서 동제나 부락제를 함께 지내고 우리 마을이라는 의식을 강화한다. 촌락 전체의 평안과 번영을 위하여 촌락민 전체가 참여하는 마을신앙으로는 부락제가 대표적이다.[43] 마을신앙은 크게 유교식 동제와 별신굿 또는 도당굿으로 이분할 수 있다. 수호신으로는 산신, 동신, 골매기신 등으로 불리는 인격신과 비인격인 신[44]이 있다. 마을에서는

41) 한국정신문화연구원, 앞의 책, p. 100.
42) 위의 글.
43) 위의 글, p. 564.
44) 위의 글, p. 683.

하나의 주신을 섬기고 하위신으로 장승이나 기타 수부신, 또 산신과 해신을 위한 마을 신당 등 여러 신을 모시는 경우도 있다. 마을신에 대한 의례는 부락제라고 하는데 부락인이 직접 또는 간접으로 하나의 신을 모시는 것으로 무당이 사제하는 당굿의 형태와 유교식 제사에 의한 동제(洞祭)가 있다.

동제는 마을 사람들에 의해서 거행되는 마을 공동의 제의를 말하는 것으로 산신제, 서낭제, 별신제, 거리제, 용왕제, 기우제 등이 여기에 포함된다. 마을신앙의 목적은 제의에 있어서 마을 공동체의 농경생산과 생활의 번영인데 어촌인 경우에는 풍어를 기원하는 것이며 농촌인 경우에는 풍작을 기원하며 가축들이 많이 번식하기를 기원한다. 이것은 만사가 형통하여 집집마다 평안하고 마을이 태평하는 의식이다. 마을신앙을 집전하기 위해서는 의식을 행하는 제당(祭堂)이 필요한데, 신앙의 대상이 되는 제신(祭神), 신성한 의식을 행하는 제일(祭日)의 선택, 의식을 집행하는 사제자(司祭者)가 필수적인 요건이 된다. 제당은 신이 내리는 곳, 또는 신이 머무르는 곳이다. 마을의 집단의식을 행할 때 신과 인간이 동석하여 함께 놀고 음식을 먹으면서 신에게 인간의 기원을 고하고 신의 의지를 탐지하는 곳이 제당이다.[45] 따라서 제당은 인간생활에 있어서 가장 신성한 곳이며, 그 신성을 유지하기 위하여 인간의 일상생활과는 격리된 곳이어야 한다. 제당의 형태는 자연물로 표시된 경우와 인공물로 표시된 경우, 그리고 양자가 복합적으로 표시된 경우가 있다. 자연물로는 수목, 암석, 암반, 누석 등이 있고, 인공물로는 목간(木竿), 장승, 신도(神圖), 당집, 신당 등을 들 수 있다.

마을신앙의 대상이 되는 신들의 신격은 잘 알려져 있지 않다. 그 신을 막연하게 당신, 당산할머니, 서낭님, 산신님 등으로 부를 뿐이다. 현재까지 알

45) 앞의 글, 567쪽.

려지고 있는 신은 자연신과 인신(人神)으로 크게 나뉘는데, 자연신은 천신(天神), 일신(日神), 성신(星神), 산신(山神), 수신(水神), 서낭신, 지신(地神), 수신(樹神), 사귀신(邪鬼神) 등이 있으며, 인신은 사귀신, 장군신, 대감신 등[46]이 있다. 마을의 수호신에게 기원하는 제의와 외계신으로 천신, 천왕신, 칠성신, 시준신, 제석신, 용신, 용왕신, 장군신, 군웅신, 신장신, 손님신, 창부신, 잡귀[47] 등이 있다. 따라서 무당이 소망을 비는 신앙의식인 굿은 이들 신을 대상으로 한다.

마을신앙의 의의는 첫째, 지연을 중심으로 한 생활 공동체를 형성하여 왔던 촌락사회에 지연 강화의 기능을 하였고 둘째는, 사회를 보호하는 의미가 있다. 즉 종합적인 사회생활의 현장을 강조하고 부락민에게 일체감을 주는 기능이다. 셋째는 일상적인 사실을 성화(聖化)하고 의례화하여 제도적인 권위를 부여하는 힘을 가지고 있다. 따라서 일상적으로 어떤 날을 정하여 일정한 뜻을 기리는 것은 의례를 통하여 보다 효과적으로 이루어질 수 있다. 넷째는 마을의 불안을 전체적으로 극복하고자 하는 신앙이다. 따라서 촌락 전체의 공통된 불안이나 불행을 공동의 힘으로 대처하려는 협동의 심리를 기초로 하고 있다. 다섯째는 지연 중심의 작은 촌락 단위에서 사는 사람들에게 유용한 통합원리이다.[48]

무속은 외래종교가 들어오기 전의 아득한 상고시대부터 한민족의 종교적 주류를 형성하고 있었다. 그것은 물론 외래종교가 들어온 후로도 민간신앙으로서 한민족의 기층 종교 현상으로 존재했다.[49] 무속의 역사를 보면 삼국지 위지 동이전에 나오는 제천의례에 대한 기록과 『삼국유사』에 기록된 단

46) 앞의 글, p. 568.
47) 앞의 글, p. 212.
48) 한국정신문화연구원, 앞의 책, pp. 569-570.
49) 김태곤, 『한국무속연구』(집문당, 1985), p. 18.

군, 주몽, 혁거세 등의 시조 신화에 반영된 신앙 양상 등이 있다. 무속이 문헌상에 나타나는 것은 삼국시대로 신라 2대왕 남해차차웅은 왕호이자 무칭(巫稱)을 의미한다. 이 외에도 『삼국사기』, 『삼국유사』에 단편적으로 무당의 기록이 보인다.

무속에 대한 자료는 제정일치 시대에 환웅천왕이 신시(神市)를 베풀었다는 기록에서도 확인된다. 신시(神市)는 제왕이 하늘에 제사하는 신성한 장소요 굿당이다. 그러므로 환웅과 단군은 제천의식을 주관한 무당이라고 보아야 옳다.[50] 이러한 점으로 미루어 무속은 단군신화에 뿌리를 둔 태초의 신앙임을 알 수 있다. 무속에서는 인간의 생사, 길흉, 화복, 질병 등 모든 운명 일체가 신의 뜻에 따라 결성된다. 이 신에는 정신과 잡귀가 있다. 정신(正神)은 우주의 자연신령, 조상신, 영웅신, 무당의 신당에 모셔지는 신령인 무조신 등 인간을 수호해주는 선영으로 사당이나 굿당의 신당에 모셔진다. 반면 악귀는 이승에서 고통 속에 살다가 원통하게 죽은 인간의 혼으로 승천하지 못하고 악신이 되어 인간에게 온갖 재난과 고통을 끼친다.[51] 이 무신들은 무한한 전능의 능력자로 나타나 인간에게 이성적인 계시를 통해 능력을 인도, 행사한다기보다는 무서운 고통을 주는 벌로써 신의 의사를 전달하기에 비록 인간을 보호해주는 신이라도 공포의 대상이 된다. 따라서 신을 숭배하여 따른다는 거룩한 마음보다는 신의 의사에 어긋나면 무서운 벌을 받는다는 공포감이 언제나 선행한다.[52] 그러나 누구나 이런 무신들을 쉽게 모실 수 있는 것은 아니다. 무당이 그의 수호신인 몸주신과 굿에서 등장하는 신령들, 그리고 신부모에게 물려받은 신령들을 모신다면, 단골은 무의 신령

50) 김용덕, 『한국의 풍속사』(밀알, 1994), p. 92.

51) 조흥윤, 『巫와 민속문화』(민족문화사, 1990), pp. 64-65.

52) 김태곤, 앞의 책, p. 286.

들 가운데 집안과 관련된 신, 즉 조령, 성주, 터주들을 집에 모셔두고 의례를 행한다.[53)]

무속은 사람들의 갈등과 불안을 없앤다는 데 존재 의의가 있다. 무당이 하는 일은 대부분 미신이나 주술과 같지만 그것은 또한 사람들의 마음을 편안하게 해준다. 무당은 미래에 대한 암시를 통해 위안을 주고, 공수를 통해 자기 정화의 효과를 주며, 두려움을 없애주고 믿는 이의 상담자가 되어준다.

기타 신앙으로 속신과 주술이 있는데, 속신은 민간신앙의 일부로 주술적 함축성이 짙은 신앙체계[54)]를 말한다. 이것은 인과론적인 주술심리를 비롯해서 감염원리 또는 유사원리의 주술심리로 말미암아 생겨난 사고의 체계이면서 행동의 체계까지 유발한다. 주술적 함축성이 있는 속신은 신성속신이라 부를 수 있다. 속신은 종속문 하나와 주부 하나로 이루어진 언어 표현체이다. 속신에서는 믿음이 특히 중요한데, 세속적인 속신의 경우는 단순한 신뢰일 수 있으나 신성속신의 경우는 종교적·주술적 신앙인 경우가 흔하다. 속신어는 우리의 사상과 감정을 독특한 양식의 언어로 표현한 전승물이다. 내용과 성격의 분류를 제시해 주는 기능을 가진 단어 부분이 고정적으로 있으며, 이를 분류하면 다음과 같이 유형화[55)]할 수 있다.

① 일반(一般)속신: '일상생활'에서가 생략된다.
② 내세(來世)속신: '죽어서'가 중간에 위치한다.
③ 당위(當爲)속신: '마땅히' 중간에 있거나 생략될 수 있다.
④ 요법(療法)속신: '병나서'라는 단어가 오는데 병난 것이 구체적인 사례로 드러난 것이 다르다.

---

53) 조흥윤, 앞의 책, p. 34.
54) 한국정신문화연구원, 앞의 책, p. 826.
55) 위의 책, pp. 318-319.

⑤ 풍수(風水)속신: 구체적인 지형이 제시된다.
⑥ 해몽(解夢)속신: 문두에 '꿈에'가 있는 것이 특징이다.
⑦ 관상(觀相)속신: '몸이'가 구체적인 사례로 드러난다.
⑧ 전조(前兆)속신: 자연현상이 구체적으로 변하여 '장차'가 생략된다.
⑨ 주술(呪術)속신: 나쁘다는 부정적인 현상은 없다.
⑩ 세시(歲時)풍속: 세시풍속상 '어느 때에 어떤 일을 하면'이 구체적으로 들어가 일 년 중 어느 때를 지적할 수 있다.

주술은 소망을 이루고자 하는 가장 원초적인 기원행위이며 미묘하고 복합적인 동기와 형태를 가지고 있다. 프레이저(Frazer)는 주술의 원리[56)]를 다음과 같이 설명하고 있다. 첫째는 유사(類似)의 법칙이다. 이는 결과가 원인과 유사(類似)하다는 원리의 주술을 의미한다. 이를 기초로 주술을 동종(同種) 주술(homoeopathic magic) 혹은 모방(模倣) 주술(imitative magic)이라고도 한다. 이것은 무엇을 모방하는 것만으로 하고자 하는 어떤 결과를 얻을 수 있다고 생각한다. 즉 어느 동작을 그대로 흉내 내면 거기에 상응하는 효과가 얻어진다는 신념이다. 둘째는 접촉(接觸)의 법칙(law of contact)이다. 이는 이전에 서로 접촉했던 사물은 물리적인 접촉이 끝난 후에도 공간을 사이에 두고 상호적 작용을 계속한다는 원리의 주술이다. 이를 기초로 하는 주술을 전파(傳播) 주술(contagious magic)이라고도 한다. 한 번 접촉한 사실이 있는 사물은 실질적인 접촉이 단절된 뒤에도 시간과 공간을 초월하여 상호작용을 계속한다는 원리에 의한 주술이다. 그 외에 기풍 주술이 있는데 주력(呪力)을 인간의 편으로 유도하여 풍작을 이끌기 위한 기술[57)]이라 할

56) J.G. Frazer, 『The Goiden Bough, A Study in Magic and Religion』(New York, Macmillan, 1951), pp. 12f.
57) 박계홍, 앞의 책, pp. 274-275.

수 있다.

풍년을 유도하기 위한 기풍 주술을 살펴보면 조선조의 궁중에서는 정월 상해일(上亥日), 상자일(上子日)에 나이가 젊고 지위가 얕은 환관(宦官) 수백 명이 횃불을 땅 위로 이리저리 내저으면서 "돼지를 불살라라, 쥐를 불살라라" 하며 돌아다니는 풍속이 있었다. 또 곡식의 씨를 태워 주머니에 넣어 재신(宰臣)과 근시(近侍)들에게 나누어주기도 했다.[58] 이와 같은 내용 중에 "돼지와 쥐를 불살라라" 하며 돌아다니는 풍속은 짐승의 피해를 방지하기 위한 모방 주술의 일종이고 곡식의 씨를 태워 주머니에 넣어 나누어주는 행위는 풍년을 유도하기 위한 기풍 주술의 일종이다. "시골에서는 보름 전날 짚을 묶어 깃대 모양으로 만드는데 그 안에 벼, 기장, 피, 조의 이삭을 집어넣어 싸고 목화를 그 장대 위에 매단다. 그리고 그것을 집 곁에 세우고 새끼를 늘어뜨려 고정시킨다. 이것을 화적(禾積)이라 한다".[59] 이러한 내용도 풍년을 기원하는 기풍주술의 한 방법이다. 벼와 기장, 피, 조, 목화 등을 장대 위에 매다는 것은 작물이 장대처럼 높이 자라 풍작을 가져오게 하는 모방 주술의 일종이다.

> 갈부던 같은 藥水터의 山거리엔 나무그릇과 다래나무지팽이가 많다
>
> 山넘어 十五理서 나무뒝치 차고 싸리신 신고 山비에 촉촉이 젖어서
> 藥물을 받으러 오는 두멧 아이들도 있다
>
> 아랫마을에서는 애기무당이 작두를 타며 굿을 하는 때가 많다
>
> – 〈三防〉 전문

58) 최대림 역, 앞의 책, p. 38.
59) 위의 책, p. 43.

‘아랫마을에서는 애기 무당이 작두를 타며 굿을 하는 때가 많다’ 등의 구절은 속신적 세계를 암시한다. 작두는 가축의 사료를 만들기 위해 풀을 자르는 도구이며 한약방에서 약초를 써는 도구를 말한다. 이 작두 위에 맨발로 무당이 올라서서 춤을 추거나 공수를 내리는 것이다. 속신적 세계는 전통적 민간신앙의 세계를 가리킨다. 당대 민중의 구체적이고도 보편적인 삶의 일부로 드러나 있다는 점에서 속신의 세계는 민족적 의의를 함유하게 된다. 무당으로 갓 태어난 애기무당은 신아버지나 신어머니가 되는 무당으로부터 굿하는 법, 무의 제 관습 등을 포함한 내림굿을 받는다. 이 내림굿 중에 몇몇 신령이 그 후보자의 입을 통해서 확인되는데, 그들은 애기무당의 몸주로서 신당으로 모셔진다. 이 시에서 산 아이와 애기무당은 이 신화적 공간에서 낙원을 지키는 수호자로 등장한다. 인용시를 보면 아랫마을에서는 애기무당이 굿을 펼치고 있다. 이때 굿판은 무속에서 가장 성스러운 의례이다. 무당, 인간, 신령이 함께 만나 인간의 문제를 푸는 것으로 굿은 무당이 인간의 길흉화복을 신에게 기원할 목적으로 제물을 바치고 가무와 의식 절차를 통해 행하는 제의이다. 이처럼 가무가 수반되는 제의는 신과 인간의 만남과 대화를 의미하며, 이를 통하여 인간의 궁극적인 문제를 해결해 나가려는 노력을 전제로 한다.

굿의 종류로는 가정과 개인을 단위로 하는 일반적인 굿과 마을의 생활 공동체를 단위로 하는 동신제인 당굿이 있다. 일반굿은 살아 있는 사람을 위한 굿과 죽은 사령의 저승천도를 위한 굿으로 구분된다. 일반굿은 기복을 위한 재수굿, 성주굿, 삼신굿, 칠성굿, 치병굿, 환자굿 등이며 사령을 위한 오구굿, 지노귀굿, 사자굿, 씻김굿, 조상굿, 수왕굿, 망묵굿 등도 여기에 포함된다. 죽은 사령을 위한 굿도 결론적으로는 산 자의 평안과 행복을 비는 것으로 여겨진다. 공동체를 위한 동제는 마을의 액을 막고 풍년이나 풍어를 비는 굿인데 당굿, 서낭굿, 별신굿, 연신굿, 서낭풀이[60] 등이 있다.

'어린아이'에서는 병든 아버지를 위해 산 속으로 약물을 받으러 오는 약수신앙이 보인다. 이는 물을 마심으로써 생명을 보전하거나 재생할 수 있다는 믿음을 가진 약수신앙이다. 약물이 일반 샘물과 다른 것은 신성한 샘이라는 점에 있다. 물의 생리적인 약효뿐만 아니라 신령스러운 효과를 바라는 것이 약수신앙의 마음이다. 산간에서 솟아나는 영천(靈泉)을 약물(藥水)이라 하는 것은 이것을 마시면 모든 병이 낫는다는 신앙에서 기인한 것이다. 따라서 이 약물은 눈병에 효과가 있는 물, 외상(外傷)을 치유해주는 물, 체력을 보강해주고 주력(走力)을 주는 물, 자손을 내려주는 물 등 갖가지 영험이 있다고 믿고 있다. 이것을 더럽히면 신의 노여움을 산다고 생각하여 부정한 것을 접근시키지 않는다. 또한 그 신은 대부분 뱀이나 용의 형상으로 생각하고 때로는 할아버지, 할머니의 부부신으로 여겨 제사를 지내기도 한다. 경성지방에서는 이를 물할아버지, 물할머니라 부르며,[61] 약물에 아이를 기원하는 풍습이 있다. 목욕재계를 하고 약물 가까이에 화덕을 만들어 놓고 약물을 길어다 마시고 그 물로 밥을 짓고 미역국을 끓인 다음 물신—물할아버지, 물할머니—에게 바치고 잡귀에게 뒷전을 하고 나서 자신도 먹는다. 이 경우 사람들은 바위에서 솟아나는 약물 소리를 신의 소리[62]로 생각한다.

> 부뚜막이 두 길이다
> 이 부두막에 놓인 사닥다리로 자박수염난 공양주는
> 성궁미를 지고 오른다

---

60) 한국민속대사전편찬위원회, 앞의 책, pp. 181-182.
61) 아키다 다카시, 심우성 역, 『조선 민속지』(동문선, 1993), pp. 40-41.
62) 위의 책, p. 150.

한말 밥을 한다는 크나큰 솥이
외면하고 가부틀고 앉어서 염주도 세일 만하다

화라지송침이 단채로 들어간다는 아궁지
이 험상궂은 아궁지도 조앙님은 무서운가보다

농마루며 바람벽은 모두들 그느슥히
흰밥과 두부와 튀각과 자반을 생각나 하고

하폄도 남즉하니 불기와 유종들이
묵묵히 팔짱끼고 쭈구리고 앉었다

재 안 드는 밤은 불도 없이 캄캄한 까막나라에서
조앙님은 무서운 이야기나 하면
모두들 죽은 듯이 엎데였다 잠이 들 것이다

－〈古寺－함주시초 3〉 전문

'자박수염'은 더부룩하게 함부로 난 수염이며, '공양주'는 부처에게 시주하는 사람이나 절에서 밥을 짓는 중을 말한다. '성궁미'는 부처님께 바치는 쌀이며, '화라치송침'은 소나무 잔가지를 모아 칡덩굴이나 새끼줄로 묶어 땔감으로 장만한 나무 더미이다. '한말 밥을 한다는 크나큰 솥'은 부처님으로 비유되어 솥의 위엄을 신화적으로 의인화하고 있다. '화라지송침이 단채로 들어간다는 아궁지'도 위엄과 능력을 드러내고 있는데, 불은 정화력을 갖는 종교적인 숭배의 대상이다. '조앙님'은 조왕님인데, 부엌을 맡은 신으로 음식은 물론 아궁이에 불이 잘 들어가게 하는 것도 주관한다. 조왕신은 불을 관장할 뿐 아니라 가정 내의 모든 일에 관여한다. 그러므로 육아, 재산, 질병, 액운 등 모든 것은 조왕신에게 빌게 되는데, 이는 주로 여성이 모시게 된다. '하폄'은 하품이며, '불기'는 부처의 공양미를 담는 그릇으로 모양이 불발(佛鉢)과 같으나 불발은 사시(巳時)에만 쓰고 불기는 아무 때나 쓰는 그릇이다. '유종'은 놋그릇으로 만든 종발로 중발보다 작고 종지보다 좀 나부죽하게 생긴 그릇이다. '재 안드는'이라는 시어는 명복을 비는 불공이 없다는 뜻이다.

부엌은 아궁이와 부뚜막을 관장하는 조왕신의 거처로서 인간의 생사 회복의 욕구를 충족시키는 성소라는 의식이 지배적으로 작용하고 있다. 또한 부엌은 조왕신에게 가정의 화평과 수호를 비는 기원의 장소이다. 아궁이가 있는 벽 쪽에 조왕중발을 마련해놓고 정화수를 초하루와 보름에 떠놓는가 하면 지방에 따라 삼베조각이 담긴 바가지나 백지, 헝겊 조각을 조왕의 신체(神體)로 삼아 비는 풍습이 있다.

나는 이 마을에 태어나기가 잘못이다
마을은 맨천 귀신이 돼서
나는 무서워 오력을 펼 수 없다
자 방안에는 성주님
나는 성주님이 무서워 토방으로 나오면 토방에는 디운귀신
나는 무서워 부엌으로 들어가면 부엌에는 부뜨막에 조앙님
나는 뛰쳐나와 얼른 고방으로 숨어 버리면 고방에는 또 시렁에 데석님
나는 이번에는 굴통 모통이로 달아가는데 굴통에는 굴대장군
얼혼이 나서 뒤울안으로 가면 뒤울안에는 곱새녕 아래 털능 귀신
나는 이제는 할 수 없이 대문을 열고 나가려는데
대문간에는 근력 세인 수문장

나는 겨우 대문을 삐쳐나 바깥으로 나와서
밭 마당귀 연자간 앞을 지나가는데 연자간에는 또 연자당귀신
나는 고만 디겁을 하여 큰 행길로 나서서
마음 놓고 화리서리 걸어가다 보니
아아 말마라 내 발뒤축에는 오나가나 묻어다니는 달걀귀신
마을은 온데간데 귀신이 돼서 나는 아무데도 갈 수 없다

- 〈마을은 맨천 구신이 돼서〉 전문

위 시에서 귀신은 마을뿐만 아니라 집안 도처에 산재해 있다. 인용시의 1행부터 3행까지 시적 화자는 주위에 귀신이 너무 많아 공포에 떨며 이 마을에 태어난 것이 잘못이라고 생각한다. '맨천'은 온통, 사방천지이며, '오력'은 오금, 무릎의 안쪽이며, '얼혼이 나서'는 얼이 나가서인데 제 정신을 잃고 멍한 상태가 되는 것을 말한다. '곱새녕'은 초가집의 용마루나 토담 위를 덮는 지네 모양으로 엮은 이엉이며, '털능귀신'은 대추나무에 숨어 있는 귀신으로 철륜(鐵輪)귀신이라고도 한다. '화리서리'는 팔과 다리를 흔들면서 걸어가는 모습이다.

4행부터 16행까지에는 무서움의 근본적인 이유가 설명되는데, 그것은 주로 민간신앙의 의미를 지니고 있다. 이 시에서 방 안에는 가정의 주재신인 성주님이 계신다. '디운귀신'은 지운(地運)귀신으로 땅의 운수를 맡아 보는 신이며, 지운(地運) 귀신은 땅의 운수를 알아본다는 민간의 신앙과 관련된다. '굴통'은 굴뚝이고, '굴대장군'은 키가 크고 몸이 아주 굵으며 살빛이 검은 귀신인데, 뒤울 안의 대추나무에는 털능 구신이, 대문에는 수문장이, 연자간에는 연자당 구신이 각각 존재한다. 이처럼 반복해 이어지는 귀신 이름은 주술적인 주문이나 판소리의 사설조와 같은 리듬감을 자아낸다.

집안에 거하는 가택신 중 '성주'는 가장 높은 위치에 있으며 집안의 모든 신을 통솔한다. 이 성주가 천신(天神)이라 지칭하는 상제(上帝), 옥황(玉皇), 상주(上主)라는 상주에서 온 것인데 가택신으로 변형된 것이라 본다.[63) '성주'는 집안을 지키는 신령(神靈)으로 주로 午日에 각 가정에서 성주에게 지내는 제사를 성주제라 한다. 성주신은 상량신(上樑神)을 의미하는데 집안에서 가장 높고 집안의 길흉화복을 담당하며 제물(祭物)을 마련해 제사를 지내거나 무당을 불러 굿을 하는 경우가 있어 성주굿, 성주받이굿 등으로도 불린다. 이 성주신은 집의 가장 중앙부인 기둥이나 대들보에 모셔진다. 이 신의 형체는 아무런 표시가 없거나 백지를 오려 달아매기도 한다. '데석님'은 제석신인데 데석은 불교의 신이다. 원래 인도의 자연신으로 우리나라에 와서 새로운 입지를 가지게 된 것이다. '데석님이'는 제석신으로 무당이 받드는 가신제(家神祭)의 대상인 열두 신을 말한다. 즉 한 집안 사람들의 수명, 곡물, 의류, 회복 등에 관한 일을 맡아본다고 한다.

매년 2월 집안을 깨끗이 청소한 후 햇곡식을 신접한 단지에 담아 다락이나 창고 안에 모셔둔다. 터주는 가장 밑바탕을 이루는 地神을 뜻한다. 토지에는 제각기 토지신이 있지만, 택지만을 담당하는 신을 터주라 부른다. 따라서 집을 지을 때 지신밟기를 하는 것은 터주에게 복을 받기 위한 행사이다. '조앙신'은 부엌에 있는 화신(火神)으로 모든 부정을 태워 없애고 길흉을 판단하는 신이다. 그래서 아궁이에 앉는 것은 조왕 불경에 해당하므로 함부로 아궁이에 걸터앉지 못하거나 수리하지 못한다. 예로부터 조상들은 민속신앙이 삶의 일부가 되어 집안에는 가신, 집 밖에는 동신이 있어 가정과 마을을 보살펴 준다고 믿었다. 따라서 집안이 잘되고 못 되는 것은 모두 가신

63) 김태곤, 앞의 책, p.281.

에게 달려 있다고 믿었다. 이처럼 귀신이 도처에 자리 잡고 있는 것은 만물에 영혼이 있다는 토속신앙의 애니미즘 사상에서 유래하는 것이다. 그리고 이것은 자연친화적인 상황과 밀접한 관련이 있다. 다양한 토속신은 공동체 의식 속에서 삶의 공간에 원형적으로 자리 잡아 민간의 관습이나 생활 속에 자연히 흡수된 생활양식이다.

황토 마루 수무낡에 얼럭궁덜럭궁 색동헌겊 뜯개조박 뵈짜배기
걸리고 오쟁이 끼애리 달리고 소삼은 엄신같은 딥세기도 열린
국수당고개를 몇번이고 튀튀 춤을 뱉고 넘어가면 골안에 안윽히
묵은 녕동이 묵업기도할 집이 한 채 안기었는데

집에는 언제나 센개같은 게산이가 벅작궁 고아내고 말 같은 개들
이 떠들썩 짖어대고 그리고 소거름 내음새 구수한 속에 엇송아
지 히물쩍 너들씨는데

집에는 아배에 삼촌에 오마니에 오마니가 있어서 젖먹이를 마을
청능 그늘밑에 삿갓을 씌워 한종일내 뉘어두고 김을 매려 단녔
고 아이들이 큰마누래에 작은 마누래에 제 구실을 할 때면 종아
지물본도 모르고 행길에 아이 송장이 거적뙈기에 말려나가면
속으로 얼마나 부러워하였고 그리고 끼때에는 부뚜막에 박아지를
아이덜 수대로 주룬히 늘어놓고 밥 한덩이 질게 한술 들여틀여서
는 먹였다는 소리를 언제나 두고두고 하는데

일가들이 모두 범같이 무서워하는 이 노큰마니는 구덕살이같이
욱실욱실하는 손자 증손자를 방구석에 들매나무 회채리를
단으로 쩌다두고 딸이고 싸리갱이에 갓진창을 매어놓고 딸이는데

내가 엄매 등에 업혀가서 상사말같이 항약에 야기를 쓰면 한창 퓌는
함박꽃을 밑가지 채 꺾어주고 종대에 달린 제물배도 가지채 쪄주고
그리고 그 애끼는 게산이 알도 두 손에 쥐어 주곤 하는데

우리 엄매가 나를 가지는 때 이 노큰마니는 어니밤 크나큰 범이
한마리 우리 선산으로 들어오는 꿈을 꾼 것을 우리 엄매가 서
울서 시집을 온것을 그리고 무엇보다도 내가 이 노큰마니의
당조카의 맏손자로 난 것을 다견하니 알뜰하니 기꺼이 녁이는
것이었다

– 〈넘언집 범 같은 노큰마니〉 전문

인용시에서 화자는 국수당 고개를 넘어 산골 깊은 큰 할머니집으로 가는 유년의 '나'가 보고 듣고 경험한 토속적이고 민간신앙적인 삶의 정경과 세계를 그리고 있다. 토속적인 시어들을 살펴보면 '넘언집'은 산 너머, 즉 고개 너머의 집을 뜻하며, '끼애리'는 짚꾸러미, '소삼은'은 엉성하게 짠 것을 말한다. '뜯개조박'은 뜯어진 헝겊 조각을 말하는 것이며, '오쟁이'는 짚으로 작게 엮어 만든 섬을 말한다. '엄신'은 엉성하게 만든 짚신 또는 상제가 초상 때부터 졸곡 때까지 신는 짚신을 말한다. '뵈짜배기'는 베쪼가리, 즉 천 조각을 말한다. 고개를 넘어가면 '곬안에 아늑히 묵은 영동이 묵업기도 할' 큰할머니가 사는 집이 안긴다. '영동'은 기둥과 서까래를 말한다. '센개'는 털빛이 흰 개이며, '게사니'는 거위이며, '벅작궁 고아내고'는 법석대는 모양으로 떠들어대는 것을 말한다. '너들씨는데'는 한가하게 천천히 왔다 갔다 하며 아무 목적이 없이 주위를 맴도는 것을 나타낸다.

그리고 '청능'은 청랭(淸冷)인 시원한 곳을 말하며, '구덕살이'는 구더기이며, '싸리갱이'는 싸리나무의 마른 줄기이며, '상사말'은 야생마이며, '향약'

은 악을 쓰며 대드는 것이며, '야기'는 어린아이들이 억지 쓰며 떼쓰는 것을 말한다. '큰마누래'는 큰 마마, 손님 마마, 즉 천연두를 말하며, '작은 마누래'는 작은 마마, 즉 수두나 홍역을 말한다. '종아지물분도 모르고'는 세상물정도 모른다는 뜻이고, '주룬히'는 어떤 물건이 줄지어 즐비하게 있는 뜻이며, '질게'는 반찬을 말한다. '욱실욱실'은 많은 사람이 떼를 지어 들끓는 모습이며, '갓신창'은 옛날의 소가죽으로 만든 신의 밑창을 말한다. '제물배'는 祭物로 쓰는 배를 말하며, '당조카'는 장조카 즉 큰조카를 말한다.

국수당 고개는 성황당이라고 불리기도 하는 마을의 수호신인 신총사 대감이나 토지와 마을을 수호하는 수호신인 서낭신을 모신 집, 즉 國守堂이 있는 고개이다. 이러한 국수당 고개에는 신수(神樹)에 잡석(雜石)을 쌓은 돌무더기와 당집이 있다. 대개 이곳은 현실 생활의 인간적 소망을 기원하거나 외부에서 들어오는 액, 질병, 호환 등을 막아주는 마을 수호의 토속적이며 신앙적인 공간으로 인식된다. 이처럼 '국수당 고개'는 황토마루의 살구나무에 얼룩덜룩하게 걸려 있는 색동 헝겊과 뜯겨진 헝겊이나 천조각 등이 자아내는 샤머니즘적 분위기를 담고 있다. 즉 국수당에는 짚으로 쌓아 만든 신을 속이기 위한 '오쟁이'가 달려 있고 짚신 같은 짚세기도 걸려 있다.

서낭당은 서낭신이 머물고 있는 것으로 생각되는 거소(居所)에 대한 구체적이고 직접적인 표현물이다. 서낭당의 형태는 신목에 잡석을 난적(亂積)한 누석단(累石壇)이 복합되고 이 신목 가지에 백지나 오색의 견포편(絹布片)이 걸려 있는 형태와 잡석만 쌓여 있는 누석단 형태, 신목에 백지나 오색 견포편이 걸려 있는 형태, 신목과 당집이 복합된 형태, 입석 형태 등으로 분류[64]할 수 있다. 가장 일반적인 형태는 신목에 잡석이 난적되고 신목 가지

64) 김태곤, 앞의 책, p. 92.

에 백지나 견포편이 걸려 있는 형태[65]이다. 돌무더기에 돌을 던지는 일과 나뭇가지에 천이나 비단조각 등을 걸어 놓는 현납속(縣納俗)은 모두 개인적인 기원을 할 때 나타난다. 즉 질병의 쾌유나 기자 외에도 개인적으로 바라는 바의 성취를 위해 신에게 기원할 때 돌을 던지거나 나뭇가지에 천, 비단, 백지 등을 걸어놓는 행위[66]를 하는 것이다. 이렇게 볼 때 돌이나 천, 비단조각 등은 본래 신에게 바치는 공헌물(供獻物)로서의 의미를 지닌다고 할 수 있다.

서낭당의 명칭은 지방에 따라 성황당, 전남에서는 할미당, 경북에서는 천왕당, 평안도에서는 국사당 등으로 불린다. 서낭당은 보통 마을 어귀나 고개 마루에 원뿔 모양으로 쌓은 돌무더기이나 마을에서 신성시되는 나무 또는 장승 등으로 이루어져 있다. 이것은 도처에서 발견되는 민간의 보편화된 신당신앙이다. 서낭나무에 입던 옷의 저고리 동정이나 오색 헝겊 조각을 걸고 치병과 무병장수를 기원하거나, 새 집으로 이사할 때 옛집의 잡귀들이 따라오지 못하도록 옷을 찢어 걸어 놓기도 하는 속신이 있다. 오색 헝겊은 음양오행사상에 의해 우주생성의 근본원리에 해당하는 기본색으로 백색, 청색, 적색, 흑색, 황색의 5색이 있다. 이중 청색과 적색이 양에 해당되는데, 청색은 방위로 볼 때 태양이 솟는 동방(東方)에 해당하여 창조, 신생(新生), 생식 등의 양기(陽氣)를 상징한다. 따라서 생명을 상징하며 양기가 왕성한 색으로 사된 것을 물리치고 복을 기원하는 벽사기복의 색으로 즐겨 쓴다. 적색은 남방(南方)에 해당하여 온난하고 만물이 무성하므로 양기가 왕성하여 태양, 불, 피 등을 상징하는데, 가장 강력한 양의 색이기 때문에 벽사[67]의

65) 위의 책, p. 93.
66) 이종철, 『서낭당』(대원사,1994), p. 57.
67) 구미례, 『한국인의 상징체계』(교보문고, 1994), p. 57.

대표적인 색이다. 적색과 청색은 힘과 생명의 상징이다. 이에 따라 사(邪)되고 악한 기운으로부터 자신을 보호하고자 할 때 적색 또는 청색을 사용했으며, 이 관습은 현재까지 이어져 민속의 주요한 일부를 차지하고 있다. 서방의 백색과 북방의 흑색은 음(陰)에 해당한다. 황색은 오색 중 가장 고귀한 색으로 모든 것을 포용하고 조화롭게 만드는 땅을 상징한다.[68]

서낭당에 올리는 제의에는 마을 수호와 질병의 예방을 위하여 마을굿의 형식으로 해마다 지내는 서낭제와 잡다한 개인적 소망을 기원하는 개별적인 제의가 있다. 서낭신앙은 인간이 필요한 일정한 장소에 제의를 통해 인간적 소망을 기원하는 것이다. 이런 서낭신의 본질은 산신과 천신의 복합체로 보인다. 외부에서 들어오는 액, 질병, 재해, 호환 등을 막아주는 부락수호로 인간이 직면한 생계문제와 직결되어 현실의 생활문제를 해결하려는 데 목적이 있다. 즉 신수에는 아이들의 장수를 위하여 걸어놓는 헝겊조각, 상인의 재리를 위해 걸어놓는 짚신 조각, 신랑 신부가 새집으로 이사갈 때 부모계의 가신이 따라오지 못하도록 신부가 자기 옷을 찢어서 건 색 헝겊 조각 등이 걸려 있다. 평북 지방에서는 국수당을 지날 때 침을 몇 번 뱉는 풍속[69]이 있다고 한다. 길가의 돌을 주워 돌무더기 위에 던지는 풍속과도 관계가 있는데 이것은 도로에 배회하는 악령들로부터의 안전을 기원하는 의식이 담겨 있다[70]고 한다.

> 어스름저녁 국수당 돌각담의 수무나무가지에 녀귀의 탱을 걸고
> 나물매 갖추어 놓고 비난수를 하는 젊은 새악시들

---

68) 위의 책, p.58.
69) 고형진, 『한국현대시의 서사지향성 연구』(시와 시학사, 1995), p. 162.
70) 앞의 책, p.130.

— 잘 먹고 가라 서리서리 물러가라 네 소원 풀었으니 다시
침노 말아

벌개늪녘에서 바리깨를 뚜드리는 쇳소리가 나면
누가 눈을 앓어서 부증이 나서 찰거마리를 부르는 것이다
마을에서는 피성한 눈숡에 저린 팔다리에 거마리를 붙인다

여우가 우는 밤이면
잠없는 노친네들은 일어나 팥을 깔이며 방뇨를 한다
여우가 주둥이를향하고 우는 집에서는 다음날 으례히 흉사가
있다는 것은 얼마나 무서운 말인가

– 〈오금덩이라는 곳〉 전문

오금덩이는 오금, 즉 무릎의 구부리는 안쪽을 의미하는 말로서 이 시에서는 지명을 가리킨다. '국수당'은 마을의 본향당신, 즉 부락 수호신을 모신 집인 서낭당을 말하며, '돌각담'은 돌담을 말한다. 이 시에서는 국수당 돌각담의 민간신앙적 의식이 나타나고 있는데, 돌각담은 국수당 고개의 귀신 쫓는 신앙적 이야기를 배경으로 하고 있다. '국수당 돌각담'의 살구나무에 돌림병에 죽은 귀신의 탱화를 걸어두고 나물과 밥을 갖다 놓고 귀신에게 비는 젊은 새악시들 모습이 바로 그것이다. 따라서 1연은 집안에는 가신(家神)이 있고 집밖에는 마을마다 동신(洞神)이 있어 마을 전체를 보살펴 준다는 민간신앙이 나타난다. 마을 동구에는 서낭당이나 장목생이 있고 마을 뒷산에는 산신당이나 국수당이 있어 마을을 지켜준다는 것이다. 이 국수당은 천신, 산신 신앙에서 유래한 것으로 천신에게 제사를 올리던 천제단이나 천왕당이 국사

당 또는 영(嶺)마루 서낭당이라는 서낭신앙 쪽으로 기능이 전이된 것에서 유래된다. 이런 동신신앙은 각 가정을 횡적으로 결속시켜 마을 공동체 의식을 형성하는 데 정신적 주축이 된다. 이 민간신앙 기능은 공동체 사회의 전통 계승과 동질성을 회복시켜 준다.

'녀귀'는 여귀(厲鬼), 즉 못된 돌림병에 걸려 정상적으로 죽지 못한 악신의 귀신이며 제사를 받지 못하는 귀신이다. 즉 여러 가지 사정으로 인하여 제사를 받을 수 없는 무사귀신(無祀鬼神) 또는 무적귀신(無籍鬼神)을 말한다. 이들 무사귀신은 사람에게 붙어 탈이 나기 때문에 제사를 지냄으로써 미연에 방지하고자 하는 것이다. 조선시대에는 예조에서 사관을 파견하여 매년 2회(7월 15일, 10월 15일) 북교(北郊)에 있는 여단에서 성황(城隍) 1위와 무사귀신 15위를 제사지냈다. 이때 제관은 한성부윤이 하였는데 15위의 신위가 봉상시에 모셔진 것으로 보아 알 수 있다. 동서 2좌로 동좌는 6위이고 서좌는 9위이다. 동좌는 주로 도둑이나 강도 등 도덕적으로 악행을 한 자의 사령을 모셨고, 서좌는 전사자나 무후사자(無後死者)[71] 등 불행한 사자를 모셨다.

'탱'은 벽에 걸도록 그린 불상(佛像)그림이며, '나물매'는 제법 맵시 있게 이것저것 진열해 놓은 제사나물을 뜻하며, '비난수'는 무당이나 소경이 귀신에게 비손하는 말과 행위를 말한다. 여기서 불화(佛畵)란 불교 신앙의 내용을 압축하여 그림으로 표현한 것으로 불탑(佛塔)이나 불상(佛像), 불경(佛經) 등과 함께 불교신앙의 대상이 된다. 불화는 만들어진 형태에 따라 벽화(壁畵)나 탱화, 경화 등으로 분류할 수 있고 그 가운데서도 종이, 비단 또는 베에 불교 경전 내용을 그려 벽면에 걸도록 만들어진 탱화가 우리나라 불화

71) 한국정신문화연구원, 앞의 책, p. 183.

의 주류를 이룬다.[72] 탱화의 내용은 신앙의 내용이자 신앙의 대상이 되는데 탱화를 대상으로 일정한 의식의 절차에 따라 신앙 행위를 한다. 탱화의 유형으로는 불보살을 모신 상단(上壇) 탱화와 신중을 모신 신중단(神衆壇), 곧 중단(中壇) 탱화, 그리고 중단의 각 신중이 분화되어 각기 독립적인 신앙 형태를 형성한 산신, 칠성 등의 불화와 고인들의 위패를 모신 영단(靈壇)인 하단(下壇) 탱화로 분류[73]할 수 있다.

토속적인 무속신앙에는 산신신앙이 있는데, 탱화 중에서 산신 탱화를 살펴보면 불교가 전래되면서 산신들이 호법선신으로 포용되어 신중탱화 하단 위목 중의 '만덕고승성개한적주산신(萬德高勝性皆閑寂主山神)'으로 자리 잡았다. 이 호법선신이었던 산신의 위치가 다시 한 단계 성장하여 독립된 신앙 체계를 갖추게 되자 사찰 안에 따로 산신각을 짓고 산신탱화를 봉안하게 되었다. 산신이라는 인격신과 그 화신인 호랑이를 그려서 산신이 화신으로 호랑이를 끌어들이는 것은 재래의 민간신앙에서 흔히 볼 수 있다. 이와 같은 방법으로 산신신앙이 불교에 포용된 것이다.[74] 불화는 신앙의 대상이나 교화적 의미를 갖는 내용을 도설화한 것으로 신앙의 대상을 인격화하여 도설한 존상화(尊像畵)가 대종을 이룬다. 또한 불화는 원근법(遠近法)을 쓰지 않고 있다는 특징을 지닌다. 그것은 불화의 세계가 시공(時空)을 초월한 세계임을 나타내고 있는 것이라고 하겠다. 그리고 불화는 5색의 향연이란 특징을 지니는데 청(靑), 황(黃), 적(赤), 백(白), 흑(黑)의 5색을 어떻게 조화하느냐에 따라 상징성을 나타낼 수 있게 되는 것이다. 불화는 특히 자연주의적 사실적 경향을 지닌 그림이 많다.

72) 홍윤식, 『불화』(대원사, 1998), p. 6.
73) 위의 책, p. 8.
74) 위의 책, p. 54.

2연의 '벌개늪'은 빨건 빛깔의 이끼가 덮여 있는 오래된 늪이고, '바리깨'는 주발 뚜껑이다. '서리서리'는 여기저기 사려놓은 모양, 또는 사려 있는 모양이다. '피성한'은 피멍이 크게 든 것이며, '눈숡'은 눈시울, 눈언저리의 속눈썹이 난 곳이며, '부증'은 부종으로 몸이 붓는 병이다. 눈에 부증이 나거나 눈언저리에 피멍이 들면 '바리깨'를 두드리면서 찰거머리나 거머리를 붙이는 곳이다. 민간요법으로 눈을 앓거나 부종이 나면 찰거머리를 붙이는 속신적 처방이 나타나 있다.

3연에서 '팥을 깔이며'는 햇볕에 말리려고 멍석 위에 널어둔 팥을 손으로 이리저리 쓸어 모으거나 펴는 것을 말한다. 인용시에서는 그것을 오줌 누는 소리에 비유하고 있다. 여우가 우는 밤은 불길한 죽음을 예감하는 속신으로 이를 쫓기 위해 노인들은 일어나 멍석 위에 팥을 좌우로 주무르거나 키질을 한다. 팥을 주무르고 키질을 하는 행위는 팥이 귀신을 쫓는다는 속신을 믿기 때문이다. 또 밤에 여우가 울면 동네에 초상이 난다는 속신이 있다. 속담에서도 '북쪽에서 여우가 울면 그 동네에 초상이 난다', '여우가 동네를 향해서 울면 그 동네 초상이 난다', '앞산에서 여우가 울면 부음이 오고 뒷산에서 울면 동네 초상이 난다' 등 여우의 울음소리를 흉조로 보고 있다. 여우는 그 우는 방향에 따라 초상이 날 지역을 알려준다고 생각하였다. 여우는 중세기를 통해 악마를 상징하며 이 악마는 저열한 태도와 적의 간계를 암시한다.[75] 이런 믿음은 개인적인 것이 아니라 마을 사람들이 공동체의 오랜 삶 속에서 일구어낸 자연스런 의식의 산물이다.

이처럼 백석의 시에서 샤머니즘적 세계는 과거와 현재를 영적으로 교감시키는 역할을 한다. 그것은 역사적 영원성을 지니는 우리의 전통적 생활상

---

75) 이승훈 편, 『문학상징사전』(고려원, 1995), p. 369.

이라고 할 수 있다. 전통적인 관습 속에 아로새겨진 끈끈하고 정감 있는 삶의 한 단면으로 표출되어 생생한 현장성을 띠고 있다. 따라서 샤머니즘적 세계는 백석에게 있어 독특한 시적 분위기를 조성하면서 한국인의 근원적 삶을 상생시키는 역할을 한다.[76] 이와 같이 백석의 시에서 민간신앙적인 요소는 정감 있는 공동체적 삶의 모습으로 나타나고 있다.

> 나는 돌나물김치에 백설기를 먹으며
> 넷말의 구신집에 있는 듯이
> 가즈랑집 할머니
> 내가 날 때 죽은 누이도 날 때
> 무명필에 이름을 써서 백지 달어서 구신간시렁의 당즈깨에 넣어
> 대감님께 수영을 들였다는 가즈랑집 할머니
> 언제나 병을 앓을 때면
> 신장님 단련이라고 하는 가즈랑집 할머니
> 구신의 딸이라고 생각하면 슬퍼졌다
>
> – 〈가즈랑집〉 부분

가즈랑집의 속신과 설화적 내용은 가즈랑집 할머니의 삶의 내력 속에 무녀로서의 속신적 삶이 구체화되어 나타난다. '신장님 달련'은 귀신에게 시달림을 받는다는 뜻이다. 따라서 가즈랑집 할머니는 언제나 병을 앓을 때면 '신장님 달련'이라고 말한다. 이처럼 가즈랑 할머니는 무녀로서, 신과 인간 사이의 중간적 · 초월적 존재일 뿐만 아니라 절대적인 존재이다. 화자는 '내가 날 때 죽은 누이도 날 때/무명필에 이름을 써서 백지 달어서 구신간시렁

---

76) 고형진 편, 『백석』(새미출판사, 1996), p. 58.

의 당즈깨에 넣어 대감님께 영을 들였다'라는 구절에서 가즈랑집 할머니의 무녀로서의 속신적 삶을 인식하게 한다.

가즈랑집 할머니는 '명다리'로 맺어진 무녀인데, 명다리란 신령에게 소원을 비는 사람의 생년월일을 쓴 무명필을 말한다. 이 속신은 무당이 태어난 아이를 수양아들로 삼아 무병장수를 기원하는[77] 것이다. 따라서 '명다리'는 무당과 단골 관계를 맺기 위해서 바치는 공물 또는 신에게 바치는 제수이다. 한번 바치면 영원히 계속하는 것이 아니고 일정한 기간이 지나면 다시 갱신하여야 하며 새로이 만들어 바쳐야 영험이 지속된다고 믿는다. 대개 명주나 무명 헝겊에 이름과 생년월일 등을 적은 것과 함께 실타래를 바치는 것이 예사이다. 이러한 행위를 일컬어 어린아이의 수명 장수를 위하여 무녀에게 아이를 파는 것이라 한다. 이름을 써서 '무당에게 판다'고 하는데 이렇게 판 것을 바쳐 무당과 신자 관계를 맺으면 어린아이는 무당의 자녀가 되어 무당의 '신딸', '신아들'이 되고 무당은 '신어머니'가 된다. 이것은 어린이의 수명장수를 신력(神力)이 있는 무당이 책임진다는 신앙에서 나온 것이다. 무당은 이들 단골 아이들의 수명장수를 빌어야 할 의무가 있어서 무녀 자신의 신당굿을 할 때에는 반드시 이들 어린아이들의 명다리를 가지고 춤을 춘 다음 축원을 한다. 무당이 이사를 하게 되면 명다리를 팔 수도 있고 죽었을 때에는 무계(巫系)를 계승받은 무당이 명다리를 인계받는다.[78]

이러한 샤머니즘으로서의 귀신 설화, 혹은 무격 설화의 수용은 공동체 의식의 한 발현이며, 전통적 존재로서 민간의 습관이나 생활 속에 흡수된 일종의 생활 양식이며 민중적 삶으로서의 생생한 생명력이 굽이치는 세계 인식이라 하겠다. 이 시는 민족적인 삶, 민중적인 삶의 원형성을 지니고 있으면

77) 김명인, 『1930년대 시의 구조 연구』(고려대 박사논문, 1985), p. 74.
78) 한국정신문화연구원, 앞의 책, p. 825.

서, 그것이 샤머니즘적인 색채와 식물적 상상력을 보여준다는 점에서 주목을 환기한다. 말하자면 무속신앙에 바탕을 둔 생활 감각과 농경사회적인 생활상이 이 시의 뼈대를 이룬다.[79)]

'구신간 시렁'은 걸립귀신을 모셔놓은 시렁을 말하며 집집마다 대청 위 한 구석에 조그마한 널빤지로 선반을 매고 위하였다. 걸립귀신은 무속의 하위신의 하나로 화주걸립(貨主乞粒)이라고도 한다. 주신(主神)에 붙어 다니며 '수비'류와 비슷한 성격을 가진다. 걸립축원무가(乞粒祝願巫歌)에서 금성대신걸립(錦城大神乞粒), 덕물상산걸립(德物上山乞粒), 한우물용궁걸립(大井龍宮乞粒), 성황걸립(城隍乞粒) 등 다른 신명(神名)과 함께 불리며[80)] 흔히 굿의 마지막 거리인 '뒷전'에서 대접하는 것으로 보아 다른 신의 심부름을 맡고 있는 사자(使者)로 해석되나 그 성격은 분명하지 않다. 모시는 위치는 집안 대청의 처마 밑이나 입구 한구석에 깨끗한 실이나 낡은 헝겊, 또는 헌 짚신 등을 묶은 것을 매달아놓거나 선반에 모셔놓고 신체(神體)로 삼아 위한다.

백석 시에 나타난 무속신앙의 의미는 따뜻한 공동체적인 삶과 연계되어 사회의 민속을 되살려내는 데 의의가 있다.

3) 놀이를 통한 민중성의 탐구

백석의 시에는 전통적인 놀이가 다양하게 등장하고 있다. 주로 명절날 가족들이 모여서 아이들은 아이들끼리 어른은 어른끼리 노는 가족 간의 공동체적인 따뜻함이 전통을 되살리고 있다. 백석의 시는 풍습이나 풍물을 시 속

79) 김재홍, 앞의 책, p. 375.
80) 한국정신문화연구원, 앞의 책, p. 775.

에 담아내어 전통을 찾아내고 계승하려는 시사적 의의가 매우 크다고 할 수 있다. 시에서 나타나는 이 놀이는 생활상의 이해관계를 떠나서 자발적으로 참여하는 "무목적적 활동으로서 즐거움과 흥겨움을 동반하는 가장 자유롭고 해방된 인간 활동"이다.[81]

민속놀이는 과거부터 전해 내려오는 것이기 때문에 이를 전승(傳承) 놀이라고 하며 또 강한 향토성을 내포하고 있어 향토 오락이라고도 한다. 어떤 사회 집단에서 공동의 필요성에 의해 구속력을 지니고 하나의 습속으로 그 맥락을 유지하면서 전파, 전승되는 놀이이다. 그러므로 민간에 전승되어 오는 여러 가지 놀이로서 향토성을 지니고 해마다 행하여 오는 놀이인데, 대부분 농경의례와 관련한 원시신앙에서 싹트기 시작했다. 부여의 영고(迎鼓), 예의 무천(舞天), 고구려의 동맹(東盟), 한(韓)의 천군(天君)등 5월제, 10월제 등의 제천 행사는 고대 부족국가 사회에 있어서의 농경풍요기원 의례의 국가적 제전이었다. 따라서 천신(天神)이나 동신(洞神)에게 풍년과 마을의 태평을 기원하는 제사를 지내 신령의 기쁨과 감동을 불러일으킨 후 신령과 인간이 흥겹게 춤추고 노래 부르는 잔치에서부터 시작되는 것[82]이 많다. 이처럼 농경의례와 깊은 연관을 지니는 것은 봄의 파종의례와 봄과 여름의 성장의례와 가을의 수확의례에 따르는 놀이로 의의가 깊다.

민속놀이의 역사적 변천을 살펴보면 삼국시대에는 매년 한두 차례 농공시필기(農功始畢期)를 잡아서 국중대회를 열고 노래와 춤을 중심으로 놀이를 즐겼다는 기록이 『삼국지』 위서 동이전[83]에 전한다. 제천행사로 행해지던 국중대회는 가무오신 행위를 통해서 신으로부터 기대하는 바를 얻을 수

81) 임재해, 『한국민속과 오늘의 문화』(지식산업사, 1994), p. 255.
82) 김광언, 『민속놀이』(대원사, 1999), p. 78.
83) 임재해, 『한국민속과 오늘의 문화』(지식산업사, 1994), p. 263.

있다고 믿는 고대인의 집단적 제의형식[84]이다. 대표적인 것으로 고구려의 동맹(東盟), 부여의 영고(迎鼓), 예(濊)의 무천(舞天) 등이 있는데, 남녀가 어울려 며칠씩 음주가무를 하면서 즐겼다는 기록이 있다. 신라의 백희(百戱)나 백제의 잡희(雜戱)도 국중대회에서 행해지던 전통놀이였다. 고려시대에는 국중대회가 팔관회(八關會)와 연등회(燃燈會)로 발전하였다. 가무백희는 팔관회와 더불어 발전되었으며 연등회는 정월대보름 또는 2월 보름에 거국적으로 행해졌는데, 이러한 놀이들은 섣달 그믐날 밤에 하는 나례(儺禮)행사[85] 때도 행해졌다. 조선시대에는 연등회와 팔관회는 중단되었지만 나례는 계승되어 성행했는데 나례도감 또는 산대도감이라는 관청을 두어 산대극과 나례행사를 관장하였다. 그 후 명절의 퇴색과 더불어 민속놀이가 차츰 사라지기 시작하면서 새로운 놀이가 생겨나기도 했다.

민속놀이에는 토속신앙이나 불교신앙 등의 신앙성을 바탕으로 하는 경우와 명절을 맞이해서 세시풍속의 하나로 행해지는 명절놀이, 힘을 겨루고 지혜를 짜내어 승부를 내는 경기놀이 등으로 구분[86]할 수 있다. 신앙성을 바탕으로 하는 놀이에는 다리굿, 연등놀이, 관등놀이, 탑돌이, 지신밟기, 입춘굿놀이, 대감놀이, 단오굿놀이 등이 있으며, 명절놀이에는 강강술래, 횃불놀이, 한 장군놀이, 답교놀이, 거북놀이, 기세배, 윷놀이, 연날리기, 놋다리밟기, 기와밟기, 동바루놀이 등이 있다. 경기놀이로는 차전놀이, 고싸움, 농기뺏기, 보름줄다리기, 아산줄다리기 등이 있고, 기타의 놀이로 해녀놀이, 어방놀이, 쌍용놀이, 서당놀이, 세경놀이[87] 등이 있다.

---

84) 위의 책.
85) 위의 책, p. 264.
86) 임동권, 『한국민속 문화론』(집문당, 1989), p. 384.
87) 위의 책, p. 383.

일제시대에 접어들어 민속 문화의 훼손과 단절은 극에 달했는데, 일제는 식민지 정책의 수행을 위해 우리 민족정신을 말살하고자 민속 문화를 물리적으로 훼손시키기 시작했다. 그들은 우리 민속을 개화라는 제국주의적 용어를 통해 극복해야 할 문화로 매도하는 한편 토속신앙을 미신으로 규정하여 타파의 대상으로 삼았다. 일제에 의해 집중적으로 훼손된 것은 가신(家神)과 동신(洞神)을 중심으로 한 민속신앙과 지역 공동체가 공동으로 참여하는 대단위 민속놀이였다. 민속놀이는 대중집회를 금지하는 명목으로 민중들이 집단적인 놀이를 통해 결속하고 민족적 동질성을 강화하는 것을 우려하여 법령으로 금지했다.[88]

민속놀이의 유형을 살펴보면 놀이 방식에 따라 개인놀이와 집단놀이로 나눌 수 있는데 엄밀하게 구별하기는 어려우나 놀이의 성격상 분류될 수 있다. 여러 사람의 집단적 힘이나 화합이 아니고는 수행하기 어려운 것을 집단놀이로 취급할 수 있고, 개인놀이는 집단적인 힘이 없어도 한두 사람에 의해 수행될 수 있는 개별적 차원의 놀이를 뜻한다. 또 성별이나 나이에 따라 남자놀이와 여자놀이, 어른놀이와 어린이 놀이로 나눌 수 있으며, 목적이나 내용에 따라 놀이 자체가 목적인 놀이와 풍농(豐農)을 기원하는 놀이, 내기놀이, 겨루기 놀이, 풍어(豐漁)를 기원하는 놀이, 개인의 복락(福樂)이나 마을의 태평을 기원하는 놀이로 나눌 수 있다. 이러한 민속놀이는 전승과 반복이라는 속성을 지니고 있다.

따라서 백석의 시에서는 민속적인 놀이가 무척 다양하게 나타나고 있는데 이러한 놀이는 민중의식으로서 전통적인 정서를 환기시키고 있다.

88) 한국정신문화연구원, 앞의 책, p. 737.

푸른 바닷가의 하이얀 하이얀 길이다

아이들은 늘늘이 청대나무말을 몰고
대모풍잠한 늙은이 또요 한 마리를 드리우고 갔다

— 〈남향〉 부분

'청대나무말'은 청대나무로 만든 말이며 아이들이 가지고 노는 죽마(竹馬)이다. 청색은 적색과 같이 주술력을 발휘하는 색으로 귀신이나 괴질을 물리치는 데 사용되었다. '대모풍잠'은 열대지방 거북의 등과 배의 껍질로 만든, 즉 대모갑으로 만든 풍잠이며, '또요'는 도요새이다. '쟁반시계'는 쟁반같이 생긴 둥근 시계를 말한다. '죽마타기'는 어린아이들이 막대기를 말로 생각하면서 타고 달리며 노는 놀이이다. 이 놀이의 명칭은 대(竹)로 만든 말(馬)을 타고 논다고 해서 '대말타기'라고도 불리며 또 대로 만든 발이라는 뜻에서 죽족(竹足)이라고도 한다. 그러나 일반적으로 죽마 타기라고 부르고 있다. 이 놀이는 우리나라를 비롯해서 중국과 일본에도 전승되었는데 우리의 문헌에서는 박태순의 시문집인 『동계집(東溪集)』과 김영작의 『소정문고(邵亭文稿)』에서 그 기록을 찾을 수 있다. 일본에서도 대장선행(大藏善行)의 『잡언봉화(雜言奉和)』를 비롯해서 여러 문헌에 이 죽마놀이가 나타나 있다. 중국의 『잠확류서(潛確類書)』에 보면 당나라 때 덕연(德延)이란 사람이 어린이들을 위해서 만들었다[89]고 한다. 중국에서는 이 죽마희(竹馬戲)가 오랜 옛날부터 성행되었음을 여러 문헌에서 볼 수가 있다. 이처럼 죽마 타기는 동양 삼국에서 오랜 옛날부터 아이들이 즐겨 노는 놀이였음을 알 수 있다.

89) 사까이 야스이, 『동희(童戲)』(현암사, 1944), p. 36.

죽마는 통대를 아이 키만큼 자른 다음 밑동에서 30cm 정도의 높이에 30cm가량의 통대를 가로로 단단히 묶은 대를 발판으로 딛고 올라서서 걸어가는 것이다. 놀이 방법은 둘이 하기도 하고 편을 갈라서 하기도 하며 죽마를 타고 미리 정한 거리까지 빨리 갔다 오기를 겨루기도 한다. 또한 죽마에 올라타고 서로 몸과 몸을 부딪쳐서 넘어뜨리기를 하는 방법도 있다. 죽마 타기는 주로 따뜻한 봄날이나 서늘한 가을철에 볼 수 있으며 사내아이들이 모여서 긴 막대기를 가랑이 사이에 지르고 두 손으로 그 막대기 윗부분을 잡고 말 타는 시늉을 하면서 동네 골목길을 왕래하곤 했다. 아이들이 마을의 양지바른 골목이나 놀이터에서 나무말에 채찍질하는 모습이 수많은 병마가 일제히 밀려오는 것 같은 느낌을 주었다.

> 저녁술을놓은아이들은 외양간섶 밭마당에달린 배나무동산에서
> 쥐잡이를하고 숨굴막질을하고 꼬리잡이를하고 가마타고 시집
> 가는놀음 말타고 장가가는 놀음을하고 이렇게 밤이어둡도록
> 북적하니논다.
> 밤이깊어가는집안엔 엄매는엄매들끼리 아르간에서들웃고 이야기
> 하고 아이들은 아이들끼리 웃간한방을잡고 조아질하고 쌈방이
> 굴리고 바리깨돌림하고 호박떼기하고 제비손이구손이하고 이렇게
> 화디의사기방등에 심지를멫번이나돋구고 홍게닭이멫번이나
> 울어서 졸음이오면 아릇목싸움 자리싸움을하며 히드득거리다
> 잠이든다. 그래서는 문창에 텅납새의그림자가치는아츰
> 시누이동세들이 욱적하니 홍성거리는 부엌으론 샛문틈으로
> 장지문틈으로 무이징게국을 끄리는맛있는내음새가 올라오도록잔다.
>
> – 〈여우난골族〉 부분

유년의 화자는 명절날 엄마와 아빠를 따라 할머니집에 가서 지낸 경험세계를 사실적으로 그리고 있다. '여우난골'에 사는 한 가족의 구성은 몇 대로 이어진 대가족 제도를 이루고 있다. 명절날 진할머니 집에 놀러 가는 시적 화자의 행복한 모습과 명절 전날의 흥청거리는 분위기와 먹을 것의 풍성함은 유년의 시적 화자에게 행복감으로 인식된다. 이 시의 핵심적인 서사는 저녁을 먹고 노는 이야기인데, 아이들의 놀이로 명절의 분위기가 역동적으로 그려짐으로써 풍요로운 공간과 음식과 놀이가 잘 결합되고 있다.

인용시에서는 저녁밥을 먹고 난 후 아이들끼리 흥겹게 노는 모습이 구체적으로 제시되어 있다. 저녁을 먹은 아이들은 동산에서 쥐 잡이와 숨바꼭질과 꼬리 잡이와 가마 타고 시집가는 놀음과 말 타고 장가가는 놀음 등으로 밤을 보낸다. '숨굴막질'은 숨바꼭질이며 남녀 아이를 막론하고 즐기는 놀이이다. 술래가 된 아이가 숨어 있는 아이들을 찾아 잡는 놀이란 뜻에서 술래잡기라는 명칭으로 불리고 있는데, 종류에는 숨바꼭질, 까막잡기, 깡통차기, 나귀 온다[90] 등 여러 가지가 있다. 숨바꼭질은 가위바위보로 술래를 정하는데 술래가 정해지면 그 술래는 집 기둥, 벽, 담 벽에서 술래 집을 마련하고 얼굴을 댄 채 눈을 가리고는 미리 정해진 수를 센다. 대개의 경우는 열까지 세지만 지역에 따라서는 자기 나이만큼 세는 곳도 있다. 이때 다른 아이들은 재빨리 술래에게 들키지도 않고 술래 집으로 빨리 뛰어갈 수 있는 곳에 숨는다. 그러면 술래는 숨을 만한 곳을 찾아 나선다. 이때 숨어 있는 아이가 뛰어나와 술래보다 먼저 술래 집을 손으로 짚으면 살게 된다. 그러나 술래가 먼저 짚는다든가 그 아이의 몸을 손으로 때리면 죽게 되는 것이다. 따라서 술래가 없는 사이 몰래 뛰쳐나와 집을 집는다든가 술래가 있더라도 먼저 뛰

90) 한국민속대사전편찬위원회, 앞의 책, p. 909.

어나와 술래에 잡히지 않고 집을 짚으면 살게 되어 다음 놀이에서 술래를 면하게 되는 것이다. 그러나 놀이 전에 미리 정한 지역을 벗어나서 숨는다든가 술래에게 들켰을 때 멀리 도망가면 실격이 된다. 이렇게 해서 숨어 있었던 아이들이 모두 밖으로 나오게 되면 놀이가 끝나게 되고, 잡힌 아이들끼리 가위바위보로 해서 다음 차례의 술래를 정하여 또 놀이가 시작된다.

꼬리 잡이는 앞사람의 허리를 잡고 일렬로 늘어선 놀이대열에 맨 끝 아이를 잡아떼며 노는 놀이이다. 꼬리 따기, 꼬리 잡기라고도 하며 지방에 따라 닭살이, 쥔새끼놀이, 기러기놀이, 쫙제비놀이, 계포, 백족유[91]라는 이름으로 불리기도 한다. '닭살이'는 살쾡이가 닭을 잡아먹듯 아이를 떼어먹는다는 데서 온 명칭이며, '꼬리 따기'는 맨 앞사람이 꼬리에 붙은 사람을 떼어낸다는 데서, '쥔새끼 놀이'는 일렬로 논 밭둑을 기어가는 들쥐 행렬의 맨 끝 쥐를 잡아뗀다는 데서 나온 말이다. '기러기 놀이'는 기러기처럼 일렬로 늘어선 아이를 귀신이 등장하여 맨 끝을 떼어낸다는 데서, '계포'는 맨 끝 닭을 잡는다는 데서, '백족 놀이'는 허리를 잡고 일렬로 늘어선 대열의 맨 끝 아이를 귀신이 잡아간다는 데서[92] 붙여진 이름들이다.

놀이방법으로는 두 가지가 있는데, 첫째는 여러 아이들이 앞사람의 허리를 두 팔로 껴안고 허리를 굽히고 있을 때, 살쾡이나 귀신 역의 한 아이가 주변을 빙빙 돌면서 맨 끝에 있는 아이를 떼려고 할 때 선두에 있는 아이가 두 팔을 벌려 이를 방위하는 놀이방법이다. 두 번째 방법은 앞사람의 허리를 껴안고 구부린 채 일렬로 늘어선 놀이 대열에서 맨 앞사람이 맨 끝의 아이를 잡아 떼어내는 방법이다. 전자의 경우는 비교적 쉽게 맨 끝 아이를 떼어낼 수가 있으나 후자는 놀이하는 아이들 모두가 허리를 껴안고 있기 때문에 선

91) 진성기, 『남국의 민속놀이』(홍인문화사, 1975), p. 52.
92) 고려대민족문화연구원, 앞의 책, 5권, p. 396.

두가 이들을 끌고 끝 아이를 떼어내는 것은 무척 힘들다. 따라서 끝 사람을 떼어내면 앞으로 끌고 와서 잡는데 고생을 한 선두를 위로하는 뜻에서 목마를 태워 뜰을 돌게 한다.[93] 막는 쪽의 우두머리나 그 대열 꼬리에 달린 아이의 역할이 중요한데 막는 쪽의 우두머리는 자기 뒤에 달린 아이를 하나도 떼이지 않게 하기 위하여 대열을 잘 이끌어야 하지만 긴 대열이 한 번에 움직이기 힘들어 꼬리는 꼬리대로 미리 짐작하여 재빠르게 피해 다녀야 한다. 이때 행동을 지나치게 크게 잡으면 그만큼 반대쪽으로 피하기 어려워 대열의 균형이 무너지므로 많이 움직이지 않는 것이 좋다. 또한 이 놀이를 할 때에는 강강술래나 아리랑 같은 민요 외에도 놀이를 하는 아이들의 나이나 계절에 따라 자기 지방의 특징적인 민요들을 부르게 된다.[94]

가마타기 놀이는 두 아이가 서로 마주 보고 서서 양팔로 가마를 만들어 타고 노는 놀이이다. 방법은 두 아이가 마주 보고 서서 각각 자기 오른손으로 왼손의 팔목을 잡은 다음, 뻗친 왼손으로 상대방의 팔목을 잡아 우물 모양의 가마를 만든다. 이 위에 한 아이를 올려 앉히고 노래를 부르면서 뜰을 돌아다닌다. 주로 여자아이들이나 처녀들이 하기 때문에 가마를 타고 시집가는 것을 흉내낸 놀이라고 할 수 있다. 말 타고 장가가는 놀음과 유사한 놀이에는 남자아이들이 대말을 가지고 노는 죽마놀이가 있다. 이처럼 백석의 시는 다양한 놀이문화를 통해 민속을 수용하고 있다.

4) 인간과 자연의 친화

백석의 시에는 동물과 식물에 대한 깊은 애정이 담겨 있다. 특히 동물에

---

93) 위의 책, p. 397.
94) 심우성, 『우리나라 민속놀이』(동문선, 1996), pp. 139-140.

대한 애정에서는 생명에 대한 섬세한 관찰이 드러난다. 초기 시에서 가축은 향토적 배경의 일부로 표현되는 반면 야생동물은 생명의 숭고함과 신성성으로 표현되고 있다. 이러한 동물들의 종류도 다양한데 망아지, 강아지, 토끼, 염소, 소, 돼지, 오리, 닭, 당나귀 등의 친근한 가축에서부터 승냥이, 범, 곰, 멧도야지, 노루, 여우, 다람쥐, 산새 등의 산짐승에 이르기까지 그 종류는 무수히 많다. 이러한 동물들은 친근감 있는 동물로 평화로운 정경과 따뜻한 분위기를 형성하고 있다. 백석은 동물과 인간을 동일시함으로써 생명력을 회복시키며, 특히 산짐승 등을 등장시킴으로써 토속적인 고향의식을 보여준다. 여기에는 산골의 순수한 정서와 전통적인 모습이 그대로 나타나고 있다. 이처럼 백석의 시에서는 인간과 자연의 교감의식이 두드러지는데, 사물과 인간의 일체감과 화해가 잘 나타나고 있다. 또 집에서 기르는 가축들과 산짐승들이 등장함으로써 원시적이고 토속적인 생명감이 넘치는 심상으로 인간과의 교감이 나타나기도 한다.

달빛도 거지도 도적개도 모다 즐겁다
풍구재도 얼럭소도 쇠드랑볕도 모다 즐겁다

도적괭이 새끼락이 나고
살진 쪽제비 트는 기지개 길고

홰냥닭은 알을 낳고 소리치고
강아지는 겨를 먹고 오줌 싸고

개들은 게모이고 쌈지거리하고
놓여난 도야지 둥구재벼 오고

송아지 잘도 놀고
까치 보해 짖고

신영길 말이 울고 가고
장돌림 당나귀도 울고 가고

대들보 우에 베틀도 채일도 토리개도 모도들 편안하니
구석구석 후치도 보십도 소시랑도 모도들 편안하니

– 〈연자ㅅ간〉 전문

2행 1연의 형태를 반복하고 있는 인용시는 연자방앗간 안에 있는 물건들과 그 주변의 갖가지 동물들의 모습을 주로 묘사하고 있다. '달빛도 거지도 도적개도'나 '풍구재도 얼럭소도 쇠드랑볕도'에서처럼 '-도'의 중간음을 반복하고, 1행과 2행처럼 '모다 즐겁다'의 반복으로 각운과 중간음을 사용하여 독특한 율격을 만들어내고 있다. 어휘들이 구상적이며 토착어로 일관하고 있는 것도 이 시의 특징이다. '도적개'는 주인 없는 떠돌이 개를 말하며, '풍구재'는 곡물로부터 쭉정이, 겨, 먼지 등을 제거하는 풍구를 말하며, '쇠드랑볕'은 쇠스랑 형태의 창살로 들어온 바닥에 비치는 햇살을 말한다. '새끼락'은 커지며 나오는 손톱, 발톱이며, '홰냥닭'은 회에 올라앉은 닭을 가리키며, '쌈지거리'는 짐짓 싸우는 시늉을 하면서 흥겨워하는 것을 말한다. '둥구재벼'는 둥구잡혀의 뜻으로 물동이를 안고 오는 것처럼 잡혀오고의 뜻이며, '보해'는 뻔질나게 연달아 자주 드나드는 모양, 혹은 물건 같은 것을 쉴 사이 없이 분주하게 옮기며 드나드는 모양을 말한다.

이처럼 연자간이라는 공간에서 도적개, 얼럭소, 쪽재비, 도적괭이, 홰냥

닭, 강아지, 도야지, 송아지, 까치, 말 등 가축들과 산짐승들과 새들의 부산한 모습이 농기구인 토리개, 후치, 보십들과 어우러져 전형적인 시골의 풍경을 형성하고 있다. '후치'는 쟁기와 비슷하나 보습 끝이 무디고 술이 곧게 내려가는 훌챙이, 극제이를 말하는데 쟁기로 갈아놓은 논밭에 골을 타거나 흙이 얕은 논밭을 가는 데 쓰는 연장이다. '보십'은 보습으로 쟁기나 곡괭이의 술바닥에 맞추는 삽 모양의 쇳조각을 말하고, '소시랑'은 쇠소랑을 말한다. '보해짖고'는 줄곧 짖어대는 것을 말한다. '채일'은 차일(遮日)이며, '토리개'는 목화의 씨를 빼는 기구이다.

많은 수확을 거두고자 하는 인간의 소망은 풍요와 힘을 상징하는 소를 매개로 하여 다양한 형태의 민속으로 발전하였다. 정월의 첫 번째 축일인 소의 날에 관련된 다양한 풍습과 금기가 전해지고 있다. 이날은 소의 날로 소에게 일을 시키지 않으며 쇠죽에 콩을 많이 넣어 잘 먹인다. 또 상축일에 도마질을 하지 않는데, 이는 쇠고기를 요리할 때 도마에 놓고 썰었는데 이날은 잔인한 행동을 삼간다는 뜻에서 도마질을 꺼리는 것이다. 이날 연장을 만지면 쟁기의 보습이 부러지고 방아를 찧으면 소가 기침을 한다는 말이 있다. 집 밖으로 곡식을 퍼내면 소에게 재앙이 온다고 하여 이를 꺼린다. 이는 곡식의 대부분이 소가 일을 해서 얻은 것이므로 소를 위하려면 곡식까지 소중히 생각해야 된다는 교훈적인 의미를 지닌다. 그해에 풍년이 들 것인지 점쳐보는 방법으로 '소 밥 주기'가 있다. 상축일에 밥과 나물을 키 위에 상처럼 차려서 소에게 준 뒤 소가 밥을 먼저 먹으면 풍년, 나물을 먼저 먹으면 흉년이라 점치는 것[95]이다.

돼지에 대한 풍속을 살펴보면 상해일(上亥日)은 첫 번째 드는 돼지날로

95) 고려대민족문화연구원, 앞의 책, 3권, p. 215.

이날 콩가루로 얼굴을 씻는 풍습이 있다. 이것은 얼굴이 검은 사람이 콩가루로 얼굴을 씻으면 얼굴이 희게 된다고 믿는 데서 유래한 것이다. 개에 대한 풍속은 어린이가 봄을 타 살빛이 검어지고 야위어 마르면, 정월보름날 백 집의 밥을 빌어다가 절구를 타고 개와 마주 앉아 개에게 한 숟갈 먹이고 자기도 한 숟갈 먹으면 다시는 그런 병을 앓지 않는다[96]는 풍속이 있다. 결혼할 때 신랑이 타는 말을 백마랑(白馬郞)[97]이라고 한다. 백마는 단순한 말이기보다는 신성하고 위엄을 갖춘 존재로 인식된다. 따라서 백마를 타고 신랑이 혼례장으로 가는 것은 혼례의 신성함을 드러내면서 흰색이 잡귀를 쫓아내는 벽사력을 갖고 있는 상징으로 볼 수 있다. 즉 혼례가 거행되는 장소로 가는 도중에 불미스런 일이 발생하지 않도록 막아준다는 주술적인 의미[98]를 찾아볼 수 있다.

이 시에서 '신영길'은 신행(新行), 혼행(婚行)이며 혼례식에 참석할 새 신랑을 모시러 가는 행차[99]를 뜻한다. 즉 신행길을 말한다. 결혼식 날이 되면 혼례 시간에 맞추어 신랑은 가마나 말을 타고 신부집으로 향한다. 이때 초롱을 든 사람이 신랑 앞에 서고 상객(上客), 후행(後行) 배행(陪行) 함진아비가 신랑의 뒤[100]를 따른다. 이중 상객(上客)은 신랑집을 대표하는 혼주(婚主)가 되며, 후행(後行)은 신랑을 따르는 친구나 친척들이며, 그 뒤에 소동(小童)이라 하여 어린아이가 따르는 경우[101]도 있었다. 신부집에서는 중로까지 대반(對盤)을 보내어[102] 신행 오는 이들을 영접하게 한다. 신랑 일행이 당

96) 최대림 역, 앞의 책, p. 48.
97) 김종대, 『대문위에 걸린 호랑이: 문화와 민속으로 읽는 상징이야기』(다른 세상, 1999), p. 105.
98) 위의 책, p. 106.
99) 김재홍, 『한국 현대시 시어사전』(고려대출판부, 1997), p. 690.
100) 박계홍, 『한국민속학 개론』(형설출판사, 1994), p. 139.
101) 위의 책.

도하면 신부집을 지나치지 않는 곳이나 또는 신부집 바깥사랑이나 이웃집에 정해진 정방으로 그들을 안내한다. 그리고 초순배[103]라 하여 간단한 음식을 대접하고 혼례시간을 기다리게 한다. 정방의 신랑은 예장(禮裝)을 갖추고 혼례 시간이 임박하면 초례청으로 향한다. 이때 기럭아비는 나무로 깎은 기러기를 붉은 보에 싸서 목을 왼쪽으로 향하게 안고 신랑을 인도한다.

이처럼 이 시에서 연자간이라는 공간에서 가축과 농기구들이 서로 흥겹게 어울려 혼례의식을 뜻깊게 하고 있다. 평화롭고 소박한 시골 농촌 풍경이 농기구와 가축들과 함께 풍요롭고 흥겨운 인간과의 교감의 의식으로 표현되고 있다.

> 五代니 나린다는 크나큰 집 다 찌그러진 들지고방 어득시근한 구
> 석에서 쌀독과 말쿠지와 숫돌과 신뚝과 그리고 옛적과 또 열두
> 데석님과 친하니 살으면서
>
> 한 해에 몇번 매연지난 먼 조상들의 최방등 제사에는 컴컴한 고방
> 구석을 나와서 대멀머리에 외얏맹건을 지르터 맨 늙은 제관의 손
> 에 정갈히 몸을 씻고 교의 위에 모신 신주 앞에 환한 촛불 밑에
> 피나무 소담한 제상 위에 떡 보탕 식혜 산적 나물지짐 반봉
> 과일들을 공손하니 받들고 먼 후손들의 공경스러운 절과 잔을
> 굽어보고 또 애끊는 통곡과 축을 귀애하고 그리고 합문 뒤에는
> 흠향 오는 구신들과 호호히 접하는 것
>
> 구신과 사람과 넋과 목숨과 있는 것과 없는 것과 한줌 흙과 한점
> 살과 먼 넷조상과 먼 훗자손의 거룩한 아득한 슬픔을 담는 것
>
> 내 손자의 손자와 손자와 나와 할아버지와 할아버지의 할아버지와

102) 위의 책, p. 140.
103) 위의 책.

할아버지의 할아버지의 할아버지와...........水原白氏 定州白村의
힘세고 꿋꿋하나 어질고 정많은 호랑이 같은 곰 같은 소 같은
피의 비 같은 밤 같은 달 같은 슬픔을 담는 것 아 슬픔을 담는 것

- 〈木具〉 전문

이 시는 목구(木具)를 의인화시켜 전통적인 제사 풍속을 표현한 작품이다. '목구'란 나무로 만든 제기를 말하는데, '목구'라는 사물이 전통적인 제례와 어우러짐으로써 인간과의 교감의식이 잘 나타나고 있다. 이 작품의 주요한 시적 소재인 목구는 민속적인 요소와 밀접한 관련을 지니고 있다. 조상과 화자를 이어주는 매개인 제기는 과거와 현재, 미래를 잇는 가족사의 면면한 흐름의 중심에 놓이는 소재이다. 조상은 죽었지만 제사와 제기를 통해 그들은 자손들과 단절되지 않은 관계를 형성할 수 있다. 뿐만 아니라 목구는 귀신세계와 인간세계, 즉 죽음과 삶을 연결시키는 매개이기도 하다.

1연에서 화자는 광속에 보관된 목구를 독특하게 묘사하고 있는데, 그것은 5대나 이어져 오면서 집안의 살림도구로 자리 잡았다. 여기에서 '들지고방'은 들 문만 나 있는 고방, 즉 가을걷이나 세간 따위를 넣어두는 광을 말한다. '말쿠지'는 벽에 옷 따위를 걸기 위해 박아놓은 큰 나무못이다. '데석님'은 제석신을 말하는데 무당이 받드는 가신제의 대상인 열두 신을 말한다. 제석신은 한 집안사람들의 수명, 곡물, 의류, 화복 등에 관한 일을 관장한다. 다시 말해 제석신은 우리 민족과 함께한 신령이다.

2연에 등장하는 '매연'은 제사를 이르며, '매연지난'은 '제사를 지낸'[104]으로 설명할 수 있다. 제례(祭禮)란 조상에 대하여 보은과 감사를 나타내는 예

104) 고형진, 『한국 현대시의 서사지향성 연구』(시와 시학사, 1995), p. 164.

의범절이며 조상 숭배의 한 의식이다. 따라서 제례는 신의 뜻을 받아 복을 비는 의례라고 할 수 있다. 그러나 일반적인 개념은 조상신(祖上神)에 대한 의례로 국한되어 사용된다. 조상에 대한 의례가 가장 발달한 시기는 조선 후기[105]였다. 조선은 치국이념으로 성리학을 채택하였으며, 성리학의 주요 내용 가운데 하나가 바로 예이다. 특히 주자가례는 일반인의 생활규범 전반에 걸쳐 실천항목으로 절대적인 역할을 하였다. 제사는 자신들의 존재를 가능하게 해준 조상들에 대한 후손들의 추모 의식이다. 제사 외에도 이 시에는 '최방등'이라는 전통적인 풍속이 등장하고 있다. 최방등 제사란 정주지방의 제례풍속으로 5대 이상 되는 조상에 대해서는 차남이 제사를 지내는 것이다. 이는 장자 중심에서 차남도 동일한 자손의 위치를 확보한다는 의미를 지닌다. 인용시에서 그러한 제사 풍속은 목구라는 사물의 의인화를 통해 표출되고 있다.

한편 이 시는 제사상에 올려진 음식과 목구의 모습을 노래함으로써 민속적인 정경을 잘 드러내고 있다. 즉 먼 후손들은 촛불을 앞에 두고 소담한 제상 위에 정성스럽게 마련한 음식들을 공손하게 받든 후 공경스러운 절과 애끊은 통곡, 축문을 읽는 행위를 통해 먼 조상들과 만나게 된다. '보탕'은 몸을 보(補)한다는 탕국이며, '반봉'은 제물에 쓰이는 생선 종류의 통칭이다. '합문'은 제사 때의 유식(侑食)하는 차례에서 문을 닫거나 병풍으로 가리어 막는 일을 말한다. '흠향'은 제사 때에 신명이 제물을 받아서 먹는 것을 말한다.

3연에서는 목구의 의미를 귀신과 사람, 즉 죽은 조상과 살아 있는 후손과의 거리를 메우는 매개체로 의미화하고 있다. 즉 '구신과 사람과 넋과 목숨과 있는 것과 없는 것과 한줌 흙과 한점살과 먼 넷조상과 먼 훗자손의'라는 것은 죽음과 삶의 구별을 의미하는 부분이다. 4연에서는 목구가 나와 조상

---

105) 임돈희, 『조상제례』(대원사, 1998), p. 8.

을 매개하는 것에 머무르지 않고 앞으로도 계속해서 나와 후손과 조상의 아득한 거리를 메우며 함께할 것임을 보여준다. 즉 대대로 맥이 끊기지 않고 이어져온 제사는 후손들로 하여금 온갖 시련 속에서도 핏줄을 지켜온 조상들의 의지와 슬기를 배우게 하고 그들로 하여금 시련을 극복하고 꿋꿋하게 살아 나가게 하는 원동력이 된다. 따라서 대대로 이어져온 집안의 제사는 집안의 상징이 된다. 화자는 수원 백씨 정주 백촌이라는 집단을 형성하여 살아온 조상들과 우리 민족의 상징인 호랑이, 곰, 소 등을 대비시켜 민족의 수난을 보여주고 있다.

문학적 상징으로서의 동물은 곤충에서 파충류, 포유류에 이르는 진화의 단계에 따라 그 본능적 의식의 심도를 반영한다. 벌레나 곤충과 같은 하등 동물은 흔히 부정적이고 열등한 의식을 드러내지만, 호랑이나 새, 용이나 피닉스, 유니콘 등 이른바 우화적 동물들은 매우 강력하고 신성한 의식의 표출에 기여한다.[106] '힘세고 꿋꿋하나 어질고 정 많은' 호랑이와 곰과 소는 조상의 모습을 상징하는 것으로서, 화자는 생명의 숭고함과 신성성을 동물 상징을 통해 표현하고 있다. '피의 비'가 지니는 의미는 죽음과 생의 원형성이다. 피의 원형이 지닌 생과 죽음의 이중성은 이 작품에서 '피의 비'라는 특이한 문학적 표현을 통해 확인되고 있는데, 삶의 고난과 소멸의 위협 아래서도 굴하지 않는 생명의 숭고함과 신성성이 동물 상징에 의해 표현되고 있는 부분이다.[107]

> 병이 들면 풀밭으로가서 풀을 뜯는 소는 人間보다 靈해서 열 걸음안에
> 제병을 낫게할 藥이 있는줄을 안다고

---

106) J. Cirlot, 『A Dictionary of Symbols』(Routeldege and Kegen Paul, 1962), p. 11.
107) 김은자, 「생명의 시학: 백석시에 나타난 동물 상징을 중심으로」, 고형진 편, 『백석』(새미출판사, 1996), p. 267.

首陽山의 어늬 오래된 절에서 七十이 넘은 로장은 이런 이야기를 하며
치마자락의 山나물을 추었다

－〈절간의 소이야기〉 전문

소는 농경문화와 관련되며 인간과 함께 생활해온 친근한 동물이다. 인용시에서 화자는 병이 들면 소가 인간보다 영험해서 열 걸음 안에 제 병을 낳게 할 약을 안다고 말한다. 이러한 동물에 대한 정령 사상은 원시시대의 사고에서 시작되었다. 이처럼 일상생활에 크게 영향을 끼쳐온 동물 숭배는 십이지신(十二支神)과 관련된다. 십이지신은 중국에서 기원한 것이지만 우리나라에도 삼국시대에 전래되어 김유신의 묘에 십이지신상이 조각되어 있다. 십이지신은 쥐, 소, 호랑이, 토끼, 용, 뱀, 말, 염소, 원숭이, 닭, 개, 돼지 등 열두 동물을 연운(年運), 월운(月運), 일진(日辰)과 관련시켜 특정 시간의 운세를 표상하는 것으로 삼았고, 사람의 운명을 판단하는 데 결부되기도 하였다. 특히 호랑이와 용은 대표적인 동물 숭배의 대상으로 꼽힌다. 호랑이는 산군(山君)으로 우대를 받았다. 산신상(山神像)에는 산신령과 함께 등장하는데 산신의 사자(使者) 또는 산신으로 추앙받았으며, 옛날 사람들은 산신에게 제사를 지내지 않으면 호환을 겪게 된다고 믿었다. 그러나 호랑이는 민담이나 민화에서 친근한 존재로 그려지기도 하였다. 용은 가상의 동물이지만 물을 담당한 수신(水神)으로서 우물, 하천, 바다, 비 등과 관련되어 있다. 기후의 순조로운 상태를 빌기 위하여 용왕제를 지내거나 또는 용을 대상으로 하여 기우제를 지내는 풍속이 존재한다.

동물 숭배는 만물(萬物) 유신(有神)의 다신론적인 관념에 바탕하여 동물의 영력(靈力)을 인정하고 이를 통하여 자연과 인간의 관계를 비롯하여 인간

생활의 여러 가지 측면에 대한 이해와 해석을 표현한 전통적인 종교신앙의 하나로서 의의를 가진다.[108] 이처럼 동물 숭배는 동물을 신성한 것으로 보고 이에 종교적 의미를 부여하여 숭배하는 관념 및 이에 따른 신앙행위이다. 동물이 지닌 속성, 즉 빠른 동작이나 강한 힘, 그 형태의 아름다움이나 거대함 등이 범상하지 않은 위력을 느끼게 하여 경이의 대상이 되는 것, 동물이 주는 재해나 위험 등에 대하여 공포감을 느끼는 것 등이 동물 숭배의 심리적 동기들이다. 또한 동물에 대한 친밀감이나 식료(食料) 내지 노동력으로서의 효용성 등으로 인해 동물 숭배가 이루어질 수도 있다. 또한 동물이 제의나 주술적 목적으로 사용되어 신성성이 부여되는 경우도 있다.

위 시에서 화자는 소를 통하여 동물에게 정령이 있다는 사실을 일깨우고 있다. 화자는 소의 정령이 인간보다 더 신령스럽다고 생각한다. '로장'과 '산나물'은 '소는 인간보다 靈해서'와 '제병을 낫게 할 藥'과 대비되는 것으로 소를 신성시 여기는 태도를 암시한다. 이처럼 동물은 인간과 분리된 모습이 아니라 인간과의 친화로 교감의식을 느낄 수 있다. 소는 고대에 신성시되었고 농경시대로 오면서 인간과 밀접한 관계를 형성한 동물이다. 『삼국지』 동이전에는 군사가 있을 때 소를 잡아 하늘에 제사를 지냈으며 발굽의 상태를 관찰하여 점을 쳤다는 기록이 전한다. 부여족은 나라에 난리가 났을 때 소의 발톱 두 개를 불에 구워 점을 쳤다는 기록[109]도 있다. 이처럼 고대 사회에서 소는 제의용이나 순장용으로 사용되었다. 그리고 삼국시대 이후에도 기형이나 이상한 빛깔의 털이 난 송아지가 태어나면 음양오행과 관련시켜 길흉을 예측하는 풍속은 계속되었다.

백석의 시에서 동물은 인간과 동등한 입장에서 인격성을 부여받는다. 융

108) 한국정신문화연구원, 앞의 책, 7권, pp. 239-241.
109) 임동권, 『한국의 세시 풍속 연구』(집문당, 1985), p. 481.

(C. Jung)은 동물과 자신을 동일시하는 것은 무의식에 합일되어 생의 원천에 투입됨으로써 생명력을 회복하려는 의지의 표출[110]이라고 하였다. 이처럼 백석의 시는 인간과 자연과의 교감의식을 신령한 소라는 제재를 통해 보여주고 있다. 그의 시에서 소는 농사일에 이용되는 하찮은 가축에서 영험하고 신비스런 인격체로 전환된다.

> 신살구를 잘도 먹드니 눈오는아침
> 나어린안해는 첫아들을 낳었다
>
> 人家멀은 山중에
> 까치는 배나무에서 즞는다
>
> 컴컴한 부엌에서는 늙은 홀아비의 시아부지가 미역국을끓인다
> 그마을의 외따른 집에서도 산국을 끓인다

– 〈적경〉 전문

인용시는 통과 의례 중에 출생에 해당된다. 자연과 마을 사람들 전체가 아이의 탄생을 축복해주는 장면에서는 인간과 자연 사이의 교감의식이 드러난다. 아기를 낳으면 삼신상에 차려 놓았던 쌀과 미역을 내려다 밥을 하고 국을 끓인다. 그것을 일단 삼신상에 차려 놓고 빈 다음 산모가 먹게 하는데 이것을 첫 국밥[111]이라고 한다. 해산을 하면 밖에서는 금줄을 준비하여 대문 위쪽에 늘이는데 금줄을 '삼줄', '인줄', '금구줄'[112]이라고도 하며, 아들을 낳으면 왼새끼에 고추와 숯을 각각 3개씩 꿰어 매단다. 또 딸을 낳으면

---

110) Jung, Cirlot, 『A Dictionary of Symbols』,(Routeldege kegan Paul, 1962), p. 11.
111) 박계홍, 『한국민속학개론』(형설출판사, 1983), p. 128.
112) 위의 책.

왼새끼에 숯과 솔가지를 각각 3개씩 꿰어 매단다. 이러한 금줄은 해산을 알리고 외인의 접근을 금하는 표지로서 금줄이 늘어져 있는 집에는 그 가족 이외에 아무도 들어갈 수 없는 것이 민속 사회의 관습이었다.[113)]

인용시의 3연에 등장하는 '산국'은 아기를 낳은 산모가 먹는 미역국을 뜻한다. 손주의 탄생을 반기는 시아버지와 외딴 집에서의 미역국 끓이는 행동을 일치시킴으로써 화자는 공동체적 연대감과 훈훈한 정감을 구체적으로 형상화한다. 또 이 시에서는 '산살구'라는 미각적 이미지가 '눈 오는 아침'인 시각적 이미지에 용해되어 공감각적인 이미지의 상관물로 활용되고 있다.

2연의 '人家멀은 山중에' 까치가 배나무에서 짖는 모습은 토속적인 서정의 세계를 환기시키면서 적막한 산촌의 풍경을 그렸다고 할 수 있다. 이 시에서 까치는 좋은 소식을 전달해주는 새이다. 까치에 관한 문헌으로는『삼국유사』1권 신라 탈해왕(脫解王) 편을 보면 '탈해왕의 탄생이 까치 소리와 관계가 깊다'[114)]라는 구절이 나온다. 이처럼 까치가 귀인의 출생을 전하는 영물(靈物)로 등장하는 데서 고대인의 까치에 대한 사고를 알 수 있다. 일반적으로 까치는 기쁜 소식을 전해주는 길조로 알려져 있다. 좋은 일을 알려주는 예조의 새로 인식되었기 때문에 까치가 울면 그날 재수가 좋다든가, 아침에 울면 반가운 소식이나 손님이 온다고 여겼다. 또한 까치는 주변이나 인가 근처에 집을 지어 살고 있기 때문에 자주 보는 친근한 존재이다. 이 친근성으로 말미암아 단순한 조류 이상의 신앙성까지 부여받는다. 단적으로 그것은 정월보름에 까치가 울면 농사가 풍년이 든다는 민간 풍속으로 나타난다.

세시풍속에 정초에 처음 들려오는 새의 울음소리에 따라 그 해의 운수를 점치는 것이 있다. 즉 좋은 새소리를 들으면 길하고 나쁜 새의 울음소리를

113) 위의 책, pp. 128-129.
114) 임동권,『한국민속문화론』(집문당, 1989), p. 461.

들으면 불길한 징조라는 것이다. 여기서 좋은 새소리란 까치를 말하고 나쁜 새소리는 까마귀를 의미한다. 이는 인간들이 까치를 길조로 여기기 때문에 길조의 울음소리를 들어 일 년 동안의 길서(吉瑞)를 예지하려는 노력에서 시작되었다고 할 수 있다. 환자가 있는 집에서는 까치가 울타리에 와서 울면 완쾌할 예조(豫兆)라고 판단했다. 또 민화에도 호랑이와 까치를 함께 그린 그림이 있는데, 그것은 악을 쫓고 복을 불러온다는 민속신앙의 한 단면이라고 할 수 있다. 또 까치가 새로 집 짓는 것을 보고 한 해의 농사를 점치기도 했다. 까치가 나무꼭대기에 집을 지으면 당년은 태풍이 없을 징조이나 까치가 얕은 곳, 나뭇가지가 튼튼한 곳에 집을 지으면 그해에는 태풍이 불어 농작물에 피해가 있을 것으로 예상되었다. 또 까치집의 출입문의 방향을 보아 어느 쪽에서 태풍이 불어올 것인가를 짐작하기도 했는데, 그것은 영물인 까치가 바람이 불 것을 미리 알아서 바람과는 반대쪽에 출입문을 낸다고 믿었기 때문이다. 까치집의 출입문이 상부에 있으면 그것은 가뭄의 징조이고 하부에 있으면 장마의 징조라고 판단하기도 했다. 이는 우리 조상들이 까치를 통해서 농사일을 점복[115]했다는 것을 말해준다.

닭이 두홰나 울었는데
안방큰방은 홰즛하니 당둥을 하고
인간들은 모두 웅성웅성 깨어있어서들
오가리며 석박디를 썰고
생강에 파에 청각에 마늘을 다지고

시래기를 삶는 훈훈한 방안에는
양념내음새가 싱싱도 하다

115) 앞의 책, p. 475.

밖에는 어데서 물새가 우는데
토방에선 햇콩두부가 고요히 숨이 들어갔다

-〈秋夜一景〉 전문

위 시는 제사나 잔치를 준비하는 밤의 풍성하고 흐뭇한 정경을 음식 열거와 냄새 등을 통해 형상화시킨 작품이다. 여기에서 '닭이 두홰나 울었는데'는 닭 울음소리를 통해 시간을 지시하는 것이다. 닭은 일반적으로 밝음을 알려주고 어둠 속에서 활동하는 음귀를 쫓아내는 능력이 있다고 믿어졌다. 즉 닭은 새벽을 알리는 역할과 함께 잡귀를 쫓아내는 역할도 하고 있었기 때문에 정초에 닭 그림과 호랑이 그림을 대문이나 벽에 붙여 재앙과 액운이[116] 물러가기를 빌기도 했다. 이것은 닭의 벽사 능력을 인식했다는 뜻이다.

1연에 등장하는 '홰즛하니'는 어둑어둑한 가운데에서 호젓한 느낌이 드는 것을 말하며, '당등'은 밤새도록 등불을 켜놓는 등불인 장등(長燈)이다. '오가리'는 박이나 호박, 무우 등을 썰어서 말린 것이며, '석박디'는 섞박지로 김장할 때 절인 무와 배추, 오이를 썰어 여러 가지 고명에 젓국을 조금 쳐서 익힌 김치를 말한다. 즉 물김치나 나박김치를 말한다. 이러한 특유의 음식 열거는 시각과 미각의 결합과 안방의 부산한 웅성거림으로 모아져 2연에서 양념 냄새인 후각 이미지로 표현한다. 3연에서는 물새가 울음이라는 청각 이미지와 햇콩두부의 고요한 숨이 들어간 미각을 결합시키고 있다. 이처럼 이 시는 토속적인 음식을 통하여 훈훈한 감정을 묘사하고 있다.

116) 최대림 역, 앞의 책, p. 25.

제4장 연구결과

지금까지 토속적 세계의 형상화라는 관점에서 백석의 시를 살펴보았다. 그는 민속 체험을 유년의 시각으로 구체화함으로써 고향의식과 주체성을 상기시켰다. 또한 속신과 샤머니즘적 세계관을 바탕으로 토속적인 삶의 정서를 표현함으로써 공동체의 삶에 투영된 민간신앙의 의미에 주목하기도 했다. 이러한 속신과 샤머니즘은 일제 식민지를 거치면서 왜곡된 근대성의 물결에 시달려야만 했으며 그 과정에서 미신의 대상으로 오인되어 공공연하게 배제의 대상으로 분류되기도 했다. 그러나 백석의 이러한 시석 세계는 일제 식민지라는 시・공간을 배경으로 할 때 민족적 주체성의 환기와 밀접한 관계를 지닌다. 다시 말해 백석은 의식・무의식적으로 토속적인 공동체적 삶의 원형을 형상화함으로써 근대화로 표상되는 일제의 식민지 지배에 분명한 거부의 입장을 보여주었다고 할 수 있다. 특히 그는 방언과 토속적인 음식 등 다양한 생활감각 이미지를 시 속에 적극적으로 끌어들임으로써 해체의 과정으로 치닫던 전통과 민족적 일체감을 회복시키고자 했다. 백석의 시가 보여주는 공동체적이고 토속적인 세계의 풍경은 이러한 점에서 중요한 시사적 의미를 갖는다고 말할 수 있다.

현대시와 민속의 상관성에 대한 연구는 여전히 미흡하다. 그것은 민속과 현대시의 상관성이 아직 현대문학의 중요한 문제의식으로 자리 잡지 못했기 때문이다.

그동안 고소설과 민간신앙 연구나 고전문학 일부에서 민속이 다뤄졌지만 현대시와의 상관성에 대한 연구는 거의 전무한 편이다. 이에 본고는 민속을 시적 소재로 하여 전통적 정서를 계승하고 있는 백석을 연구의 주요 대상으로 삼았다.

백석에 대한 연구는 80년대를 기점으로 나눌 수 있다. 80년대 이전에는 대부분의 연구들이 단편적인 연구에 그쳤는데, 그것은 그때까지도 한국 현대문학의 연구가 서구 이론에 깊이 침윤되어 있었기 때문이다. 현대문학 연구에서 민속과 백석을 중심으로 한국 현대시의 민속 수용 양상에 대한 연구가 전무하기에 이 논문은 상당한 의미가 있다.

백석은 주로 30년대 중반에서 40년대 중반에 작품을 발표하였다. 그 당시는 일제 말기의 혹독한 시련기로 모국어의 사용 금지와 신사 참배 강요, 창씨개명 등 황국 신민화 정책으로 민족성이 박탈당하는 시기였다. 이러한 당대 현실을 인식하고, 전통을 찾아내 계승하려는 주체성 인식을 통해 우리 것을 지키려는 백석의 시는 매우 의미가 크다고 할 수 있다. 즉 세시풍속이나 전통적인 놀이, 민간신앙 등을 시속에 담아내고 있는 것이다. 이처럼 백석은 당대의 현실을 반영하여 우리 민족의 전통을 계승한 독특한 고향의식을 전개시켜 나갔다. 더구나 1935년 카프 해산 무렵에 등단한 이래 점차 사라져 가는 민족적인 삶의 모습을 집중적으로 탐구하였으며, 소외된 계층으로서 민중적인 삶의 양식에 깊은 관심과 애정을 기울였다. 특히 평북 방언을 적극 활용함으로써 민족혼의 상징으로서 민족어와 민족 주체성을 확립하고 있는 것이다. 백석은 민속 그 자체를 시의 대상으로 삼는 시인이며 북쪽의 산골 마을을 시작(詩作)의 중심으로 삼기 때문에 북방언어가 노골적으로 드러나 있다. 그 방언을 통해 현대 도시인들에게는 망각되어 있는 한국인의 상상력의 원초적 장이 드러난다. 김영랑의 그것과는 다르게 폐쇄된 사회의 민속을 되살려내는 데 쓰이고 있다. 이처럼 백석 시는 방언을 바탕으로 유년기의 고향과 전통, 공동체적 의식을 상기시키고 있다. 또한 백석의 시는 거의 전적으로 상실된 고향 그 자체를 묘사하는 데 바쳐져 있다. 여느 시인들처럼 감출 길 없는 향수에 잠기거나, 헤어나기 어려운 그리움에 시달리거나 하지 않고 바로 고향 그것을 시적 대상으로 삼는다. 이러한 시적 노력의 근본적 계기는 향수에서 시작되었다 하더라도 향수라는 감정에 기인하여 대상을 주관적인 소망에 따라 채색하지는 않는다. 있는 그대로의 고향을 그리는 데 전념하고 있는 것이다.

유년시절의 몽상의 세계는 오늘날의 몽상을 가능케 하는 세계만큼이나 큰데, 유년시절이 대단한 경치의 원천에 있는 것은 어린애의 고독은 우리에게 원초적인 거대함을 주기 때문이다. 고독한 어린애가 이미지에 유숙하듯이 우리가 세계에 유숙한다면, 그만큼 더 잘 세계에 유숙한다. 어린애의 몽상 속에서는 이미지가 모든 것에 우선하며 크게 보고 아름답게 본다. 유년시절을 향한 몽상은 우리를 원초적인 이미지의 아름다움으로 데려간다. 이처럼 어린 시절의 고향은 생동감 있으며 민족적인 공동체적 삶의 모습을 환기시키고 있다. 이처럼 백석은 전통적인 민족적 삶의 원형성을 제시하고 민중적 삶의 전형성을 보여주고 있는 것이다.

제5장 연구결과의 기대효과와 활용 방안

현재적 자아는 과거의 지속성과 연속성을 통해 스스로의 정체성을 확보하면서, 미래를 향한 기대 지평을 과거로부터 빌려올 수도 있다. 이때 전통은 현재의 시간성에 사로잡혀 있는 인간 주체가 자신이 처한 시대적 상황을 비판적으로 성찰할 수 있는 준거를 제공한다. 이러한 전통의 시간성을 극적인 방식으로 시화한 시인이 백석이다. 식민지 시대를 배경으로 활동한 백석은 민속과 풍속을 통해 민족 공동체의 정서를 환기함으로써 민속과 풍속을 잃어버린 조국에 대한 상징적 의미는 물론 자기 동일적 자아 의식의 획립 근거로 삼는다. 그는 자기동일성의 시간의식을 공동체의 정서와 깊은 관련을 지닌 유년으로 설정함으로써 유년과 공동체적 질서에 유토피아적 의미를 부여했다. 그의 시가 보여주는 전통 지향적 의식, 즉 풍속과 민속의 시화를 통한 자기동일성의 획득은 근대 사회의 위기나 근대적 주체가 처한 의식의 분열에 대한 해석적 원리로 작용한다. 뿐만 아니라 그것은 위기의 극복으로서의 탈근대적 전망을 내포하고 있다. 이 탈근대적 전망은 유토피아에 대한 소망으로 이어진다. 물론 유토피아 의식은 어느 시대, 어느 사회에나 존재한다. 문학에 있어서도 그 양상과 내용에 있어서는 다르지만, 유토피아 의식은 다양한 경향의 유파와 사조에서 지속적으로 탐색되어 왔다. 따라서 유토피아 의식이 전통시만의 고유한 의식으로 자리매김할 수 없다는 것은 주지의 사실이다. 그러나 유토피아 의식은 단순히 상상력의 소산이나 망상이 아니라 역사 철학적 의식과 밀접한 관련을 지닌다. 이러한 사실을 전제한다면, 제반 시적 경향들 사이에 존재하는 역사와 현실에 대한 인식의 차이가 어떠한 방식으로 유토피아 의식의 내용과 현실 응전력에 영향력을 미치는지 살펴볼 필요가 있다.

전통 지향적 특성을 지닌 시인들의 경우 유토피아 의식은 동시대의 현실을 해석하고 과거를 인식하며 미래를 기획하는 기반이 된다. 하지만 백석의 유토피아 의식은 물질적 진보, 자연에 대한 인간의 지배, 자연으로부터의 인간의 해방을 통해 구성되는 근대의 유토피아적 의식과는 질적으로 차이가 있다. 자연을 타자로 정립하고 그것을 인간 해방과 진보를 위한 토대로 삼았던 근대의 유토피아적 의식은 G. 바티모가 지적했듯이 태생적으로 역(逆)유토피아의 가능성을 내포하고 있다. 서구의 아방가르드 예술이 두 차례의 세계 대전을 통해 세계 문명의 종말에 대한 묵시록적 인식에 도달한 것도 근대 문명의 역유토피아적 가능성을 현실 속에서 생생하게 체험했기 때문이다. 즉 종말은 단순히 주관적인 의식이나 종교적인 상상력에 그치지 않고 언제나 인간 사회에 현실로서 실현될 수 있는 것이다.

계몽적 이성은 일정한 목표를 설정하고 그것을 향해 나아가는 진보의 과정으로서 역사를 인식하였다. 따라서 근대에 대한 비판은 무한한 진보에 대한 신화화된 믿음 자체를 탈신비화할 때 비로소 완전한 의미에서 현실적 의의를 획득할 수 있다. 계몽적 이성이 자연의 탈신비화·탈신화화를 통해 인간에게 무한한 자유와 진보의 가능성을 가져다준 것은 사실이다. 하지만 계몽적 이성은 스스로를 절대적인 것으로 신비화·신화화함으로써, 근대적 주체로 환원되지 않는 것들을 타자로서 배제하고 억압하였다. 이러한 과정을 통해 계몽적 이성이 제시하는 진보에 대한 낙관적 믿음은 인간을 억압하는 거짓 이데올로기로 변모된다.

백석의 시는 이러한 계몽적 이성의 반대편에서 존재 양식에 대한 탐구의 일환으로 전개된다. 그의 시는 〈여우난골족〉이 보여주듯이 과거적 공간과 과거적 존재, 그리고 유년기의 시적 화자의 연속을 통해 유토피아인 공동체 속에서의 주체에 대한 관심을 환기한다. 백석의 시에서 과거적 공간이나 존재에 대한 친화적 경험을 통한 동일성의 확인은 과거적 존재의 지속으로서의 주체를 인식하도록 하는 계기로 작용한다. 또한 다른 한편으로 과거적 존재의 단절에서 오는 비동일성의 확인이 현실적 주체의 실존적 상황을 인식하는 계기로 나타나고 있기도 하다. 단절된 시간 속에서 확인되는 과거와 현재의 비동일성은 현실적 주체가 현재적 삶의 형식에 대해 지닌 이질성을 부정함으로써 극복된다. 과거적 존재와 현재적 주체 사이의 간극이 과거적 경험 세계의 해체된 현실로서 현재를 인식하도록 하기 때문이다. 고향의 화해롭던 삶은 현실에 존재하지 않는다. 유년의 삶 역시 성인이 된 지금 현재적 의의를 지니지는 못한다. 근대화된 현재 역시 농촌 공동체의 해체 위에 성립된다. 방언의 과감한 차용이나 이야기체, 경험 내용에 의거한 현재성과 단절된 시·공간, 마찬가지로 현재적 감상을 제거하기 위해 현실 주체의 부정이 행해진다. 단절된 시·공간의 존재들을 기억 속에서 회상을 통해 그려낼 때 사용되는 것이 이미지이다. 의미가 배격되고 '사물/존재'의 의의만이 강조됨으로써 해석이나 판단이 불가능해진다. 이성적이고 합리적인 사유의 주체인 시적 주체 '나'는 즉물적이고 감각적인 원체험의 주체인 과거의 '나'에 의해 분리되고 이로써 화해로운 유년의 세계가 재구성된다. 이 과정에서 시적 주체는 시에 드러나지 않는 구조를 통해 자신의 부재를 드러낸다. 부재하는 주체는 현재화된 과거라는 기억 내용을 제시하면서 자신을 은폐하는 존재이다. 이처럼 백석의 초기 시는 현재의 '나'와 과거의 '나'를 분리시키는 분열 양상을 보여준다.

백석의 시에서 주체의 자기 인식은 시간을 지속적으로 파악하면서 이루어진다. 이는 성년의 경험 주체가 과거적 삶의 형식을 통해 과거의 '나'를 현재의 '나'와 분리시켜 인식한다는 것을 의미한다. 이러한 과정에서 시적 주체는 단절된 시・공간을 떠나 생명력을 잃은 존재들이 사멸해 가는 모습을 바라본다. 이 바라봄을 통해 과거와 현재가 대조된다. 이때 초점 대상과 관련된 과거의 경험 내용이 나열됨으로써 구성되는 그 대상의 역사가 동일한 과거, 동일한 운명임이 드러난다. 그러므로 사멸되는 존재란 과거의 시・공간으로부터 유리된 혈족임과 동시에 혈족의 역사를 간직한 상징물이라는 것을 알 수 있다. 그리고 이를 통해 화해로운 유년의 주체는 지양되고, 과거와 현재를 연속적으로 통찰하는 시적 주체가 드러난다.

사라져 가는 전통적인 공간과 삶의 방식들에 대한 백석의 지속적인 관심은 유랑과 수난의 시대인 일제 강점기하의 민족적 위기에 대해 대타적인 가치를 찾으려 하는 인식의 산물이다. 토속적인 방언을 시어로 차용하는 방법과 어우러진 주체의 자기 반성과 부정이 이러한 정신의 원형이라고 할 수 있을 것이다. 이러한 방법이 전통적 삶의 방식에 귀의하는 한편 자기 동일성의 세계를 회복하는 방법일 수 있기 때문이다. 백석은 자신을 억압하고 그 기원으로부터 해체하는 식민지 권력을 부정하고, 현재에 부재하는 가치를 기억 속에서 찾으려 시도하였다. 현재에서 충족될 수 없는 주체의 결핍을 과거적 현재인 고향을 통해 이루려는 노력은 고향이 지닌 이중성에 의해 규정된다. 회복되어야 할 고향의 원형성은 기억 속에만 존재할 뿐이고 과거의 가치 체계가 현재의 서구적 가치 체계에 잠식당함으로써 과거를 상실한 현재만이 존재하기 때문에 이중성이 발생한다. 이런 맥락에서 결핍은 과거를 상실한 주체의 자기 회복 의지로 표면화된다. 그러나 고향의 재구성이 현재의 결핍을 근본적으로 충족시킬 수는 없다. 상실한 주권과 국토의 회복이 전제되지 않은 자기 회복이란 주체의 간극을 심화시킬 뿐이기 때문이다. 백석의 허무의식과 비관주의는 이러한 맥락에서 이해되어야 한다.

제3부 참고문헌

〈경도잡지〉.

『고려사』.

『동국세시기』.

『삼국사기』.

『삼국유사』.

『열양세시기』.

『한국민속대사전』, 서울, 민족문화사 1권-2권, 1991.

『한국민속의 세계』, 1권-10권, 고려대민족문화연구원, 2001.

『한국민족문화대백과사전』, 1권-27권, 한국정신문화연구원, 1994.

김기수 외, 『한국민속문학의 탐구』, 민속원, 1996.

김동욱 외, 『한국민속학』, 새문사, 1991.

김동욱, 『한국의 전통사상과 문학』, 서울대 출판부, 1987.

김선풍 외, 『열두띠 이야기』, 집문당, 1995.

김열규, 『한국민속과 문학 연구』, 일조각, 1971.

김열규, 『한국신화와 무속연구』, 일조각, 1997.

김영익, 『백석 시문학 연구』, 충남대학교출판부, 2000.

김윤식, 『한국근대문학사상비판』, 일지사, 1985.

김재일, 『우리 민속 아흔 아홉 마당 1』, 한림미디어, 1997.

김종대, 『우리문화의 상징체계』, 다른세상, 2001.

김태곤 외, 『민속문학과 전통문화』, 박이정, 1997.

김태곤, 『한국무가집』, 집문당, 1980.

김학동 편, 『백석전집』, 서울: 새문사, 1990.

박주홍, 『한국민속학개론』, 형설출판사, 1994.

백석, 『모닥불』, 솔출판사. 1998.

백석, 『백석시집』, 시와 사회, 1997.

백석, 『사슴』, 선광인쇄주식회사, 1936.

심우성, 『한국의 민속극』, 창작과 비평사, 1980.

이기웅, 『전라도 씻김굿』, 열화당, 1985.

이동순 편, 『백석시전집』, 서울: 창작사, 1987.

이두현 외, 『한국민속학 논고』, 박연사, 1984.

이몽희, 『한국현대시의 무속적 연구』, 집문당, 1990.

이훈종, 『민족생활어 사전』, 한길사, 1992.

인권환, 『한국민속학사』, 열화당, 1987.

임돈희, 『조상제례』, 대원사, 1998.

임동권, 『한국민속학 논고』, 집문당, 1971.

임동권, 『한국세시풍속연구』, 집문당, 1985.

임동권, 『한국세시풍속』, 서문문고 016, 1973.

임재해, 『민속문화론』, 문학과 지성사, 1986.

장주근, 『한국의 신화』, 성문각, 1961.

조동일, 『한국설화와 민중의식』, 정음사, 1985.

최길성, 『한국무속론』, 민속학총서 3, 형설출판사, 1981.

최래옥 편, 『한국민간 속신어 사전』, 집문당, 1995.

황루시, 『한국인의 굿과 무당』, 민음사, 1998.

Bachelard. Gaston, 곽광수 역, La poetique de la espace, 『공간의 시학』, 민음사, 1990.

Bachelard. Gaston, 김현 역, La poetique de la reverie, 『몽상의 시학』, 홍성사. 1978.

Bachelard. Gaston, 이하림 역, La flamme d'une chandelle, 『촛불의 미학』, 문예출판사, 1975.

Wheelwright. Phillip, 김태옥 역, Metaphor and Reality, 『은유와 실재』, 문학과 지성사, 1983.

〈논문〉

김명인, 「1930년대 시의 구조연구」, 고려대 박사, 1985.

김명자, 「세시풍속 자료의 분류시고」, 『한국민속학』 19, 1986.

김명자, 「세시풍속의 순환의미」, 『한국민속학』 16, 1983.

김명자, 「한국세시풍속연구」, 경희대 박사, 1989.

김시태, 「한국현대시의 이미저리소고」, 『동악어문논집』, 1965.

金洋坤, 「한국민속무용과 일본의 민속무용의 관계에 대한 조사연구」, 서울교대논문집, 1983.

김열규, 「무속부락제와 그 민간사고」, 『인문과학』 22, 연세대학교, 1969.

김열규, 「花鳥圖의 문화적 원형과 그 상징성」, 『문학사상』 53, 1977.

김은자, 「백석시 연구」, 한림대학교 논문집 8집, 1990.

김재홍, 「민족적 삶의 원형과 운명애의 진실미-백석」, 『한국문학』, 1989, 10월호.

김점용, 「백석시의 내면의식 연구」, 서울시립대 석사학위논문, 1994.

권오성, 「한국전통음악의 특질」, 『광장』 115, 1983.

송하선, 「백석의 '사슴'과 미당의 '질마재신화' 대비고」, 『한국시문학』 5집, 1991.

최정숙(崔貞淑)

충남 천안에서 출생

시인, 문학평론가

숙명여대 및 동 대학원을 졸업하고 경희대에서 문학박사 학위를 받았다.

한국국어능력평가협회(사단법인) 국가공인글쓰기 지도교수와 한우리독서문화운동본부 전문위원을 역임하였고 호서대학교에서 강의하고 있다. 제16차 세계시인대회(WCP) 일본 마애바시에 참가하여 자작시 Still at night를 낭송했으며 제18차 세계시인대회(WCP) 슬로바키아 브라티슬로바에 참가하여 자작시 Winter Sea를 낭송하였다.

저서로는 시집 『그리움이 있는 풍경』, 평론집 『여성문학의 문법과 비평』, 전공교재 『현대시와 민속』, 『문학과 인생의 만남』, 『논문작성법』 외에 공저 수필집 『바람속의 얼굴』, 『하루분의 기쁨이어라』, 『사랑이 흐르는 길, 사랑이 머무는 자리』 등 다수가 있다.

2001년에 시집 『그리움이 있는 풍경』으로 한민족 문학상을 수상하였으며, 한국문인협회, 한국시인협회, 한국문학평론가협회 회원으로 활동하고 있다.

주요 논저

「북한시 연구」, 「1930년대 여성문학론」, 「1920년대 여성문학론」, 「80년대 여성시」, 「한국현대시의 샤머니즘 연구」, 「샤머니즘 문학의 한.중 비교 연구-서정주시와 중국 구가를 중심으로-」 등 다수

이메일 jschoi3834@hanmail.net

카 페 http://cafe.daum.net/kongju3834 문학과 민속

한국문학의 향토성 값 15,000원

2014년 5월 10일 1판 1쇄

저 자 최 정 숙
발 행 인 임 삼 규
발 행 처 **지 문 당**
주 소 413-756 경기도 파주시 광인사길 85(본사)
110-360 서울시 종로구 돈화문로 82(서울사무소)
등 록 1997. 12. 30. 제406-2003-000038호
영 업 부 (02)743-3192~3 팩스(02)742-4657
전자우편 sale@jimoon.co.kr
편 집 부 (02)743-3096~7 팩스(02)743-0227
전자우편 edit@jimoon.co.kr
홈페이지 www.jimoon.co.kr

ISBN 978-89-6297-165-1

이 도서의 국립중앙도서관 출판예정도서목록(CIP)은 서지정보유통지원시스템 홈페이지(http://seoji.nl.go.kr)와 국가자료공동목록시스템(http://www.nl.go.kr/kolisnet)에서 이용하실 수 있습니다.(CIP제어번호: CIP2014014674)